NOUVEAU VOYAGE

DANS LA HAUTE

ET BASSE ÉGYPTE,

LA SYRIE, LE DAR-FOUR.

Prix du Voyage de W. G. BROWNE.

Papier ordinaire,   10 f. et 13 f. *franco.*
Papier fin d'Angoulême, 15 f.   18 f.
Papier vélin,   20 f.   24 f.

On trouve chez le même Libraire le Voyage dans l'intérieur de l'Afrique, par MUNGO PARK, 2 vol. in-8.°, traduit de l'anglais par J. CASTÉRA,   10 f. et 13 f. *franco.*
Papier grand raisin vél. 20 f.   24 f.

Temple magnifique, d'après la description de Strabon.

NOUVEAU VOYAGE

DANS LA HAUTE
ET BASSE ÉGYPTE,
LA SYRIE, LE DAR-FOUR,

Où aucun Européen n'avoit pénétré;

FAIT DEPUIS LES ANNÉES 1792 JUSQU'EN 1798,

PAR W. G. BROWNE;

CONTENANT des détails curieux sur diverses contrées de l'intérieur de l'Afrique; sur la NATOLIE, sur CONSTANTINOPLE et PASWAN-OGLOW, etc. etc.

AVEC DES NOTES CRITIQUES SUR LES OUVRAGES DE SAVARY ET DE VOLNEY.

Traduit de l'anglais sur la deuxième édition,

PAR J. CASTÉRA.

TOME PREMIER.

A PARIS,

Chez DENTU, Imprimeur-Libraire, Palais-Égalité, galeries de bois, n.° 240.

AN VIII. — 1800.

AVERTISSEMENT

DU TRADUCTEUR.

Quoique nous possédions depuis long-tems un grand nombre de savans ouvrages sur l'Egypte, et qu'on ait assez récemment publié l'intéressant voyage de Sonnini, et une édition de celui de Volney, plus étendue et plus parfaite que les premières, j'ai cru devoir traduire celui que je présente aujourd'hui au public.

La partie de cet ouvrage qui traite de l'Egypte, offre, dans un cadre très-resserré, non-seulement le tableau des antiques monumens et des ruines qui rendent ce pays si curieux, mais la peinture des mœurs et du caractère des divers peuples qui l'habitent, ainsi qu'un état exact de ses productions, de son commerce, de ses richesses, de ses revenus, et une idée rapide de son histoire depuis l'époque où les successeurs de Mahomet le soumirent, jusqu'au moment où il a été conquis par Bonaparte.

Mais ce qui fait le principal mérite du voyage de Browne, c'est ce qu'on y trouve sur le Dar-four et sur quelques autres royaumes de l'intérieur de l'Afrique. En parcourant l'Egypte et la Syrie, ce voyageur n'a pu que glaner; mais dans le Dar-four il a trouvé un champ neuf, et sa moisson a été abondante.

Ce voyage doit, ce me semble, en ce qui concerne l'Afrique, servir de suite à ceux de Bruce et de Mungo Park, que j'ai déja traduits. Comme eux il fait connoître plusieurs contrées et plusieurs peuples dont on savoit à peine le nom. Ce qui est assez remarquable, c'est que Mungo Park et Browne ont, en même-tems et à l'insu l'un de l'autre, pénétré en Afrique, l'un par la côte occidentale, l'autre par les déserts de l'Egypte. S'ils n'avoient pas été arrêtés dans leur progrès, peut-être auroient-ils abouti à un même point. Eh! quels n'auroient pas été l'étonnement et la joie de ces deux hommes, en se rencontrant parmi les peuplades barbares répandues dans les forêts et dans les déserts du vaste continent d'Afrique! J'aime, je l'avoue, à me représenter tout ce qu'ils auroient ressenti, moi que la passion des voyages et une destinée assez singulière, ont conduit et dans les contrées les plus opposées de l'Amérique, et au milieu des glaces et des rochers de la Norwège, et qui alors, au seul aspect d'un français, même au seul nom de la France, éprouvoit les plus vives, les plus tendres émotions.

Les observations de M. Browne,

ainsi que celles de M. Mungo Park, prouvent que le caractère des nègres, naturellement doux, est souvent changé par l'intolérant islamisme. Cette religion orgueilleuse et jalouse, rend toutes celles des nations africaines qui l'ont adoptée, stupides, féroces, et, s'il m'est permis de créer un mot pour les mieux peindre, infréquentables. Aussi on ne peut qu'admirer le courage et le dévouement des européens qui se hasardent au milieu d'elles, pour étendre le domaine des sciences.

Le voyage de Browne est accompagné de cartes, qui semblent prouver que le Bahr-el-Abiad (1) est la principale source du Nil, opinion nouvelle en géographie, et qui mérite, sans doute, confirmation.

(1) Le fleuve Blanc. Il prend sa source dans les montagnes de la Lune.

PRÉFACE
DE L'AUTEUR.

En publiant cet ouvrage, je n'ai pas la folle vanité de me faire une réputation littéraire. Je sais trop bien que la simple relation d'un voyage de cette nature n'est pas plus susceptible d'élégance que le voyage lui-même ne l'est d'agrément. D'ailleurs plusieurs incidens ont contribué à borner le nombre des observations que j'ai faites pendant un assez long séjour dans diverses parties de l'Afrique, ce qui m'avoit presque décidé à donner à ce livre un autre titre que celui sous lequel il paroît.

Le souvenir des évènemens de ma vie, dont je parle succinctement dans cet ouvrage, excite en moi des sentimens divers. Les espérances que j'avois conçues en entreprenant mon voyage, font un contraste affligeant avec les réflexions que je fais à présent que j'en écris la relation. J'ose pourtant compter sur l'indulgence du public. Je ne lui offre point ce livre, je le répète, comme un ouvrage parfait.

La description du Dar-four remplit un vide dans la géographie de l'Afrique; et les détails que je donne sur un pays si peu connu doivent être estimés, non d'après leur étendue, mais d'après leur authenticité. Quand on est dans une chambre au Caire ou à Tripoli, il est aisé de faire une description très-plausible de la partie de l'Afrique qui s'étend de Sennaar et de Gondar à Tombuctou et à Fez. On pourroit même, si l'on vouloit, y joindre le témoignage des jelabs (1); car ils ne sont jamais embarrassés pour répondre aux ques-

(1) Les marchands qui composent les caravanes du Soudan.

PRÉFACE.

tions qu'on leur fait. S'ils ne connoissent pas le lieu sur lequel on les interroge, ils se rappellent de quelqu'autre dont le nom est le plus approchant de celui du premier, et en font aussitôt la description, qu'ils donnent pour celle qu'on demande.

On ne peut pas plus s'en rapporter à ce que les jelabs disent des hommes qui peuplent les contrées qu'ils ont vues. A les entendre, on croiroit que tous les miracles de l'antiquité se perpétuent en Afrique ; qu'on y voit des nations à tête de chien, d'autres avec des queues, et ils désignent les lieux qu'elles habitent, leurs usages, leurs amusemens.

Mais quand ce que les jelabs racontent n'est pas dicté par quelqu'intérêt personnel, et qu'on le vérifie sur les lieux, on le trouve toujours faux ou du moins erroné.

J m'imagine bien que des personnes

qui ne sont accoutumées qu'au spectacle si plein et si varié de ce qui se passe en Europe, trouveront que ce que je dis du Dar-four est bien peu de chose en raison du tems que j'y ai resté; mais j'ose croire que celles qui réfléchissent ou qui ont l'expérience des voyages, préféreront le récit clair et succinct de ce qui est vrai, à des anecdotes frivoles ou à des observations qui n'auroient d'autre but que de rendre cet ouvrage plus volumineux. Aussi me suis-je contenté d'extraire de mon journal les principaux évènemens qui me sont arrivés dans le Dar-four, et de les présenter avec le plus d'ordre qu'il m'a été possible. J'ai sur-tout eu soin de ne rien omettre de ce qui peut servir à faire connoître l'état du pays et le caractère des habitans.

Une imagination plus féconde que la mienne auroit tracé des tableaux plus animés ; un esprit plus observateur auroit recueilli plus de faits et d'incidens, et peut-être se seroit-il servi de ces faits pour s'éclairer dans des recherches intéressantes ; ses tableaux auroient fait plus d'impression, et ses réflexions auroient été plus profondes.

L'ouvrage que j'offre au public a le seul mérite d'être composé d'après des observations faites sur les lieux mêmes et en présence des objets qui y sont décrits ; mais il est impossible de prouver l'exactitude dont je m'enorgueillis, jusqu'à ce qu'un autre voyageur ait fait la même route que moi.

Quant à ce qui concerne l'Egypte, il ne manque pas de personnes qui y ont été, et elles peuvent juger si ce que j'en ai dit est vrai.

Je suis loin de prétendre avoir eu des moyens extraordinaires pour connoître l'Egypte ; mais j'espère que l'esquisse que j'en ai tracée fera quelque plaisir à ceux qui sont bien-aises de connoître la situation où étoit naguère ce pays. Si je n'ai pas beaucoup ajouté à la somme des connoissances qu'on peut puiser dans les livres, j'ai du moins eu l'avantage de rassembler ce qui y est dispersé, et que peu de personnes peuvent se procurer.

On a publié un très-grand nombre d'ouvrages sur l'Egypte ; mais il n'en est aucun en Angleterre qui soit à la portée de tout le monde. Ceux de Pococke et de Norden sont précieux pour ce qui a rapport aux antiquités, et aucun autre ne pourroit les remplacer ; mais leur format et leur cherté les empêchent d'être très-répandus.

Le livre de Niébuhr est assez connu sans que j'en fasse l'éloge ; mais le but du voyage de Niébuhr étoit l'Arabie, et il n'a parlé de l'Egypte qu'incidemment.

Les ouvrages de Volney et de Savary sont entre les mains du public, et je me garderai bien de blâmer le jugement qu'on en a porté. Le talent distingué du premier de ces écrivains est judicieusement apprécié ; mais il a vu l'Orient d'un œil peu favorable, et il a parlé de l'Egypte d'une manière totalement différente de la mienne.

Il existe déja tant de descriptions de la Syrie, qu'on ne peut guère espérer d'en dire rien de nouveau ; ainsi j'en ai parlé très-rapidement.

On ne peut pas apprendre grand'chose au Caire. Un voyageur y séjourne quelquefois plusieurs mois de suite sans parvenir à se faire une idée juste du pays et des habitans.

Les européens qui y sont, pour ainsi dire, renfermés comme des prisonniers (1), s'occupent des avantages de leur commerce, et consacrent le reste de leur tems à se distraire entr'eux du désagrément de vivre dans un si triste séjour. D'ailleurs, la plupart de ceux qu'on y trouve sont hospitaliers et bienveillans, mais non pas propres à généraliser leurs idées, et à profiter de ce que le hasard leur donne souvent occasion d'apprendre.

Les grecs, qui sont naturellement curieux et ont des rapports assez intimes avec toutes les classes du peuple, ainsi qu'avec le Gouvernement, pourroient bien mieux que les autres étrangers, connoître les usages et les évènemens; mais ils représentent presque toujours les choses, non telles qu'elles sont, mais comme ils les voyent, ou plutôt comme ils voudroient qu'elles

(1) L'auteur parle du tems qui a précédé immédiatement la conquête de l'Egypte par les français. (*Note du traducteur.*)

fussent. Quand leurs récits ne sont pas entièrement imaginaires, on peut les comparer aux portraits de *Lely* (1), tous ornés de boucles de cheveux bien peignées, et de cravates bien plissées. Ils ne peignent les caractères que d'après leurs préventions. Ils ne narrent point de faits sans les mêler de fables; et ils décrivent toujours les lieux d'une manière vague et superficielle qui prouve leur ignorance.

Il ne faut pas croire que les cophtes soient instruits de l'histoire et du Gouvernement de leur pays. Ils ne conservent pas le moindre sentiment de leur ancienne gloire, et ils ne songent qu'à gagner de l'argent ou à se livrer au plaisir. Ne concevant pas même quel peut être le motif des recherches

---

(1) Peintre né en Westphalie à la fin du siècle dernier. Il passa en Angleterre à la suite de Guillaume III de Nassau, prince d'Orange, et y acquit beaucoup de fortune et de réputation. (*Note du traducteur.*)

sur les antiquités et la statistique, ils sont si réservés, si timides, qu'ils n'osent pas dire ce qu'ils en savent.

Pour ce qui concerne la littérature et les lois, on peut consulter avec sureté quelques prêtres musulmans; mais il en est peu d'accessibles. La plupart, au contraire, méprisent les étrangers et ne répondent point aux questions qu'on leur fait sur les objets les plus simples.

Enfin, les hommes les plus intelligens et les plus communicatifs qu'on trouve au Caire, sont les marchands mahométans d'un certain rang, qui ont visité plusieurs parties de l'Empire ottoman, et ont appris que toute la sagesse n'étoit pas renfermée dans les limites d'un seul pays, et appropriée à une seule race d'hommes. Fréquentant, d'abord par nécessité, et ensuite par goût, diverses nations, ils demeurent attachés à leur religion, sans penser que le reste du genre humain est composé de *chiens* et de *réprouvés*.

En me rendant en Egypte, mon dessein étoit tel que j'avois lieu de croire pouvoir, en grande partie, l'exécuter. La première année, mes espérances furent diminuées au moment que j'arrivai à Assouan; et j'avoue que je fus extrêmement sensible à ce contre-tems. L'hiver suivant me mit à même d'acquérir des renseignemens et de l'expérience : mais malheureusement j'ai vu par la suite, que je n'avois pas à cet égard tout ce qu'il me falloit.

Si j'avois connu ce qui étoit nécessaire pour ma sureté personnelle, et pour voyager librement, je me serois fait passer dans le Dar-four pour un mahométan. Mais les marchands du Soudan, avec lesquels je m'étois entretenu au Caire, m'avoient assuré que dans leur pays, les chrétiens n'étoient point l'objet d'une violente animosité. En outre, des égyptiens qui avoient voyagé chez les nations nègres converties à l'islamisme, représentoient ces nations comme étant d'un caractère doux et tolérant; et on est même si persuadé en Egypte que les nègres mahométans ont ce caractère, qu'on leur donne toujours l'épithète de caffr (1). Je fus donc extrêmement surpris, en arrivant dans leur pays, de voir qu'un homme qui ne croyoit pas à la loi de Mahomet, y étoit plus ouvertement persécuté, et plus souvent insulté qu'au Caire même.

Les informations que j'avois prises avant de partir d'Egypte en 1793, me faisoient croire qu'en prenant la route de ce qu'on appelle la caravane du Soudan, je passerois librement à

(1) Payen.

PRÉFACE.

Sennaar, d'où je pourrois pénétrer en Abyssinie (1), sous la conduite des funges, que le commerce y attire; et il est certain que si le sultan du Darfour n'avoit pas été prévenu contre moi par des calomniateurs, il m'auroit donné un sauf-conduit pour traverser le Kordofan (2), seule chose dont j'avois besoin pour l'exécution de mon projet. Ce n'eût pas été un grand inconvénient pour moi que d'avoir allongé ma marche de quelques semaines, en faisant un circuit à l'ouest, à cause des troubles qui désoloient le Sennaar. Plus je m'écartois

(1) Les arabes et les autres peuples de ces contrées donnent à l'Abyssinie le nom d'*Habbesch*.

(2) Le Kordofan est un pays qui sépare le Dar-four du Sennaar, et qui appartient tantôt à l'un de ces royaumes, tantôt à l'autre. En 1772, Mahomet-Abou-Kalec, qui gouvernoit le Kordofan au nom du roi de Sennaar, se déclara indépendant. On verra dans le cours de cet ouvrage que depuis, le sultan du Dar-four s'est emparé d'une partie du Kordofan. (*Note du traducteur.*)

du chemin direct, moins on devoit me soupçonner d'être européen. J'aurois d'ailleurs appris à mieux connoître les peuples de ces contrées, et par conséquent passé plus facilement pour un simple marchand.

Je savois que les habitans du Dar-four et des pays voisins font souvent des expéditions pour enlever des esclaves, expéditions dans lesquelles ils s'avancent vers le sud à plus de quarante journées de marche de chez eux, c'est-à-dire qu'ils traversent un espace qui comprend au moins cinq degrés du méridien. Or l'espoir de pénétrer si loin au-delà d'où sont allés les autres voyageurs, étoit bien digne de tous mes efforts.

J'étois loin de prévoir que dans un pareil voyage je pourrois être exposé tout-à-la-fois aux perfidies de la bande de brigands que je voulois accompagner, et au juste ressentiment des malheureuses victimes de leur avidité. Il est vrai que peut-être les fourains à qui je me suis adressé m'ont exagéré les dangers de cette route, pour m'empêcher de la prendre.

Mais combien j'avois envie de braver ces dangers, quand je songeois que la partie du chemin qu'on disoit si périlleuse, étoit le long des bords du *Bahr-el-Abiad* (1), que je croyois être le vrai Nil, et que probablement aucun européen n'a jamais vu ! J'avoue que, quelque desir que j'eusse de le remonter jusqu'à sa source, je ne pouvois guère y compter; mais j'espérois approcher assez de cette source pour pouvoir en déterminer la direction et la latitude.

Il est inutile d'observer que l'exécution de l'un ou l'autre de ces projets

(1) Le fleuve Blanc.

eût été extrêmement intéressante, et m'eût donné occasion de parler de beaucoup de choses qui nous sont inconnues. Je n'ai pu apprendre, pendant mon séjour dans le Dar-four, si lorsque les fourains font des expéditions armées pour aller chercher des esclaves, ils remontent très-haut le long du Bahr-el-Abiad.

Un autre objet de mes espérances qui peut-être paroîtra le plus important aux yeux de beaucoup de lecteurs, c'étoit de me rendre dans quelqu'un des vastes et populeux empires qui sont dans l'ouest de l'Afrique. Les dernières découvertes prouvent que la partie de ce continent, située au nord du Niger, est presqu'entièrement mahométane : or, si j'avois été bien accueilli par l'une des nations attachées à cette secte, c'eût été d'un augure très-favorable pour la suite de mon voyage.

PRÉFACE.

Je me flattois qu'en suivant cette route, je verrois une partie du Niger. Si j'étois allé directement du Dar-four au Bernou et de là au Fezzan et à Tripoli, j'aurois pu vérifier plusieurs points de géographie très-importans, et faire beaucoup d'observations relatives au commerce et aux mœurs ; et si je n'avois pas pu remplir ce double dessein, j'aurois au moins pu tracer le chemin, et faciliter les entreprises de quelqu'autre voyageur.

J'étois tellement résolu à exécuter l'un de ces plans, que près de trois ans de souffrances ne purent me décourager. La peine que j'éprouvois de me voir forcé d'y renoncer, m'avoit fait oublier de chercher à sortir de l'espèce de captivité où l'on me retenoit; et ce ne fut que lorsque je manquai de moyens de vivre, que je songeai à ma délivrance. Mes amis mahométans, eux-mêmes que le fatalisme auquel ils croyoient, n'empêchoit pas de se prêter aux circonstances, me firent sentir par leurs plaisanteries, que le désespoir étoit foiblesse et non pas force, et qu'une âme qui se livroit trop facilement à des lueurs d'espoir que la prudence n'autorisoit pas, éprouvoit une sorte d'insanité.

La relation de mon voyage seroit peut-être moins imparfaite, si au moment que je l'ai rédigée, mes notes originales avoient été toutes sous ma main. Deux accidens également imprévus se sont opposés au desir de compenser, au moins en partie, par beaucoup de détails exacts sur ce que j'ai vu, le malheur de n'avoir pas vu davantage.

J'ai perdu dans le Soudan quelques échantillons de minéraux, de végétaux, et d'autres objets volumineux que je voulois emporter. Cette perte n'est pas bien considérable : celle que j'ai faite en Egypte l'est davantage. A mon arrivée au Caire, je m'imaginai que le transport de tout mon bagage m'embarrasseroit pour traverser la Syrie; et en conséquence j'en envoyai une partie à Alexandrie. Je mis parmi les effets que je fis partir pour cette ville, ceux de mes papiers que je jugeai ne pouvoir absolument être utiles qu'à moi. Il y avoit :

1.º Un état des caravanes du Darfour venues au Caire depuis l'an de l'hégire 1150 (1), dans lequel on trouvoit non-seulement le nombre des personnes qui les composoient, mais des détails très-curieux. J'avois copié cet état sur le livre du scheik chargé de la police du marché où l'on vend les esclaves au Caire;

2.º Un itinéraire général des routes

(1) C'est-à-dire depuis 1771 de l'ère chrétienne, jusqu'en 1796.

de l'Afrique orientale, écrit par un je-lab de ma connoissance;

3.º Un vocabulaire de la langue du Dar-four, que j'avois composé moi-même;

4.º Quelques remarques sur l'histoire naturelle;

5.º Une liste des villes d'Egypte et du Dar-four, écrite par un arabe;

6.º Beaucoup de notes relatives à mes observations astronomiques, avec des remarques géographiques sur la route que j'ai suivie pour me rendre dans le Soudan.

Parlons un instant des relations qui existent actuellement entre l'Egypte et l'Abyssinie.

Vers la fin de 1796, le patriarche cophte m'apprit que depuis neuf ans il n'y avoit eu aucune relation entre l'Abyssinie et l'Egypte. Deux hommes se présentèrent au Caire, en 1793, et dirent qu'ils étoient prêtres abyssins; mais bientôt après on découvrit qu'ils ne venoient point de l'Abyssinie, ou que s'ils en venoient, ils n'avoient aucune mission.

Les communications par terre, entre les deux pays, ont sans doute été interrompues à cause des troubles du Sennaar et de la Nubie. Les esclaves qu'on tire d'Abyssinie, traversent ordinairement la mer Rouge de Masuah à Jidda. La plupart sont vendus à la Mecke; les autres passent à Cosseïr et à Suez, d'où on les envoie au Caire. Les abyssins envoient aussi quelquefois de l'or au Caire par la même route, et ils reçoivent en échange les marchandises dont ils ont besoin.

Quoique plus beaux que ceux du Soudan, les esclaves abyssins ne leur sont pas préférés en Egypte, et le prix des uns et des autres est à-peu-près le même.

Tandis que j'étois dans le Dar-four, un prêtre de la Propagande, né en Egypte, et joignant par conséquent à l'avantage de parler la langue du pays celui que donnent les connoissances locales, tenta de pénétrer en Abyssinie. Lorsqu'il fut à Sennaar, les habitans de cette ville lui conseillèrent de ne pas aller plus loin; mais il dédaigna leur avis, et fut assassiné entre Sennaar et Teawa.

La Propagande n'a à Gondar (1) qu'un seul missionnaire, encore est-ce un abyssin. Il prend avec les personnes de sa religion, le titre d'évêque d'Adel (2), mais avec les autres il se fait passer pour médecin. En

(1) Gondar est, comme on sait, la capitale de l'Abyssinie.

(2) Royaume situé sur la côte de la mer Rouge, près du détroit de Bab-el-Mandeb. C'est là que croissent l'encent et la myrrhe. (*Note du traducteur*).

1796, ceux de ses confrères qui étoient au Caire, m'assurèrent qu'il y avoit déja plusieurs années qu'ils n'en avoient reçu aucune nouvelle authentique.

Au mois de mars 1793, je rencontrai à Suez un marchand arménien, qui avoit fait le commerce en Abyssinie, et qui me parut homme d'esprit. Il me dit qu'il étoit à Gondar dans le même tems que Sir James Bruce, et que Yagoubé (1) y jouissoit d'une grande considération. Il me raconta, sans que je le lui demandasse, l'histoire de la chandelle que Bruce fit passer à travers sept boucliers. Il me dit aussi que cet anglais avoit été nommé par le roi d'Abyssinie, gouverneur du Rab-el-Feel, province où l'on parle l'arabe. Enfin, il ajouta que les abyssins étoient un peuple ignorant et

(1) Ce nom est celui sous lequel Bruce étoit généralement connu dans ces contrées.

grossier, qui mangeoit souvent de la chair crue.

Dans le Dar-four, un marchand du Bergou, qui avoit long-tems résidé à Sennaar et accompagné Bruce à Gondar, me certifia que Yagoubé étoit très-aimé à la cour d'Abyssinie, qu'il y vivoit avec magnificence, qu'il observoit souvent les étoiles, et qu'il avoit obtenu la place de Gouverneur du Ras-el-Feel. Mais ce marchand, et l'arménien dont je viens de parler, s'accordoient à dire que Bruce n'avoit jamais vu la source que l'on regarde, dans ces contrées, comme la véritable source du Nil (1).

En 1788, un anglais nommé Ro-

---

(1) Ceci est absolument contraire à ce que dit Bruce lui-même, et au rapport de l'abyssin Abram qui, se trouvant au Bengale, et s'entretenant avec sir Williams Jones, l'assura qu'il avoit accompagné Bruce aux sources du Nil. (*Note du traducteur*).

barts, arriva à Alexandrie, d'où il ne tarda pas à se rendre au Caire. Son intention étoit de pénétrer en Abyssinie par la voie de Masuah. Il sollicita plusieurs fois le patriarche cophte de lui donner une lettre pour le chef des ecclésiastiques de Gondar : mais le patriarche la lui refusa sous différens prétextes.

Après quelques mois de séjour au Caire, Robarts se rendit à Moka, d'où il tenta inutilement de passer sur la côte opposée. Les personnes dont je tiens ce fait, l'avoient appris de Robarts même, et m'assurèrent qu'il avoit non-seulement éprouvé toute sorte d'obstacles, mais souffert beaucoup d'indignités. Elles me dirent en même-tems que cet anglais étoit plein de force, de courage, de raison et d'expérience. Enfin, elles m'ajoutèrent qu'il avoit passé dans l'Empire du Mogol, et fait deux campagnes avec les troupes anglaises, contre l'usurpateur du Mayssour (1). Après le traité de Seringapatam, Robarts retourna à Alexandrie. Il y fut attaqué d'une maladie violente, et mourut dans le couvent des franciscains. Peut-être que des détails plus authentiques, concernant ce voyageur, sont déja parvenus en Angleterre. Mais j'ai cru devoir faire mention de ce que j'en ai appris, pour montrer combien il est difficile de pénétrer en Abyssinie.

Les erreurs sont nombreuses dans la géographie de l'Afrique, et elles proviennent de diverses causes, dont voici les principales.

La même province a souvent, dans la langue qu'on y parle, un nom différent de celui qu'on lui donne en arabe; et chaque district du pays que les ara-

---

(1) Les anglais écrivent Mysore.

bes appellent en général *fertit* (1), a son nom particulier.

Le nom d'une petite province est souvent pris pour celui d'une grande, et le nom d'une grande pour celui d'une petite. *Bahr*, désigne tantôt un lac, tantôt une rivière. *Dar* signifie un royaume, et s'applique souvent à un simple district, même à un village.

Four est un mot arabe qui veut dire un daim; et il y a tout lieu de croire que les arabes ont appliqué ce nom aux habitans du pays qu'on appelle aujourd'hui Dar-four, de-même que les turcs ont donné, à ceux des îles de la Grèce, celui de *Touwschan*, qui signifie un lièvre, parce qu'ils fuyoient devant les conquérants mahométans.

Rien n'est plus vague que l'acception du mot *Soudan* ou *Sûdan*. Parmi les égyptiens et les arabes, *Ber-es-Soudan* signifie l'endroit où arrivent les cara-

(1) Le pays des idolâtres.

vanes dans le premier canton habitable du Dar-four, c'est-à-dire sur la frontière orientale de ce royaume; et je ne les ai jamais entendu appliquer ce nom ni au Kordofan ni au Sennaar. Dans le Dar-four on s'en sert pour désigner les contrées qui sont à l'Occident. Enfin, il me semble qu'il signifie le plus communément le pays des nègres le plus voisin de l'Egypte.

Je ne me suis jamais servi du mot *turc*, pour désigner simplement un mahométan, car cet usage qu'ont quelques écrivains anglais occasionne beaucoup de confusion quand on parle en général de l'Orient. Je ne l'applique qu'aux habitans de la Turquie européenne et de l'Asie mineure (1). Je

(1) L'auteur a employé l'orthographe arabe pour le Caire*, Damiette**, Rosette***, et quelques autres noms de lieu. Le traducteur a cru devoir conserver l'orthographe française. (*Note du traducteur.*)

* Kahira.
** Damiatt.
*** Rashid.

donne le nom d'*arabe* aux peuples de cette race établis dans la Syrie, l'Egypte, la côte de Barbarie, et l'Arabie propre, soit qu'ils habitent des villes, soit qu'ils vivent sous des tentes; cependant je désigne souvent les tribus errantes sous le nom de Bédouins et de Maugrebins.

L'orthographe européenne du mot *kalife*, ne donne pas une idée de la forte lettre gutturale par laquelle il commence; c'est pourquoi je l'écris *khalife*. Je conserve l'orthographe ordinaire de Bey, quoique les turcs écrivent Beg ou Bek, parce qu'ils ne font presque pas sentir la dernière lettre de ce mot dans la prononciation.

OBSERVATIONS.

POIDS ET MESURES.

L'*oke* du Caire pèse	400 drachmes.
Le *rotal*	144 drachmes.
Le *rotal* de soie de Syrie	229 drachmes $\frac{1}{2}$.
Le *cantar* vaut	102, 105, 110, 120, 130 *rotals*, suivant l'espèce de marchandise qu'on pèse.

Pour les pierreries, l'or et l'argent.

Le karat pèse	4 grains.
La drachme	16 karats.
Le milkal	24 karats.
Le wekié	8 drachmes $\frac{1}{4}$.

Pour les étoffes.

La coudée de Constantinople, appelée en arabe *draa stambouli*, et en turc *hindazi*, sert pour mesurer les draps et les soieries. Elle équivaut à 27 pouces anglais (1).

La coudée du Caire sert pour les autres marchandises. Elle est de 18 pouces anglais.

---

(1) Le pouce anglais est de 11 lignes.

NOUVEAU VOYAGE
EN ÉGYPTE, EN SYRIE,
ET DANS L'INTÉRIEUR
DE L'AFRIQUE.

CHAPITRE PREMIER.

ALEXANDRIE.

Anciennes murailles et ruines d'Alexandrie. — Ses deux ports. — Ses réservoirs. — Végétation. — Antiquités. — Population. — Gouvernement. — Commerce. — Manufactures. — Anecdotes.

Mon passage des côtes de la Grande-Bretagne à celles d'Egypte, n'eut rien de remarquable, si ce n'est le contraste entre l'hiver que je venois de laisser sur les premières, et l'été que je trouvai en approchant des autres. Il n'y a que les marchands et les marins qu'un voyage par mer n'ennuie pas. Le nôtre fut exempt de danger, et ne dura que vingt-six jours ; mais aussi il fut dépourvu de tout ce qui pourroit amuser mes lecteurs. J'arrivai en Egypte le 10 janvier 1792.

Alexandrie n'a que bien peu de restes qui

puissent la faire reconnoître pour l'un des principaux monumens de la magnificence du conquérant de l'Asie, l'entrepôt du commerce de l'Orient, et le théâtre du luxe d'un des triumvirs romains et de la célèbre reine d'Egypte. Sa décadence a, sans doute, été graduelle ; mais quinze siècles ont fait insensiblement disparoître toute son ancienne opulence.

Les murailles qui entourent à présent Alexandrie, ont été bâties par les Sarrasins, et par conséquent elles ne peuvent donner aucune idée de ce qu'étoit autrefois l'étendue de cette ville (1). Elles ont, en quelques endroits, plus de quarante pieds de haut, et il n'y en a aucun où elles paroissent en avoir moins de vingt ; mais quoiqu'épaisses et flanquées de tours, elles ne pourroient résister, si ce n'est à la cavalerie des mamlouks, de qui seuls les habitans ont à craindre quelque attaque (2), ce qui

(1) Volney croit que les murailles d'Alexandrie sont d'ancienne structure ; mais d'Anville a dès long-tems rejeté cette idée ; et les fragmens de colonnes qu'on trouve dans la maçonnerie, prouvent que d'Anville a eu raison. (*Note de l'auteur.*)

(2) On ne prévoyoit pas l'invasion des français. (*Note du traducteur.*)

fait qu'ils entretiennent ces murailles avec quelque soin. Elles les défendent aussi contre les arabes bédouins qui habitent une partie de l'année les bords du canal, et enlèvent souvent le bétail dans les environs.

Les troupeaux peu nombreux dont les habitans d'Alexandrie tirent une partie de leur subsistance, paissent l'herbe dont le voisinage du canal favorise la végétation, et sont reconduits tous les soirs dans la ville avant qu'on ferme les portes; on ne les laisse même pas sortir le jour, lorsqu'on sait qu'il y a des tribus ennemies dans les environs.

Les murailles d'Alexandrie ne sont curieuses que par quelques tours qui tombent en ruine, et le seul reste de l'ancienne ville qui soit digne de remarque, est une colonnade qu'on voit près de la porte du côté de Raschid (1), et qui est plus qu'à moitié détruite. Cette colonnade s'appelle l'amphithéâtre du sud-est, parce qu'elle est placée dans un lieu élevé, d'où l'on voit aisément la ville et le port. Il ne reste plus rien du singulier faubourg nommé Nécropolis, c'est-à-dire, la cité des morts.

On ne peut croire que l'ancienne ville

(1) Rosette.

d'Alexandrie n'ait occupé que le petit aire que renferme sa nouvelle muraille. La première enceinte étoit certainement bien plus étendue que celle qu'elle a aujourd'hui ; cependant il n'y a qu'un coin de cet espace entre les deux ports qui soit rempli de maisons, le reste est en partie occupé par des jardins qui produisent les fruits et les légumes analogues au climat, et auxquels les gens du pays sont le plus accoutumés, et en partie par les immondices et les décombres qu'on y jette ; d'ailleurs cette dernière partie ne peut être propre à la culture, parrapport aux ruines qui remplissent le sol jusqu'à une très-grande profondeur. Quoiqu'il ne soit pas possible de connoître les anciennes limites de la ville, ni d'assigner avec précision la situation de ses principaux édifices, elle conserve encore ces restes informes de sa grandeur première. On voit de toutes parts des monceaux de décombres ; de sorte que non-seulement les soins que les habitans prennent de creuser la terre, mais même de fortes ondées de pluie, font découvrir des morceaux de marbre précieux, des fragmens de sculpture et d'anciennes médailles.

Le port situé à l'est, et appelé, je ne sais

pourquoi, le nouveau port, n'a, suivant toute apparence, jamais été un bon port, parce que le fond y est rocheux; mais il a, en outre, le désavantage d'être exposé à certains vents; cependant parmi les navires européens qui le fréquentent, il peut y en avoir toujours une vingtaine en sureté. Ils sont dans un étroit espace, qui ne fait qu'une très-petite partie du port, parce que dans tout le reste de ce port, l'eau est très-peu profonde; ce qui semble, jusqu'à un certain degré, occasionné par la grande quantité de lest qu'on y jette continuellement. Le Gouvernement ne fait aucune attention à cet abus, qui finira par rendre le port impraticable. Dans le dessin que Norden a tracé de ce port, on voit que l'eau va jusqu'à l'entrée de l'ancienne douane; plusieurs habitans d'Alexandrie disent l'y avoir vue, et des traces encore subsistantes le prouvent; mais à présent elle en est très-éloignée. D'après cela on pourroit croire que la mer se retire, et que la nature a contribué, plus que toute autre chose, au changement qui s'est opéré dans le port.

Le vieux port, réservé aux seuls mahométans, est spacieux, quoiqu'il le soit pourtant un peu moins que le nouveau. On y trouve par-tout de cinq à six brasses d'eau, et même, en quelques endroits, davantage. L'ancrage y est sûr.

La ville s'étend le long d'une partie de l'isthme et de la péninsule. A son extrémité orientale, où il semble que doit avoir été anciennement le phare, on voit un fort en ruines qui est joint au continent par une chaussée de pierre, dans laquelle on a pratiqué plusieurs arches pour affoiblir l'effet des eaux. Il y a aussi du côté du couchant une muraille qui n'est pas moins dégradée que le fort.

Les maisons sont, pour la plupart, en maçonnerie, à deux étages, et très-commodes pour le pays. Elles ont des toits en terrasse : mais elles sont bien garanties de la pluie qui tombe de tems en tems pendant l'automne.

Les grandes et profondes citernes construites à Alexandrie pour recevoir l'eau du Nil, et la conserver pendant le décroissement annuel du fleuve, étoient probablement en très-grand nombre, et ce nombre s'étendoit d'une extrémité de la ville à l'autre ; mais aujourd'hui il n'y en a plus que sept en état de servir. Elles contiennent assez d'eau pour l'usage des habitans ; et comme elles sont un peu éloignées des maisons, une petite partie de la classe indigente tire sa subsistance du transport de l'eau. On la charrie sur des chameaux, et ce que porte un de ces animaux se vend quatre ou cinq *paras* (1).

Les toits des citernes sont supportés par une très-épaisse charpente, qui vraisemblablement est aussi ancienne que les citernes mêmes ; car on ne peut guère penser que les modernes habitans d'Alexandrie aient entièrement changé une partie si essentielle de ces réservoirs, et substitué du bois à la pierre dans un lieu où l'un est très-rare et l'autre très-abondant.

La ville d'Alexandrie n'est que peu élevée au-dessus du niveau de la mer, et il semble très-difficile de la mettre en état de résister long-tems aux attaques d'un ennemi.

L'on trouve en plusieurs endroits d'Alexandrie une couche végétale légère, et propre à toute espèce de culture : mais cette couche y a été sans doute apportée ; car le

(1) Un para vaut un sou tournois ou cinq centimes.

sol naturel y est composé de pierre et de sable, et par conséquent d'une stérilité absolue. Les jardins y produisent quelques oranges et quelques citrons. Les dattes qu'on y recueille sont bonnes, mais non de la première qualité, et cependant leur culture est la plus lucrative pour le propriétaire. Elle a encore un autre avantage, c'est que le verd des dattiers, dont les jardins sont remplis, soulage l'œil que fatiguent la blancheur des maisons et la sécheresse d'un sol sablonneux.

Toutes les herbes potagères et les racines qu'on cultive en Angleterre, croissent très-bien à Alexandrie lorsqu'on a soin de les arroser. Les arbres fruitiers qui m'ont paru y être indigènes, sont le nerprun (1) et le caffier, que les gens du pays appellent *kischné*, et qui se trouve aussi dans l'Amérique méridionale. Le premier porte un fruit de la grosseur d'une cerise, et ayant également un noyau, mais ressemblant plus à la pomme par la couleur et par le parfum (2).

Parmi les principaux monumens de l'antiquité qui restent à Alexandrie, ceux qui

(1) Paliurus Athenæï.
(2) Dans le pays ce fruit s'appelle *nebka*.

ont éprouvé le moins de dégradation sont la colonne, qui porte improprement le nom de Pompée (1) et l'Obélisque (2). L'inscription gravée sur la colonne est en partie effacée, et on n'y peut même plus lire tout ce que Pococke en a autrefois copié.

Il y a dans la grande mosquée un ancien sarcophage de marbre serpentine, qui sert aujourd'hui de citerne. Il ressemble beaucoup à celui qui est au Caire, et que Niebuhr a décrit avec le plus grand soin. Il n'est guère moins chargé d'hiéroglyphes, et il a en outre l'avantage d'être entier, et de ne point se ressentir des effets du tems. On rapporte qu'un des fermiers de la douane, qui quitta l'Egypte il y a quelques années, s'étoit arrangé avec les chefs du pays, pour charger sur un vaisseau européen ce précieux monument de l'antiquité, dans le dessein d'en faire présent à l'empereur d'Allemagne. Mais la nuit où l'on devoit l'embarquer, le secret fut découvert, et les habitans d'Alexandrie s'assemblèrent en tumulte pour

---

(1) On croit qu'elle a été érigée en l'honneur de Sevère.

(2) Il y en a deux. On leur a donné le nom d'aiguilles de Cléopâtre.

s'opposer à ce qu'on violât la propriété d'une mosquée. Il fallut donc renoncer à emporter le sarcophage, que depuis on garde avec tant de vigilance, qu'il est devenu difficile pour un européen de le voir ; et c'est ce qui est cause que je ne décris pas d'une manière plus détaillée ce monument qui semble avoir presque échappé à l'observation des voyageurs qui m'ont précédé.

La population d'Alexandrie est composée de mahométans de diverse nation, d'un grand nombre de chrétiens grecs, qui ont une église et un couvent, où vivent trois ou quatre moines, et qui est agréablement situé dans la partie la plus élevée de la ville, où sont les jardins; d'arméniens, qui ont aussi une église, et de quelques juifs, à qui on a accordé la permission d'avoir une synagogue. Je crois que toute cette population ne s'élève à guères moins de vingt mille ames (1); cependant je n'ai pas assez long-tems resté dans le pays pour pouvoir l'assurer d'une manière positive.

(1) Ceci étoit écrit avant 1796, année où la peste enleva, dit-on, la moitié des habitans d'Alexandrie : ce qu'il y a de certain, c'est que depuis leur nombre est bien diminué.

Les franciscains de la Terre sainte ont à Alexandrie un couvent occupé par trois ou quatre d'entr'eux. Les consuls et les négocians européens ont leurs maisons toutes près les unes des autres, dans l'est de la ville et sur le bord de la mer. Ils ne font société qu'entr'eux, portent l'habit de leur nation, vivent absolument comme en Europe; et s'ils sont troublés, ce n'est jamais que par leurs querelles particulières.

Il est certain que les habitans d'Alexandrie n'ont pas la réputation d'aimer les étrangers; mais je crois qu'en général ils ne se permettent quelque malhonnêteté à leur égard, que quand ils sont provoqués ; et peut-être se trouvent-ils aussi souvent dupes des marchands francs, que ceux-ci le sont des courtiers et autres agens du pays que leurs affaires de commerce les obligent d'employer.

Le commandement du fort et du peu de troupes qu'il y a dans la ville, est confié à un sardar, qui tantôt a le titre de caschef, tantôt n'est qu'un officier inférieur des mamlouks. Le gouvernement civil est entre les mains des habitans. Le cadi ou principal magistrat est un arabe nommé à cette place par le grand-seigneur ; les autres magistrats sont les scheiks de quatre sectes et les imans des deux principales mosquées. On peut observer à cette occasion, que dans l'Orient les principaux magistrats sont toujours de l'ordre sacerdotal.

Sous le règne des Ptolémées, les revenus d'Alexandrie s'élevoient à douze mille cinq cents talens, ce qui, en évaluant le talent à 193 liv. 15 sols sterl. ne fait guère moins de deux millions et demi sterl. Aujourd'hui on croit que ces revenus n'excèdent pas 4,500 bourses, ou 225,090 liv. sterl.

Le commerce d'Alexandrie est plus considérable que celui de Damiette. Tout ce que l'Europe envoie en Egypte et tout ce qu'elle en tire passe par Alexandrie. Le bois de charpente, ainsi que celui qui sert à la construction des vaisseaux, et qu'on porte à Alexandrie, sort de Candie et des autres îles de l'Archipel. Le cuivre travaillé ou brut y est porté de Constantinople, et la quantité en est très-considérable. Le café, le riz, les cuirs non tannés partent non-seulement d'Alexandrie, mais des autres ports de l'Egypte. Le passage de tant de marchandises tient ordinairement les habitans dans une activité très-analogue à leur caractère ; et si quelque cause enchaîne le commerce et les force de rester oisifs, on ne peut pas dire que ce soit leur faute.

La navigation d'Alexandrie à Rosette (1) se fait sur de petits bateaux, qui portent depuis quinze jusqu'à cinquante tonneaux; et lorsque les marchandises sont arrivées à Rosette, on les embarque sur des bateaux d'une autre forme pour les transporter au Caire.

Parmi les productions de l'Orient, dont les négocians européens prennent une grande quantité en retour des marchandises qu'ils portent à Alexandrie, on distingue le safran (2) qu'on cultive en Egypte, et le séné, qui vient principalement par la voie de Suez, mais dont une partie est recueillie en Nubie, et même près de la première cataracte du Nil.

L'Europe a fourni long-tems à l'Egypte environ huit cents balles de drap par an; mais lorsque j'ai quitté le pays, ce commerce étoit beaucoup diminué à cause des obstacles qu'y opposoit la guerre des européens; et le prix auquel étoit monté le drap, obligeoit beaucoup d'égyptiens de lui substituer les étoffes du pays. Livourne fournit à

(1) Raschid.
(2) Carthamus tinctorius.

Alexandrie du corail travaillé, et Venise de la verroterie.

Les habitans d'Alexandrie sont remarquables par la facilité avec laquelle ils parlent plusieurs langues; mais l'arabe dont ils se servent est mêlé de beaucoup de mots tirés du turc et d'autres idiomes.

Parmi leurs traits caractéristiques, les habitans d'Alexandrie ont conservé cet esprit de persévérance et cette adresse qu'a remarquée en eux un ancien historien (1). Par exemple, quand pour garantir leurs maisons des dégâts que la mer peut y faire, ils veulent couper en deux une ancienne colonne de marbre de trois ou quatre pieds de diamètre, ils y font une entaillure d'un demi-pouce de profondeur, et qui s'étend sur un douzième de la circonférence, puis ils mettent à chaque extrémité de l'entaillure un morceau d'acier de la grandeur d'une pièce d'argent de cinq francs, et ils enfoncent un coin dans le milieu. Pendant ce tems-là, cinq ou six morceaux d'acier semblables aux premiers, sont placés à égale distance autour de la colonne, et on les y fait entrer à petits coups de marteau. Par ce moyen la colonne est parta-

(1) Hirtius, bell. Alex. propè init.

gée régulièrement et en très-peu de tems.

L'on fabrique à Alexandrie des lampes et des phioles de verre verd et de verre blanc. L'on y emploie du natrun au lieu d'autre alkali, et la plage basse des côtes d'Egypte fournit d'excellent sable.

Il y a quelque tems qu'il s'éleva une querelle entre les habitans d'Alexandrie et le Gouvernement, à l'occasion de la conduite des chrétiens syriens qui étoient chargés de la douane. Les habitans d'Alexandrie ne sont pas les plus dociles de tous ceux qui vivent sous le joug des mamlouks, et leur situation topographique et quelques autres circonstances les ont souvent enhardis à résister aux ordres du Gouvernement. Ils affectent, sur-tout aujourd'hui, de considérer les beys qui dominent comme des usurpateurs rebelles à l'autorité de la Porte. Aussi chaque parti s'attache constamment à profiter des moindres fautes de ses adversaires. Les beys veulent étendre sur les habitans d'Alexandrie le despotisme qu'ils exercent sur le reste des égyptiens, et les habitans d'Alexandrie cherchent à perpétuer la dépendance mitigée ou l'autocratie imparfaite dans laquelle, à force de subterfuges et d'expédiens, ils se sont jusqu'à présent maintenus.

Les affaires étoient dans cet état quand Mourad-Bey, sous la juridiction duquel étoit le district d'Alexandrie, donna l'ordre de fermer les magasins publics (1) où se fait le principal commerce. Un caschef fut envoyé pour faire exécuter cet ordre; mais il n'étoit point accompagné de soldats, et cependant Mourad Bey l'avoit chargé d'arrêter et de conduire au Caire le scheik Mohammed el Missiri, l'un des premiers mullas, parce que ce scheik s'étoit toujours montré le principal opposant aux volontés des beys. J'ai su aussi qu'il étoit très-distingué par son esprit et par son éloquence.

La plupart des habitans s'étant assemblés dans la principale mosquée, résolurent de contraindre le caschef à sortir de la ville. Ils se déterminèrent en même-tems à chasser le sur-intendant de la douane, qui s'étoit rendu odieux par toute espèce de fraudes, et contre lequel on avoit souvent porté des plaintes au bey. Quelques membres de l'assemblée furent chargés d'aller avertir le caschef et le sur-intendant de ne pas rester

---

(1) En langue du pays *Okals*.

dans la ville jusqu'à la nuit, sous peine de mort. Mais le peuple étoit trop impatient pour leur laisser un aussi long délai, et ils furent obligés de partir soudain, le caschef par terre, et le sur-intendant par mer.

Aussitôt on s'occupa à réparer les murailles de la ville, à y placer du canon, et à mettre tout en état de défense. Le scheik Mohammed conseilla aux habitans de se diviser en districts, ce qui fut exécuté. On décida, en outre, que tous ceux qui avoient le moyen d'acheter des armes s'en procureroient, et que ceux qui ne pouvoient pas en acheter seroient armés aux dépens du public. Environ un mois après, on apprit qu'un corps de troupes, commandé par deux caschefs, marchoit contre Alexandrie pour faire rentrer les habitans dans le devoir. Dès que les alexandriens surent que cette troupe étoit à Rosette, ils envoyèrent au-devant d'elle pour lui annoncer que si elle venoit sans intentions hostiles, elle seroit reçue amicalement ; mais que si elle devoit exercer contre eux quelque violence, tous les habitans s'opposeroient à son entrée. L'un des caschefs étoit celui qui avoit été expulsé de la ville; l'autre étoit un homme du premier rang, et avoit occupé quelque tems la place des Yenktchery Aga. Les domestiques de ce dernier, au nombre d'environ deux cents gens de pied, composoient toute leur suite; par conséquent leurs forces étoient très-peu considérables.

Le caschef déclara qu'il n'avoit d'autre dessein que de certifier que les cœurs des habitans étoient toujours attachés au Gouvernement, et n'avoient point l'intention de lui faire la guerre, comme Mourad-Bey avoit été porté à le croire, en apprenant qu'ils s'étoient mis en état de défense. Il leur conseilla en même-tems de donner une preuve de leur amour pour la paix, en députant au Caire trois ou quatre d'entr'eux, pour expliquer aux beys le sujet dont ils avoient à se plaindre, et pour préparer les moyens de vivre en bonne intelligence avec eux.

Ce conseil ne fut pas suivi, et le caschef n'en donna point d'autre. Au bout d'une quinzaine de jours il quitta Alexandrie, n'ayant reçu des habitans qu'un présent de très-mince valeur, et quelques bagatelles que les marchands européens lui offrirent en considération de sa dignité. Ainsi se terminia cette querelle, sur laquelle je me suis peut-être trop étendu, mais qui jette quelque lumière sur la situation et le caractère du gouvernement des mamlouks.

CHAPITRE II.

SIWA.

Voyage à Siwa. — Tentative pour pénétrer jusqu'au temple de Jupiter-Ammon. — Route et provisions. — Animaux du Désert. — Évènemens arrivés en route. — Description de Siwa. — Ancien édifice. — Relations commerciales. — Productions et mœurs. — L'auteur veut pénétrer plus avant dans le Désert. — Il est obligé de retourner sur ses pas.

LES informations que j'avois prises à Alexandrie m'ayant déterminé à entreprendre de découvrir les vestiges du temple de Jupiter-Ammon, je me procurai un interprète, et je fis marché avec quelques arabes qui avoient coutume de charrier des dattes et d'autres marchandies de Siwa (1) à Alexandrie, pour qu'ils portassent mon bagage et mes provisions, et qu'ils me fissent passer en sureté parmi les autres arabes qui, pendant un certain tems de l'année, font paître leurs troupeaux dans le voisinage de la mer. M. Baldwin, à qui je fis part de mon dessein, l'approuva beaucoup, et fit tout ce qu'il put pour en assurer le succès.

(1) Siwa est une petite ville à l'occident d'Alexandrie.

Quand les arabes qui devoient me conduire eurent terminé leurs affaires, et fixé l'heure qu'ils croyoient propice aux voyageurs, ils se préparèrent au départ. Nous quittâmes Alexandrie le vendredi 24 février 1792. Mes compagnons se trouvèrent d'accord avec moi pour le choix de la route. Ils préféroient les côtes de la mer, parce que les chameaux y trouvoient bien plus facilement de quoi se nourrir que dans le chemin direct; et moi je les préférois, parce que c'étoit par-là qu'Alexandre avoit fait passer son armée.

Le premier jour, nous ne fîmes qu'environ huit milles (1), et cependant nous aperçûmes les fondemens d'un grand nombre d'édifices, dont les restes étoient si confusément dégradés, qu'il n'étoit pas possible de connoître s'ils étoient anciens ou modernes, ni à quoi ils avoient pu servir.

Nous continuâmes jusqu'au dimanche 4 mars à suivre les côtes, et nous ne perdîmes jamais long-tems la mer de vue. La côte est unie; et quand on a quitté les environs d'Alexandrie, où il y a des rochers,

(1) Dans le cours de cet ouvrage on ne parle jamais que de milles géographiques.

on trouve en général un sol plane et sablonneux. L'œil fatigué de contempler des terres stériles se repose avec plaisir sur quelques endroits qui sont couverts de verdure, surtout au printems; et quoique l'herbe ne consiste qu'en différentes espèces de kalis, elle suffit pour les chameaux. Quant à nos chevaux, nous étions obligés, pour les nourrir, de porter avec nous de l'orge et de la paille hachée.

Les orientaux ont plusieurs espèces de viandes préparées pour les longs voyages. Pour obvier à l'inconvénient des provisions salées, ils se servent de beurre clarifié. L'espèce dont on se sert le plus se nomme *mishli*, et peut se conserver pendant plusieurs années. On le porte de la côte occidentale de Barbarie au Caire (1).

Dans presque tous les endroits où nous nous arrêtâmes, nous vîmes des gerboises, des tortues, des lézards et quelques serpens. Il y avoit aussi une immense quantité de limaçons attachés aux herbes épineuses que paissoient nos chameaux. Les arabes man-

(1) Peut-être est-ce le beurre végétal dont parle Mungo Park dans la relation de son voyage. (*Note du traducteur.*)

gent ces limaçons. Nous n'aperçûmes guère
d'autres oiseaux que des oiseaux de mer. Un
de mes compagnons de voyage tua un petit
épervier; mais ce fut le seul que nous vîmes.

Près de quelques sources nous trouvâmes
des lapins sauvages, auxquels les arabes
donnent le même nom qu'aux lièvres.
Nous y remarquâmes aussi beaucoup de
traces de gazelles et d'autruches. Nous ne
passâmes pas un seul jour sans recevoir
beaucoup d'ondées de pluie, et nous fûmes
en général très-incommodés par un vent
froid qui souffloit du nord-ouest et du
nord-ouest-quart-de-nord.

Plusieurs petits partis de bédouins avoient
dressé leurs tentes, et gardoient des troupeaux de chèvres, de moutons et d'ânes
sur le chemin et dans le voisinage du lac
Maréotis, qui est maintenant à sec. Ceux
d'entr'eux qui étoient amis de notre conducteur, nous reçurent avec tous les soins de
l'hospitalité et de la bienveillance, et nous
régalèrent de lait, de dattes et de pain frais.
Un autre parti voulut exiger de nous un
présent ou plutôt un péage; mais comme il
n'étoit pas assez fort pour se le faire donner,
il y renonça.

Le dimanche 4 mars, après avoir marché six heures, nous arrivâmes près d'un puits où il y avoit beaucoup d'eau; et quand nous eûmes fait boire nos chameaux, nous nous écartâmes de la côte, et nous dirigeâmes nos pas vers le sud-ouest. En allant d'Alexandrie au puits dont je viens de parler, nous avions marché environ vingt-six heures et demie. Comme de ce puits à Siwa on ne trouve que fort peu d'eau, et souvent point du tout, nous fûmes obligés de faire toute la diligence possible pour nous rendre dans cette ville. Nous y arrivâmes le vendredi 9 mars à huit heures du soir, après avoir marché, depuis que nous avions quitté la côte, soixante-deux heures un quart.

Depuis le bord de la mer jusqu'à Siwa, le chemin est entièrement stérile. On n'y voit que du sable et des rochers, parmi lesquels il y a une grande quantité de talc.

Le mercredi 7 mars, nous avions couché dans le petit village de Karet-am-el-Sogheïr, lieu triste, dont la plupart des maisons sont d'argile, et les habitans pauvres et mal-propres. Nous y trouvâmes cependant de la bonne eau, et le scheik-el-Bellad eût l'honnêteté de tuer un mouton, et de nous en faire part, pour nous témoigner sa reconnoissance de quelques petits présens que nous lui avions offerts. Nous y eûmes aussi de quoi faire cuire du pilau, dont, depuis notre départ de la côte, nous avions été obligés de nous priver, faute de bois. Ce village est indépendant ; ses environs ne produisent que des dattes, dont les habitans non-seulement vivent eux-mêmes, mais nourrissent leurs chameaux et leurs ânes.

De Karet-am-el-Sogheïr jusqu'à environ un mille et demi de distance, nous trouvâmes des bosquets de dattiers et un peu d'eau. Ensuite nous marchâmes cinq heures sur des hauteurs de sable et de rocher, semblables au pays stérile dont j'ai déja parlé. Nous restâmes après cela plus de huit heures à traverser une vaste plaine de sable aride, à laquelle succédèrent de nouvelles collines de rocher. J'observai dans une grande partie de la route, que la terre étoit couverte d'une croûte de sel.

Nous arrivâmes enfin, comme je l'ai déja dit, à Siwa. Ce lieu répond parfaitement à l'idée qu'on a des Oases (1). Son terrain est

(1) Ce sont les îles du Désert, c'est-à-dire, les en-

peu spacieux, mais fertile et environné d'un désert. Après avoir marché une demi-heure au milieu des dattiers, nous entrâmes dans la ville, qui donne son nom au district. Nous mîmes pied à terre, et suivant la coutume du pays, nous nous assîmes sur le *misjed*, c'est-à-dire, sur la place où l'on s'assemble pour prier. A côté de cette place on voyoit le tombeau d'un marabou. Bientôt les chefs de la ville vinrent avec l'air grave et simple qu'ont ordinairement les arabes, nous faire compliment sur notre arrivée; puis ils nous conduisirent dans un logement qui, quoiqu'assez peu commode, étoit le meilleur qu'ils eussent. On ne tarda pas à nous y apporter un grand plat de riz et de la viande bouillie; et les scheiks restèrent présens tandis qu'on servoit notre petite troupe, c'est-à-dire, mon interprète, mon conducteur, deux autres bédouins et moi.

Je dois observer ici que mes compagnons de voyage, craignant qu'un franc (1) ne fut pas bien accueilli, avoient jugé à-propos de

droits où il y a de l'eau, et où il croît de l'herbe et des arbres.

(1) C'est le nom que les égyptiens donnent à tous les chrétiens européens.

me faire passer pour un mamlouk : mais comme je ne fus averti de ce projet que très-tard, et que je ne savois pas encore parler l'arabe, il étoit presqu'impossible que je ne fusse pas reconnu. Nous étions arrivés avant la prière du soir, et au moment où le peuple s'assembloit pour y vaquer ; de sorte que ce peuple qui est très-dévot, ne manqua pas d'observer que je ne me joignois pas à lui. Cela suffit pour faire naître des soupçons, et le lendemain matin mon interprète fut obligé de s'expliquer. Les scheiks furent étonnés de ce qu'un chrétien avoit fait des dépenses et s'étoit exposé à des embarras pour pénétrer si avant dans le pays, sans y avoir, du moins en apparence, aucune affaire. Mais tous, à l'exception d'un seul, sembloient disposés à prendre des moyens de conciliation, et cette disposition étoit sans doute l'effet d'un présent de quelques objets utiles que je leur avois apporté.

Celui des scheiks, qui ne pensoit pas comme ses collègues, étoit, ainsi que tout le peuple, violemment irrité de l'insolence d'un chrétien qui osoit prendre le costume des musulmans. Ils vouloient d'abord que je m'en retournasse sur-le-champ ou que j'embrassasse la religion mahométane, et ils menaçoient de fondre sur la maison où j'étois, si je refusois d'opter entre ces deux partis. Après beaucoup d'altercations et de clameurs, les plus modérés obtinrent qu'on me permettroit de rester trois ou quatre jours dans la ville pour me reposer: mais les scheiks étoient si peu capables de maintenir le bon ordre, que pendant les deux premiers jours qui suivirent cet accord, je ne pouvois pas sortir sans me voir assailli à coups de pierre, et accablé d'injures.

Cependant le tems qu'on m'avoit donné pour me reposer, opéra un changement en ma faveur, du moins auprès des chefs, car la populace continua à se montrer intraitable. Les chefs consentirent le quatrième jour, que je me promenasse dans la ville pour examiner ce qu'il y avoit de plus remarquable.

Après m'être muni de mes instrumens de mathématiques, je sortis de mon logement au point du jour, parce qu'il n'y avoit encore que peu de monde dans les rues. Mes guides me firent suivre un sentier bien ombragé, pratiqué entre divers jardins, et après avoir fait environ deux milles, nous arrivâmes à ce qu'on appelle les ruines (1). J'avoue que je fus extrêmement surpris de voir là un édifice d'une antiquité incontestable, et qui quoique petit, étoit à tous égards très-digne de remarque. Il n'y avoit qu'une seule chambre ; mais les murs étoient construits de très-grosses pierres, pareilles à celles des pyramides. Cette chambre étoit de trente-deux pieds de long sur quinze de large et dix-huit de haut ; et elle avoit eu originairement pour couverture six grandes pierres qui atteignoient d'une muraille à l'autre. Une porte, placée à l'une des extrémités formoit la principale entrée, et près de cette extrémité, il y avoit de chaque côté une autre porte parallèle. L'autre bout de la chambre étoit presque entièrement en ruines : malgré cela on pouvoit juger qu'elle n'avoit jamais été plus grande qu'elle l'étoit en ce moment. Il paroissoit aussi qu'il n'y avoit point eu d'autre appartement attenant, puisque l'extérieur des murs étoit couvert de sculptures. On voyoit trois rangs de figures qui sembloient représenter une procession, et les intervalles étoient rem-

---

(1) Dans la langue du pays, *Birbé*.

plis de caractères hiéroglyphiques. La voûte étoit aussi ornée de la même manière; mais une des pierres qui la formoient, étoit tombée et faisoit qu'on n'en pouvoit voir la suite. Les autres cinq pierres de la voûte restoient entières. La sculpture étoit assez facile à distinguer, et les couleurs même des peintures s'étoient conservées en quelques endroits.

On voit aisément dans les environs de cet édifice, qu'il y en a eu d'autres : mais le tems les a détruits jusqu'au niveau du sol, ou les gens du pays en ont enlevé les matériaux. Je remarquai dans les murailles de quelques maisons, des pierres qui provenoient sans doute de ces ruines, mais il me fut impossible de reconnoître quelle avoit pu être leur place.

L'on me dit qu'il y avoit beaucoup d'autres ruines près de celles que je venois de visiter : mais après avoir parcouru quelque tems l'endroit où l'on me les avoit indiquées, et voyant qu'on me montroit comme ruines ce qui n'étoit en effet que des pierres brutes, qui sembloient détachées des rochers, je m'en retournai très-fatigué et très-mécontent.

Les scheiks nous avoient fait préparer à dîner dans un jardin, où nous fûmes à l'abri des importuns; et comme le soleil étoit près du méridien, je profitai de cette occasion pour prendre hauteur par le moyen d'un horizon artificiel. Ceux à qui les opérations astronomiques sont familières, seront loin de penser que la méthode que je suivis soit la meilleure pour déterminer la latitude d'un lieu : mais le résultat n'en fut pourtant pas très-inexact; et dans la suite je renouvelai l'observation, qui me donna 29° 12′ et une fraction de latitude nord, et 44° 54′ de longitude est.

Le jour suivant on me mena dans des appartemens taillés dans le roc, et probablement faits pour recevoir des morts. Il n'y a ni ornement, ni inscription, mais ils doivent avoir été creusés avec beaucoup de peine. Ils ont tous été ouverts, et ne contiennent plus rien qui annonce, avec certitude, à quoi ils ont pu originairement servir. On y voit cependant encore des crânes et des ossemens humains, auxquels sont attachés quelques fragmens de peau, même des cheveux, et qui paroissent avoir subi l'action du feu : mais il est impossible de dire s'ils sont les restes d'un peuple qui fut dans l'usage de brûler ses morts, ou s'ils ont été brûlés par les habitans actuels de ces contrées. La grandeur des catacombes peut seule faire croire que les corps qu'on y déposoit étoient entiers : elles ont douze pieds de long, six de large et six de haut; leur nombre est de plus de trente.

Ayant trouvé, dans ce lieu reculé, un monument que tout annonçoit être l'ouvrage des premiers égyptiens, j'espérai vivement d'en découvrir de plus considérables en allant plus loin, ou du moins de recevoir des habitans ou des arabes errans quelques informations sur la position des ruines du fameux temple de Jupiter-Ammon, s'il étoit vrai, toutefois, que ces ruines existassent encore. Les habitans de Siwa ont des relations avec l'Egypte et avec le Fezzan ; et les arabes errans traversent le Désert dans toutes les directions, lorsqu'ils vont à Siwa se pourvoir de divers comestibles qu'ils y achètent à meilleur marché que dans les villes d'Egypte. Ils s'y rendent d'Elwah, de Feïoum, de la Thebaïde, du Fezzan, de Tripoli, du Caire et d'Alexandrie. Il me sembloit donc probable que, s'il y avoit des ruines considérables à trois ou quatre journées de Siwa, elles devoient leur être connues; et je ne croyois pas qu'ils pussent ignorer en quels endroits du Désert on trouvoit de l'eau, des fruits et d'autres rafraîchissemens.

Mon interprète, dont j'avois reconnu la loyauté et l'attention à prévenir mes vœux, rassembla, par mon ordre, les trois scheiks qui m'avoient montré le plus de bienveillance, ainsi que mon conducteur et deux autres arabes. Ils s'expliquèrent avec franchise sur les routes du Désert, et sur ce qu'ils savoient d'Elwah, du Fezzan et de divers autres endroits. Mais quand je les interrogeai sur le lieu où devoient se trouver les ruines du temple de Jupiter-Ammon, ils déclarèrent qu'ils n'avoient aucune connoissance de ces ruines. Je leur demandai s'ils avoient entendu parler d'un endroit appelé *Santrieh*; et ils m'assurèrent que non. Eh bien, leur dis-je alors, si vous ne savez pas qu'il y ait de lieu qui porte ce nom là, ni de ruines dans la direction et à la distance que je vous ai indiquée, peut-être connoissez-vous d'autres ruines plus loin vers l'ouest ou le sud-ouest?

Oui, répondit l'un d'eux, il est un endroit

appelé *Araschié*, où l'on voit des ruines ; mais vous ne pouvez en approcher, parce qu'elles sont entourées d'eau, et qu'il n'y a point de bateaux. Il me fit ensuite une histoire merveilleuse de cet endroit-là, et me conseilla de renoncer au desir d'y aller.

D'après la description que cet arabe me fit d'Araschié, je m'aperçus bientôt que ce n'étoit pas l'Oase d'Ammon : mais considérant qu'il y avoit de l'avantage à m'avancer vers l'ouest, et qu'il pouvoit s'y présenter quelque nouvelle découverte, je résolus de faire ensorte de m'y rendre.

Nous fûmes obligés de garder le plus grand secret sur ce projet ; car nous avions tout lieu de croire que les habitans de Siwa s'opposeroient à ce que nous allassions plus loin. Nous fîmes cependant marché avec deux des plus pauvres d'entre eux, pour qu'ils nous conduisissent à Araschié, moyennant quelques sequins, et pour qu'en cas que ce que nous cherchions ne fût pas là, ils nous menassent jusqu'aux premières sources qu'ils savoient être directement vers le sud.

Le reste du tems que je restai à Siwa fut employé à combattre les difficultés qu'on voulut opposer à notre départ ; et ce ne fut que le lundi 12 mars, que nous pûmes nous mettre en route.

L'Oase, où est située la ville de Siwa, est d'environ six milles de long et quatre milles et demi de large. Une grande partie de cet espace est rempli de dattiers. Il y a aussi des grenadiers, des figuiers, des oliviers, des abricotiers, des bananiers ; et tous les jardins y sont bien entretenus et très-productifs. On y cultive une quantité considérable de riz, dont le grain est rougeâtre et différent de celui du Delta. Le reste du terrain fournit assez de bled pour la consommation des habitans. On y trouve en abondance de l'eau douce et de l'eau salée ; mais les sources qui fournissent la première, sont, pour la plupart, chaudes ; et soit par l'effet de cette eau ou de l'air, soit par quelqu'autre cause, les étrangers sont souvent attaqués à Siwa de fièvres très-dangereuses. Une des sources qui se trouve près des ruines que j'ai décrites, est, suivant le rapport des gens du pays, tantôt froide et tantôt chaude.

J'avois été incommodé du froid pendant mon excursion : mais dans la ville je trouvois la chaleur accablante, encore que la saison fût bien peu avancée.

Le Gouvernement de Siwa est dans les mains de quatre ou cinq scheiks, et pendant mon séjour dans cette ville, trois de ces scheiks étoient frères ; ce qui me fit d'abord croire leur dignité héréditaire : mais j'appris ensuite qu'elle étoit élective, et que quoiqu'elle dût être le prix du mérite, elle étoit toujours accordée à celui dont le parti dominoit le peuple. Ces partis, ainsi que les scheiks, sont sans cesse opposés les uns aux autres, et le bien public en souffre toujours. Les scheiks remplissent l'emploi de cadi, et l'administration de la justice leur est entièrement dévolue : mais quoiqu'on leur témoigne beaucoup de respect, ils sont loin de jouir de la considération nécessaire pour maintenir l'ordre. Sous le moindre prétexte le peuple prend les armes, et les familles ennemies se tirent mutuellement des coups de fusil dans les rues. Je vis plusieurs personnes qui portoient les marques de ces guerres intestines. Peut-être aussi est-ce à la foiblesse du pouvoir exécutif qu'on doit attribuer des crimes qui semblent presque exclusivement appartenir à un état social tout différent.

Tandis que j'étois à Siwa, un enfant nouvellement né fut trouvé mort dans la rue. On avoit eu la barbarie de le précipiter du haut d'une maison. J'appris que ces sortes de meurtres n'étoient pas rares dans le pays ; et il me sembla que c'étoit une preuve du libertinage des femmes, libertinage qu'aucune autre raison ne me donnoit occasion de soupçonner. On fit des recherches pour découvrir les auteurs du crime, mais ce fut en vain ; et bientôt on cessa d'en parler.

Les habitans de Siwa ont en général le teint plus foncé que les égyptiens. Ils ont un dialecte particulier. Ils ne font pas habituellement usage de café, ni de tabac : ils sont de la secte de Malik. Le vêtement des gens de la classe inférieure est fort simple, car ils vont presque nus. Les autres portent un costume plus approchant de celui des arabes du Désert, que de celui des égyptiens ou des maures. Ils portent une chemise de toile de coton blanche, qui leur tombe jusqu'à la cheville du pied et qui a de très-grandes manches. Ils ont pour coiffure un bonnet rouge tunisain, et point de turban ; leurs souliers sont aussi rouges. Dans le tems chaud, ils couvrent leurs épaules d'un drap bleu et blanc, qu'on appelle en Egypte *melayé*, et en hiver ils le remplacent par une couverture de laine (1).

Les siwans ont fort peu de meubles. Quelques vases de terre qu'ils fabriquent eux-mêmes, et quelques nattes en composent la principale partie; et ce n'est que chez les gens riches qu'on voit des ustensiles de cuivre. Les caravanes de Mourzouk leur vendent de tems en tems des esclaves. Tous les autres objets dont ils ont besoin, leur viennent du Caire et d'Alexandrie, villes où ils vendent leurs dattes, en partie sèches et en partie agglomérées et battues de manière que lorsqu'elles sont d'une bonne qualité, elles ressemblent à des confitures.

Les habitans de Siwa ne font pas beaucoup d'usage de viande ni de poisson. Le pain, tel que nous le faisons, leur est presque inconnu. Ils mangent des gâteaux plats, sans levain et à demi-cuits, ainsi que des crêpes faites seulement avec de la farine et de l'eau, et frites dans de l'huile de palmes. Le riz, le lait et sur-tout les dattes servent aussi à leur nourriture. Ils boivent beaucoup

(1) On la nomme dans le pays *ihhram*.

d'une liqueur qu'ils tirent du dattier et qu'ils appellent de l'*eau de dattier*, quoique, lorsqu'elle est au point où ils la boivent, elle ait le pouvoir d'enivrer. Ils n'ont guère d'autres quadrupèdes domestiques que des chèvres égyptiennes, des moutons dont la laine ressemble au poil des chèvres, et un petit nombre de bœufs et de chameaux.

Les femmes de Siwa portent des voiles comme celles d'Egypte.

Après les pluies, la terre des environs de Siwa reste pendant plusieurs semaines couverte de sel.

Nous partîmes de Siwa pour pénétrer dans le Désert. Mon interprète et moi, nous étions à cheval; les deux hommes que nous avions pris pour nous servir de guides, montoient chacun un âne, et notre premier conducteur étoit à pied. Nous n'étions pas encore bien loin, lorsqu'un de nos guides nous dit qu'il falloit nécessairement nous en retourner, parce que les gens de la ville étoient déjà à notre poursuite, et ne nous permettroient pas de déterrer les trésors d'Araschié.

Cependant nous continuâmes notre route sans être attaqués; et quoique nous fussions dans la crainte continuelle de rencontrer des tribus ennemies, nous n'en vîmes aucune. Au bout de deux jours nous arrivâmes dans le lieu qu'on nous avoit dépeint, lieu peu éloigné de la plaine de Gegabib (1). C'est une île située au milieu d'un petit lac d'eau salée. On y voit beaucoup de rochers difformes, mais rien ne peut faire croire avec certitude que ce sont des ruines d'architecture. Il n'est même pas vraisemblable qu'on y ait jamais construit quelque édifice, puisqu'il n'y a ni arbres, ni eau douce.

J'eus la curiosité de m'approcher de ces ruines prétendues, et je forçai mon cheval d'entrer dans le lac : mais soit que le pauvre animal fût trop fatigué, soit qu'il n'eût pas coutume de nager, il s'embarrassa et ne put pas tenir sa tête au-dessus de l'eau. Je tombai avec lui, et fus quelque tems sans pouvoir me dégager : mais enfin je regagnai la terre, et ne fus pas tenté de recommencer mes observations sur l'île et le lac d'Araschié.

En quittant ce lieu, nous poursuivîmes notre route vers le sud, ainsi que nous en étions convenus avec nos guides; mais toutes

(1) *Voyez* la carte du major Rennell.

nos recherches furent infructueuses. Après trois jours de marche, étant arrivés par les 28 degrés 40 minutes de latitude, ou du moins bien près de ce parallèle, nous manquâmes d'eau, sans savoir où nous pourrions nous en procurer. Nous passâmes la nuit entière dans ce cruel embarras : mais dès le matin nous eûmes le bonheur de découvrir une source. Cependant, n'ayant rien aperçu qui ressemblât aux ruines que nous cherchions, et étant découragés par l'inquiétude que nous causoient les arabes du Désert, et par la fatigue, nous songeâmes à nous en retourner. Nous entrâmes dans le chemin qui va directement de Siwa à Alexandrie, et l'ayant suivi, nous arrivâmes dans cette dernière ville, le lundi 2 avril 1792.

J'avois été très-incommodé d'une dyssenterie accompagnée de fièvre, et occasionnée sans doute par l'eau saumache que j'avois bue. Aussi pendant la dernière partie de mon excursion, je ne pus faire aucune observation, car je fus continuellement obligé de rester couché sur un chameau.

Quand je me rendis de Siwa à Araschié, qui en est à environ six milles, je passai près d'un petit édifice d'ordre dorique, qui paroissoit être un ancien temple. J'ignore s'il y avoit eu autrefois quelque inscription ; car il n'en restoit pas le moindre vestige. Les proportions de cet édifice annonçoient qu'il avoit été construit dans le beau tems de l'architecture, et cependant il n'étoit que de pierre calcaire remplie de fragmens de coquillages.

Les ruines de Siwa ressemblent trop à celles de la haute Egypte, pour qu'on puisse douter que les édifices dont elles proviennent, n'aient été bâtis par la même race d'hommes. On y distingue aisément parmi les sculptures, les figures d'Isis et d'Anubis ; et les proportions de leur architecture sont, quoique plus petites, les mêmes que celles des temples égyptiens.

Les rochers que je vis dans le voisinage des ruines de Siwa, étoient d'une nature sablonneuse qui n'avoit aucun rapport avec la qualité des pierres de ces ruines ; de sorte que je pense que quand on a bâti les édifices, les matériaux ne peuvent avoir été pris sur les lieux. Les habitans de Siwa n'ont conservé, sur ces objets, aucune tradition vraisemblable : ils s'imaginent seulement qu'ils renferment des trésors, et qu'ils sont fréquentés par des démons.

Pour se rendre de Siwa à Berna qui est sur la côte, il faut, dit-on, quatorze ou quinze jours ; de Siwa au Caire, douze jours ; et de Siwa à Charjé, principal village de l'Elwah, le même tems.

Depuis que j'ai écrit ce qu'on vient de lire, on m'a fait part d'une opinion nouvelle ; c'est que Siwa est le *siropum* de Ptolémée, et que l'édifice dont j'ai vu les ruines, étoit aussi ancien que le temple de Jupiter-Ammon, dont il dépendoit (1). Cependant la découverte de ce temple célèbre n'a pas encore été faite ; elle sera le prix de quelque hardi voyageur, ou elle échappera aux recherches des curieux. Oui, les ruines du temple de Jupiter-Ammon peuvent encore exister pendant bien des siècles, et rester inconnues aux arabes qui traversent la vaste étendue du Désert. Peut-être même sont-elles entièrement ensevelies sous les sables ; mais il est difficile de le croire.

(1) D'Anville croit avec autant de vraisemblance que Siwa est le même lieu que Mareotis.

CHAPITRE III.

D'ALEXANDRIE A ROSETTE.

Route d'Alexandrie à Rosette (1). — Abou-kir. — Fertilité du pays. — Description de Rosette. — Voyage à Terané. — Foué. — Deirout et Démenhour.

Après avoir passé un mois à me rétablir de la maladie que m'avoit occasionnée mon excursion à l'Ouest, je me préparai à quitter de nouveau Alexandrie. Pendant plusieurs jours, les vents empêchèrent qu'il ne partît des bateaux pour Rosette ; mais cela ne me contrarioit nullement. Je préférois toujours voyager par terre, parce que c'étoit le moyen de faire des observations plus nombreuses et plus intéressantes ; et ce qu'on disoit des bédouins qui infestoient le chemin de Rosette, ne me détermina pas à sacrifier l'avantage de voir le pays. Je me mis donc en route le premier mai. J'étois à cheval, et je fus quatre heures à me rendre au village d'Abou-kir.

(1) Les égyptiens, ainsi qu'on l'a vu plus haut, nomment cette ville *Raschid*.

En sortant d'Alexandrie (1), on fait environ deux milles au milieu des vestiges d'anciens édifices, mais dont aucun ne mérite d'être remarqué. On voit aussi beaucoup de dattiers croissant sur les bords du canal, et assez d'herbe pour nourrir de petits troupeaux qui appartiennent aux habitans d'Alexandrie.

A environ deux milles d'Abou-kir, étoit une ville dont les ruines sont en partie au bord de la mer, et en partie sous l'eau. On y remarque plusieurs fragmens de colonnes. C'étoit la *Taposiris parva* de l'antiquité.

Abou-kir est un village qui ne contient qu'un très-petit nombre d'habitans. Il a tout près de lui un petit port, formé par une langue de terre, au bout de laquelle on a bâti une forteresse peu redoutable, et occupée par un Tcherbachi et quelques soldats. Cette garnison lève un droit de péage sur tous ceux qui passent l'eau près de la forteresse. Il ne se fait aucun commerce dans le port d'Abou-kir, et il n'y entre d'autres vaisseaux que ceux qui veulent éviter le mauvais tems.

Pour nous rendre d'Alexandrie à Rosette,

(1) Par la porte de *Raschid*, c'est-à-dire, de Rosette.

nous fûmes huit jours et demi, sans compter le tems que nous mîmes à passer deux fois l'eau. Le chemin d'Abou-kir à Rosette est indiqué par de petites colonnes de brique qu'on a élevées de distance en distance.

La fertilité et la beauté de la campagne autour de Rosette, mérite tous les éloges qu'on en a faits. L'œil n'y est pas, à la vérité, égayé par les sites romantiques, les courants d'eau, le mélange des plaines et des montagnes, et la verdure qui couvre toute l'étendue des bords du Rhin et du Danube : mais l'observateur qui prétendroit réduire toutes les beautés de païsage à un seul genre, n'auroit sans doute qu'un goût mesquin. Pour moi, après avoir été fatigué des sables stériles et brûlans que j'avois vus du côté de l'ouest, je me délectai à contempler les fertiles champs des environs de Rosette ; ces champs qui produisent presque tout ce qui, dans le règne végétal, est agréable ou nécessaire à la vie. Le riz couvrant la terre de sa verdure, les bosquets d'orangers exhalant un parfum exquis, les dattiers donnant une ombre épaisse, les mosquées et les tombeaux dont l'architecture est incorrecte et bizarre, mais simple et non sans quelque agrément, et les eaux du majestueux Nil qui, après avoir inondé et fertilisé une immense étendue de terre, descend comme à regret vers la mer, au sein de laquelle il se perd, tous ces objets me remplissoient d'idées qui, si je ne puis les nommer sublimes, doivent au moins être comptées parmi les plus douces et les plus flatteuses qui aient jamais affecté mon ame.

Quoique Rosette soit une ville moderne, il y a dans ses environs quelques restes de l'antiquité. Le château d'Abou-Mandour, qui en est éloigné d'environ deux milles, s'élève sur les bords du Nil dans une situation très-pittoresque, ainsi qu'on peut le voir dans plusieurs dessins que nous en avons en Europe. On y déterre fréquemment des colonnes.

J'arrivai à Rosette dans le mois du ramadan (1), tems où il règne beaucoup de gaîté dans la ville. Le peuple de Rosette passe pour être plus tranquille et mieux civilisé que celui d'Alexandrie et du Caire.

La ville de Rosette est d'une forme oblongue et régulière. Elle n'a ni muraille, ni forte-

(1) C'est le carême des musulmans.

resse. Elle est très-peuplée, et l'on compte parmi ses habitans, quelques francs et beaucoup de grecs. Cette ville sert d'entrepôt au commerce qui se fait entre le Caire et Alexandrie. Il y a une manufacture de toile de coton, mais qui ne fournit qu'à la consommation du pays.

L'embouchure du Nil, qui est au-dessous de Rosette, a une barre qui en rend la navigation périlleuse. Les marchandises qui vont du Caire à Rosette, se transportent dans des bateaux d'une forme particulière ; et ensuite elles sont embarquées pour Alexandrie, dans des bâtimens tout différens. Lorsque les bâtimens qui entrent dans le fleuve, touchent sur la barre, ils en sont très-endommagés, et souvent ils y périssent. Il seroit sans doute aisé d'établir au Caire, une chambre d'assurance, pour les marchandises qui y viennent par la voie de Rosette, et demi pour cent de prime suffiroit : mais il faudroit que quelqu'un surveillât les bateaux (1) à Rosette ; car autrement les bateliers seroient assez coquins pour les faire chavirer, dans l'espoir de pêcher ensuite les marchandises.

(1) Dans le pays on appelle ces bateaux des *jerms*.

Il n'est pas inutile d'observer ici que, quoique pendant ses débordemens le Nil forme plusieurs petits bras, il n'a que deux principales embouchures, qui sont celle de Rosette, et celle de Damiette.

Rosette a pour commandant un officier inférieur, nommé par le Gouvernement du Caire, et tout son district est sous la juridiction de Mourad-Bey. Les propriétés n'y sont exposées à être pillées que par les beys.

On voit à Rosette plusieurs savans, c'est-à-dire plusieurs théologiens et casuistes mahométans. Ces scheiks passent leur vie dans une grande tranquillité, ou plutôt dans une apathie absolument stoïque. Leur principal amusement est de rester assis dans leurs jardins, sur les bords du fleuve, occupés à fumer et à converser.

Je demeurai cinq jours à Rosette, pour avoir le tems d'examiner ce qu'il y avoit de curieux dans la ville. Le 6 mai, je m'embarquai pour Terané. J'aurois bien plus volontiers fait la route par terre; mais les personnes à qui je m'adressai pour avoir des renseignemens, m'affirmèrent qu'il n'y avoit en ce moment aucune sureté à voyager de cette manière.

Le natron, dont on a tenté plusieurs fois de rendre l'usage commun en Europe, étoit devenu à mon passage à Rosette, un objet d'exportation considérable ; et j'eus la curiosité d'observer cette production dans son état naissant.

Terané est le lieu le plus rapproché des lacs ; c'est pourquoi je le choisis pour point de départ. Un vent favorable nous porta jusqu'au canal de Menouf, au-delà duquel les bateaux chargés ne peuvent remonter le Nil, à moins qu'ils ne passent par ce même canal ; car les eaux ont presque entièrement abandonné leur ancien lit, et le canal de Menouf est plus en ligne directe avec le cours qu'a le fleuve au-dessus du Delta.

Les villages de cette partie de l'Egypte sont rapprochés les uns des autres, très-peuplés, et environnés de champs bien cultivés. La plaine s'étend sur les deux rives du fleuve à perte de vue : mais ce qui est du côté de l'ouest, n'offre pas beaucoup de terre labourable. Les paysans ont l'air pauvre ; ce qui, sous le Gouvernement des mamlouks, est nécessaire à leur sureté. Mais ils ont une quantité considérable de bétail, et les passagers, qui sont toujours en grand nombre dans les bateaux, leur procurent beaucoup de profit.

Dans plusieurs villages, on trouve des femmes pour la commodité des voyageurs ; et elles sont obligées de donner au Gouvernement une partie de ce qu'elles gagnent, pour la protection qu'il leur accorde. Je ne m'aperçus point que le genre de leur métier leur donnât le moindre air de légèreté ou d'indécence.

Nous prîmes un petit bateau à Menouf, et après six heures de navigation, pendant lesquelles nous eûmes alternativement un vent de sud-est et du calme, nous arrivâmes à Terané. Depuis Rosette jusqu'à Terané, je comptai sur les bords du Nil, plus de cent villages, parmi lesquels on distingue celui de Foué, situé sur la rive orientale, et qui étoit autrefois plus commerçant que Rosette, mais dont le nombre de maisons et la population ont beaucoup diminué, à mesure que celles de Rosette se sont accrues. Foué est bâti dans un des plus agréables sites qu'offrent les bords du Nil. Deïrout est la plus grande ville qui soit sur la rive occidentale de ce fleuve. Pour

Demenhour, qui est plus peuplé que Deïrout, on ne peut pas le voir des bords du Nil, parce qu'il est sur le canal qui porte l'eau à Alexandrie.

Il y a à Demenhour une garnison de janissaires. Depuis Terané jusqu'à l'embouchure du Nil, le cours de ce fleuve est presque sud-est et nord-ouest, à l'exception pourtant de quelques endroits sinueux. On y voit plusieurs îles dont le nombre et la situation varient sans cesse.

De Rosette à Damiette, il y a en ligne directe environ 27 lieues.

CHAPITRE IV.

TERANÉ. LACS DE NATRON.

Gouvernement de Terané. — Carlo Rosetti. — Commerce du natron. — Mœurs. — Voyage aux lacs. — Observations sur ces lacs. — Du natron. — Couvents et manuscrits cophtes. — Départ pour le Caire.

La ville de Terané est située à gauche de l'embouchure la plus occidentale du Nil, à très-peu de distance de ses bords, et par le 30me degré 24 min. de latitude. La plupart de ses maisons sont bâties de briques cuites au soleil ; mais il y en a aussi en pierre.

La ville et plusieurs villages qui composent le district de Terané, appartiennent à Mourad-Bey, qui ordinairement en confie le gouvernement et la perception des revenus à un de ses caschefs : mais la personne qui en étoit chargée à mon passage (1), étoit un marchand vénitien, nommé Carlo Rosetti, à qui l'empereur d'Allemagne avoit donné le titre de son consul général en Egypte, et qui est bien connu de ceux qui ont voyagé dans ce pays.

(1) En mai 1792.

S'apercevant que les demandes de natron augmentoient de la part des européens, Carlo Rosetti crut qu'en obtenant le privilège exclusif de le recueillir et de l'exporter, il s'assureroit un grand revenu qui iroit toujours croissant. Jusqu'alors cet article n'avoit été d'aucun avantage pour les beys. Les officiers qui avoient été successivement chargés du gouvernement de Terané, exigeoient, sans aucun principe d'équité, tout ce qu'ils croyoient pouvoir retirer des gens qui portent le natron des lacs sur les bords du Nil : et les marchands européens l'obtenoient, par le moyen de leurs agens, au plus bas prix possible.

La quantité de natron qu'on tire des lacs, le prix qu'il coûte sur les lieux, et les impôts qu'on y met sont incertains. L'on me dit qu'avant Carlo Rosetti, jamais aucun européen n'avoit affermé le commerce de cette production. Cet italien voulut s'approprier exclusivement tout ce que fourniroient les lacs, en payant annuellement une somme proportionnée à ce qui seroit vendu. Il devoit à une longue expérience la connoissance parfaite du local ; et diverses causes lui avoient donné un grand crédit auprès de Mourad-Bey. Les intérêts pécuniaires agissent puissamment sur ces gouvernans, dont la place étant précaire, ou tout au plus à vie, sacrifient toujours des avantages éloignés à l'avantage du moment. Les propositions de Rosetti furent donc acceptées; et ce vénitien obtint, sur le district de Terané, une autorité presqu'égale à celle qu'y exerçoient autrefois les caschefs.

Dans le même tems, la consommation du natron augmentoit à Marseille, à Venise, à Livourne, et les essais qu'on en fit à Londres ne furent pas sans succès. Carlo Rosetti chargea son neveu (1) de résider à Terané, en qualité de son délégué: mais le jeune homme préférant la tranquillité de son sopha aux exercices militaires des mamlouks, n'étoit pas propre à gouverner un peuple accoutumé à n'obéir que par crainte. Il avoit quelques soldats esclavons, qui ne suffisoient pas pour protéger les gens employés à recueillir le natron. Environ trois mois après mon départ de Terané, le neveu de Rosetti mourut, et l'on attribua sa mort au poison. Depuis, son oncle a vendu une grande partie de son pri-

(1) Il se nommoit *Ferrari*.

vilège; de sorte qu'il n'en retire presque plus aucun profit.

L'année où l'on a le plus exporté de natron, les droits du Gouvernement sur cet article, se sont élevés à 32,000 patakes, qui, à douze piastres la livre sterling, peuvent être estimés à 6,000 livres sterling. On doit donc avoir exporté de 3,500 à 4,000 tonneaux de natron, dont la plus grande partie a passé à Marseille. La guerre actuelle a singulièrement diminué la consommation de cette marchandise.

En me rendant à Terané, j'avois pris des lettres de recommandation pour le signor Ferrari, neveu de Rosetti. Je les lui remis à mon arrivée; et non seulement il me promit de m'aider à satisfaire ma curiosité, mais il m'invita à loger chez lui.

Je passai une journée à parcourir les dehors de Terané, et sur-tout la partie du Delta qui est vis-à-vis de la ville, et où l'on voit encore un grand nombre de colonnes et d'autres ruines qui indiquent qu'il y a eu d'anciens édifices. Cependant je ne pus trouver ni inscriptions, ni autres objets dignes de recherche.

Le signor Rosetti avoit fait faire près de sa maison, un joli jardin, où il cultivoit beaucoup d'arbres fruitiers et de plantes utiles. Il avoit aussi essayé de faire des embellissemens, en plantant des arbres dans les faubourgs ; mais les habitans n'avoient nullement secondé des entreprises si louables. Ils refusoient même d'arroser les arbres, et ils croyoient donner une grande preuve de leur modération, en s'abstenant de les arracher. Cet exemple peut servir de leçon à ceux qui veulent donner à un peuple des goûts que la nécessité ou la conviction de leur avantage peuvent seules leur inspirer. Peut-être aussi les habitans de Terané avoient-ils une défiance sur laquelle ils ne s'expliquoient pas, ou étoient-ils mécontens des nouveautés qu'on cherchoit à leur faire adopter.

J'ai remarqué que les égyptiens, comme tous les orientaux, aimoient passionnément les arbres et l'eau ; et si dans la circonstance dont je viens de parler, ils sembloient ne pas s'en soucier, c'est qu'apparemment ils s'imaginoient que l'avantage qu'on leur offroit cachoit quelque danger.

Le lendemain de mon arrivée, les arabes

devant se rendre aux lacs pour y prendre une charge de natron, le signor Ferrari, qui savoit que je voulois y aller avec eux, donna ordre à ses cinq esclavons de m'accompagner. Nous montâmes à cheval à neuf heures du soir. Nous dirigeâmes notre route vers l'ouest ; et après avoir marché jusqu'à sept heures du matin, nous trouvâmes une source d'eau douce, qui prend naissance près du lac, et qui, quoiqu'elle ne fournisse pas beaucoup d'eau, nous procura fort à propos de quoi nous rafraîchir ; car la chaleur commençoit à être très-incommode. Je trouvai que l'extrémité orientale du lac la plus à l'ouest étoit par les 30 degrés 31 minutes de latitude nord ; mais une seule observation ne suffit pas pour la déterminer avec précision. Il me sembla qu'entre Terané et le couvent de Saint-George, il devoit y avoir une distance de trente-cinq milles.

Le chemin de Terané aux lacs est presque par-tout plane et beau. Il n'y a que quelques endroits où l'on trouve du sable mouvant, dans lequel on enfonce beaucoup.

Le pays que nous traversâmes n'a point d'eau, et par conséquent est stérile, ainsi que les bords des lacs. Les seuls édifices qui existent dans le voisinage de ces lacs sont trois couvents habités par quelques religieux cophtes. Deux de ces couvents sont à un mille et demi du lac oriental; le troisième en est à environ six milles. On y voit aussi quelques vestiges d'autres bâtimens, qui ont sans doute également été des couvents, mais qui sont depuis long-tems détruits.

La gazelle et l'autruche paroissent rarement dans cette partie de l'Egypte, et cependant ce sont les seuls animaux qu'on y trouve. Il n'y a d'autres plantes que quelques roseaux qui croissent sur les bords des lacs. Le lac oriental est d'une forme très-irrégulière; de sorte qu'il n'est pas aisé de dire quelle est l'étendue de terre que couvrent ses eaux, ni même de voir d'une extrémité à l'autre. Il y a plus d'eau en hiver qu'en été. J'observai qu'il n'avoit en aucun endroit plus d'un mille de largeur. Sa longueur peut être de près de quatre milles.

Les arabes me dirent que pendant le dernier hiver ce lac avoit été extrêmement bas. J'aperçus des marques qui sembloient prouver qu'il avoit monté quatre pieds plus haut qu'il n'étoit en ce moment; et certes lorsqu'il monte ainsi, il doit être bien différent de ce que je le vis. On prétend que vers la fin de l'été les lacs sont presque à sec, et qu'alors tout l'espace qui a été occupé par l'eau reste couvert de sel.

Au sein du lac et à peu de distance de son extrémité orientale, jaillit une source qui agite beaucoup l'eau, et près de laquelle il y a environ six pieds de profondeur. Par-tout ailleurs il n'y en a pas plus de trois pieds.

Près de la source, le thermomètre marquoit 76°, tandis qu'en plein air il étoit à 87°. Le lac occidental ne diffère presque pas de l'autre pour l'étendue, la forme et les productions. Dans tous les deux l'eau est d'une couleur rougeâtre, et par-tout où l'on peut voir le fond, il semble être couvert de sang. Les endroits les plus élevés ont toujours de cinq à six pouces de sel.

A l'entour des lacs, la surface de la terre est plus ou moins imprégnée de natron, et à une certaine distance elle offre au pied la légère résistance d'un terrain labouré qui a éprouvé une petite gelée. Le sol est d'un sable solide. L'eau des lacs laisse toujours, après la moindre évaporation, un sédiment de sel. Il y a, non loin des lacs, une montagne où, pour peu qu'on creuse, on trouve des masses de natron plus alkalin et d'une couleur plus brillante que celui des lacs. Ce natron ressemble au natron de Barbarie, et à celui que j'ai remarqué dans le chemin du Soudan.

Il me fut impossible de déterminer exactement l'épaisseur du natron dans les lacs : mais les gens employés à le recueillir disent qu'elle n'excède jamais une coudée. Il paroît que lorsqu'on en enlève, il ne tarde pas à se régénérer. Les arabes prétendent que le pays qui produit du natron, s'étend à vingt jours de marche ; et je remarquai en effet du côté de Siwa, quelque chose qui ressembloit à cette substance.

Le natron se vend ordinairement à Terané une piastre le *cantar* (1) : mais il y a probablement des frais qui l'enchérissent. Malgré le privilège exclusif du signor Carlo Rosetti, les arabes exportent furtivement du natron des lacs, et ils le vendent par-tout où ils peuvent. La quantité qu'on avoit coutume d'envoyer à Venise, diminua beaucoup en 1792, parce qu'on avoit reconnu dans cette ville

(1) *Voyez* au commencement de ce volume l'état des poids et mesures.

qu'il n'avoit pas toutes les propriétés qu'on lui avoit supposées.

Je ne sais pas si les expériences des Vénitiens sur cette matière ont été bien faites : mais si jamais on peut parvenir à la substituer à la soude, il me paroît certain qu'on se procurera aisément tout le natron dont on aura besoin.

Je trouvai beaucoup d'alkali dans tous les échantillons de natron que j'eus occasion d'examiner; mais tous n'en contenoient pas proportionnément la même quantité. Les circonstances ne me permirent pas d'en faire une analyse assez complète pour qu'elle mérite d'être insérée ici.

Tandis que j'étois dans les environs des lacs, je visitai deux des couvents cophtes, l'un connu sous le nom du Syrien et l'autre sous celui de Saint-George. Les informations que je pris dans ce couvent, m'apprirent que le seul européen qui y eût passé avant moi, étoit le baron de Thunis (1), que l'imperatrice de Russie, Catherine II, avoit envoyé en Egypte quelques années auparavant pour détacher les beys de la Porte ottomane; mais qui pour faire réussir les projets de sa sou-

(1) Ou plutôt Tholus.

veraine, ayant déployé moins de prudence que de courage, fut arrêté au Caire. Les beys le firent ensuite mettre secrètement à mort, pour éviter de le livrer à la Porte qui le leur demandoit.

Les couvents où j'allai sont habités par des religieux qui conservent toute la simplicité des premiers âges. Ils ne boivent presque jamais que de l'eau, et se nourrissent d'un pain grossier et de légumes. Ce n'est que très-rarement qu'ils mangent de la viande, et qu'ils touchent au vin ou au café. Certes, ils vivent dans l'ignorance, mais ils sont étrangers au vice; et s'ils ne font pas de leur tems un usage utile au monde, ils ne l'emploient pas du moins à nuire.

Ces moines cultivent chacun un petit jardin qui leur fournit les végétaux les plus usuels; ils élèvent quelques volailles, et ils ont leur puits particulier. Le reste des choses nécessaires à la vie, leur est fourni par la charité des chrétiens de leur secte; et comme ils sont eux-mêmes leurs propres domestiques et leurs ouvriers, leur dépense ne s'étend pas loin. On entre chez eux par une trappe, appuyée en-dedans par deux meules de pierre. Leurs couvents paroissent bâtis depuis plusieurs siècles, et cependant les murs en sont encore très-solides. On ne peut pas louer ces moines sur leur propreté : mais comme ils ont très-peu de vêtemens, ils ne peuvent pas en changer souvent.

Il est infiniment rare de trouver des hommes plus ignorans sur tout ce qui concerne le genre humain et les affaires du monde, que quelques-uns de ces moines avec lesquels j'ai conversé. Cependant les supérieurs des deux couvents avoient un certain degré d'intelligence. J'en trouvai un raccommodant ses souliers, et paroissant s'inquiéter fort peu des discussions théologiques. L'autre essaya de me prouver la vérité des préceptes d'Eutychès (1) sur le monotélisme ; et comme je lui dis que ses argumens étoient convaincans, il parut extrêmement satisfait. Au reste ces religieux me reçurent avec la plus grande hospitalité.

Je m'informai s'ils n'avoient pas des manuscrits, et on me montra dans l'un des couvents plusieurs livres, les uns en langue cophte, les autres en arabe, et même en syriaque. Il y avoit un dictionnaire arabe et

(1) Hérésiarque des premiers siècles de l'église.

cophte, l'ancien et le nouveau testament, avec les œuvres de saint Grégoire de Naziance, en arabe. Le supérieur me dit qu'ils avoient près de huit cents volumes; mais il refusa de m'en céder aucun, et même de m'en faire voir d'autres que ceux que je viens de citer. Les moines de ces couvents ne connoissent aucun autre idiôme que l'arabe vulgaire.

Ayant passé deux jours entiers et une partie du troisième dans le voisinage des lacs, les gens qui m'accompagnoient commencèrent à s'impatienter, et je fus obligé de m'en retourner à Terané, d'où je repartis peu de tems après. J'arrivai au Caire le 26 mai 1792 (1).

(1) Il y avoit alors si peu d'eau dans le Nil, que le petit bateau qui portoit l'auteur eut beaucoup de peine de se rendre de Terané au Caire.

CHAPITRE V.

LE CAIRE.

Topographie du Caire. — Gouvernement de l'Egypte en 1792. — Pacha et beys. — Mamlouks. — Leur naissance, leur éducation, leur habillement, leurs armes, leur paye. — Appréciation de leurs talens militaires. — Puissance et revenus des beys. — Khalige. — Nil. — Mosquées du Caire. — Bains et okals. — Maisons. — Mœurs et usages. — Différentes classes du peuple. — Cophtes.

J'AI résidé au Caire, à diverses reprises, environ onze mois, et ce séjour m'a mis à même de parler de cette ville célèbre, d'une manière plus exacte peut-être qu'aucun des derniers voyageurs qui y ont passé. Un coup-d'œil rapide sur les mœurs et les coutumes d'un peuple, est souvent trompeur; et une exception temporaire peut être prise pour une règle générale.

La nombreuse population, les diverses nations dont cette population est composée, leurs différens idiômes, mœurs et costumes, la réputation d'une ville à laquelle on a donné le surnom de grande (1), et

(1) Le *grand Caire.*

qui est la seconde de l'Orient, la capitale de l'Afrique, et le théâtre de beaucoup d'évènemens étonnans dont l'histoire fait mention, et d'incidens plus étonnans encore qui embellissent les fables arabes ; tout enfin, quand on arrive au Caire, excite la curiosité et l'admiration.

La ville du Caire est bâtie à l'est du Nil, et à quelque distance de ses bords. Cependant le faubourg Misr el Attiké, et celui de Boulak (1), forment deux points de contact avec ce fleuve majestueux. Au sud-est et à l'est s'élève une partie de la grande chaîne de montagnes, qui suit le cours du Nil jusques dans la haute Egypte, et qui tantôt laisse entre elle et lui une plaine d'une lieue de large, et tantôt s'en rapproche comme pour arrêter ses eaux. Au nord du Caire, la plaine s'étend jusqu'au Delta, auquel elle ressemble par la qualité du sol et les productions. Au-dessous de la montagne est le fort, qu'on appelle le château du Caire, maintenant hors d'état de résister à la moindre attaque, mais avant l'invention de l'artillerie regardé comme redoutable.

L'œil accoutumé aux villes d'Europe, à leurs larges rues et à leur régularité, par-

(1) Le port.

court d'abord avec peine la capitale de l'Egypte : cependant cette ville est appelée par les gens du pays *Misr* sans pareille, *Misr*, mère du monde. L'opinion est relative, et varie suivant les habitudes et les connoissances qu'on a. L'étrécissement des rues paroît nécessaire à un habitant du Caire contre les ardeurs d'un soleil vertical. Une toile légère qu'on étend d'un rang de maisons à l'autre, le flatte plus qu'une magnifique perspective d'architecture.

L'Egypte avoit été gouvernée pendant près de trois cents ans (1) par l'aristocratie militaire des mamlouks, lorsqu'en 1516 et en 1517 elle fut conquise par Sélim I.er, sultan des turcs (2). Ce prince observant la distance de ce pays, la facilité de s'y défendre et l'esprit d'indiscipline des habitans, eut la politique de traiter avec son premier Gouvernement, et de respecter ses anciens préjugés. Il étoit également reconnu que

(1) Deux cent soixante ans. (*Note du traducteur.*)

(2) En 1516 *Campson-Gaury*, sultan d'Egypte, périt dans une bataille que lui livra Sélim, et en 1517 ce dernier ayant vaincu dans deux batailles, et fait prisonnier le nouveau sultan *Toumonbai*, il le fit pendre à l'une des portes du Caire. (*Note du traducteur.*)

par sa situation l'Egypte étant peu exposée à des attaques extérieures, elle pouvoit favoriser l'ambition des pachas.

D'après un usage établi par Sélim, et en partie conservé, le pacha ne doit que partager le pouvoir des beys, et la durée de son autorité dépend de leur volonté unanime. Les beys ont nécessairement des intérêts opposés, ce qui occasionne souvent des guerres intestines et sanglantes : mais quant à ce qui regarde toute puissance étrangère, leurs intérêts sont les mêmes ; et alors, soit comme alliés, soit comme ennemis, ils ne forment qu'un corps et qu'une ame.

Sélim comptoit trop sur la gloire et le pouvoir des armes ottomanes, et sur l'ascendant que lui donnoit le titre de chef de sa religion, pour craindre que les ordres de la Porte pussent jamais manquer d'être respectés.

Le pacha jouit d'abord d'une autorité très-étendue ; mais les intrigues et l'ambition des beys l'ont insensiblement anéantie.

La juridiction de cet officier étoit plutôt civile que militaire. Il étoit toujours président du divan qui se tenoit dans le château, lieu destiné à sa résidence. Mais à présent ce conseil se tient dans le palais d'un des principaux beys, excepté quand on reçoit quelque firman de Constantinople : alors les beys sont appelés au château pour entendre les ordres de la Porte. Ils s'y rendent en petit nombre. Quand la lecture est achevée, ils disent : « *Esmâna oua taâna*, nous « avons entendu, et nous obéirons ; » mais à peine sont-ils hors du château, qu'ils s'écrient unanimement : « *Esmâna oua* « *ausîna*, nous avons entendu, et nous « désobéirons. »

En 1791, Salah Aga, esclave de Mourad-Bey, fut chargé par le Gouvernement d'Egypte de se rendre à Constantinople pour négocier la paix avec la Porte. Il offrit au grand-seigneur un présent de chevaux, de riches étoffes et de quelques autres objets, tribut volontaire que la Porte n'étoit pas en état d'exiger, mais qui sembloit être légitimement dû par les beys. Salah Aga fut très-bien accueilli, et bientôt après on le nomma *Vaquil es Sultan*, c'est-à-dire, agent du Sultan au Caire. Probablement cet emploi lui fut donné pour l'engager à seconder les efforts de la Porte en divisant les beys. Tout cela fut inutile. Les beys avoient dès long-tems connu le danger de leurs divisions ; et réunis par leurs intérêts, ils étoient devenus riches, et possédoient de nombreux esclaves. Aussi, suivant ce qu'on m'a assuré, ils n'ont plus envoyé de tribut à Constantinople.

Les beys étant choisis parmi les mamlouks, il est nécessaire que je commence à parler de cette singulière milice. Les mamlouks sont et ont toujours été pour la plupart (1) des esclaves, tirés de la Géorgie, de la Circassie, de la Mingrelie. Les autres sont des prisonniers autrichiens ou russes, qui préfèrent cet état à leur religion. Les agens que

(1) L'état d'esclave est si différent en Egypte de ce qu'il se trouve dans les autres pays, que ceux qui prétendent justifier l'usage de trafiquer des hommes par son antiquité et par l'exemple de toutes les nations, devroient prendre garde à la manière dont cet usage a lieu en Egypte. Un esclave qui a été légalement acheté, et qui est mécontent de son maître, lui dit seulement: « Conduis-moi au marché*, et le maître est obligé de le « mettre en vente ». Il est difficile de croire que là où les lois donnent au maître un pouvoir absolu sur son esclave, le maître n'en abuse pas ; mais le privilége dont je viens de parler est un grand frein à ce pouvoir, et ce n'est pas le seul. Une fille esclave, enceinte de son maître, est libre de droit, et tout esclave peut, s'il a de l'argent, se faire affranchir.

* Souk-es Soultan.

les beys ont à Constantinople sont chargés d'acheter tous les ans un certain nombre d'esclaves pour recruter les mamlouks, et des marchands en conduisent en Egypte par spéculation. Quand les recrues ne sont pas suffisantes, ou qu'il a péri un nombre extraordinaire de mamlouks, on remplace ceux qui manquent par des esclaves nègres qui viennent de l'intérieur de l'Afrique, qu'on habille et qu'on arme comme les autres.

Les mamlouks sont élevés avec une attention particulière. On leur apprend tous les exercices qui peuvent donner de l'agilité et de la force ; et, en général, ils ont de la grâce et de la beauté. La reconnoissance des esclaves est digne de la faveur des maîtres ; car ils ne les abandonnent jamais dans le danger. Quand ils ont des dispositions pour les lettres, on les leur fait cultiver, et quelques-uns d'entre eux écrivent fort bien l'arabe : mais la plupart ne savent pas même lire ; et ce qui paroîtra singulier, c'est que Mourad-Bey est de ce nombre.

Les simples mamlouks portent constamment l'habit militaire, et sont armés d'une paire de pistolets, d'un sabre et d'un poignard. Ils se coiffent d'un bonnet verd, autour duquel est roulé un turban (1). Le reste de leur habillement ressemble à celui de tous les autres mahométans, et sa couleur dépend de la fantaisie de celui qui le porte. Ils ont pourtant de longues culottes de gros drap de Venise cramoisi, auxquelles sont attachées leurs pantoufles rouges. Quand ils sont à cheval, ils ont, indépendamment des armes dont j'ai parlé, une paire de pistolets d'arçon, et le *dubbous*, c'est-à-dire, la hâche de bataille. En allant au combat ils se coiffent d'un casque et se revêtissent, par-dessous leur robe, d'une cotte de mailles : ces cottes de mailles sont fort chères, car quelquefois elles coûtent jusqu'à cinq cents piastres. Les unes sont faites à Constan-

(1) Les mamlouks ne laissent pas croître leur barbe, jusqu'à ce qu'ils soient affranchis, et qu'ils aient obtenu quelque grade. La même chose a lieu parmi les osmanlis. Les icoglans, quoique libres, se rasent, parce qu'ils sont dans une sorte de servitude : ainsi la barbe coupée n'annonce pas précisément l'esclavage, mais un état de dépendance. Les osmanlis portent la barbe pour se conformer aux préceptes du prophète, plutôt que par un usage national. Les tartares n'en portent pas, et les arabes seuls montrent un grand respect pour cet ornement.

tinople ; les autres viennent de Perse.

Les chevaux que montent les mamlouks sont des plus belles races arabes, et on les achète souvent trois ou quatre bourses, c'est-à-dire, de cent cinquante à deux cent livres sterling.

Les mamlouks ne reçoivent point de paye. Ils sont nourris dans la maison des beys, des caschefs ou des autres officiers auxquels ils appartiennent. Tout officier qui achète un esclave, en fait de droit un mamlouk. Ce titre qui vient du verbe *malek*, posséder, désigne une personne qui est la propriété d'une autre.

Après une éducation convenable, celui qui est admis au nombre des mamlouks, reçoit de son maître un cheval et des armes. On lui donne aussi l'habillement complet, qu'on renouvelle ensuite tous les ans dans le mois du ramadan. Grace à la générosité de leurs maîtres, aux récompenses qu'ils obtiennent des autres, et aux extorsions qu'ils se permettent, les mamlouks ont de l'argent pour satisfaire leur avarice ou se livrer à la débauche. Il en est même qui acquièrent de grandes richesses, lorsqu'une faveur particulière des beys les élève aux places de chasnadars ou trésoriers.

Les mamlouks sont en général plutôt gais et étourdis qu'insolens. Ils aiment beaucoup l'ostentation, et sont peu difficiles sur les moyens de pouvoir s'y livrer. Rarement ils se marient avant d'avoir obtenu quelque emploi. Quoique nés de parens chrétiens, ils paroissent très-satisfaits de leur état, et l'on en a vu beaucoup refuser de le changer contre la liberté. Cependant la plupart sont regardés par les arabes, comme de mauvais observateurs de la loi de Mahomet.

Il est assez singulier que quoique les mamlouks soient en général robustes et bien faits, ceux qui se marient et qui sont toujours en petit nombre, aient très-rarement des enfans. Peut-être que, comme le fils même d'un bey n'a ni titre ni considération au-dessus des autres, les femmes se font avorter. Quoi qu'il en soit, de dix-huit beys dont l'histoire m'est particulièrement connue, deux seuls ont eu des enfans vivans.

Hardis, intrépides, capables de supporter les fatigues, habiles à monter à cheval et à manier le sabre, les mamlouks peuvent être regardés comme bien supérieurs à tous les autres soldats de l'Orient : mais pour les batailles rangées, pour les manœuvres régulières, pour les grandes et rapides évolutions, ils sont de beaucoup inférieurs aux troupes européennes (1).

Secondé par la faveur, ou distingué pour son mérite, le mamlouk devient caschef, et avec le tems, bey; mais la principale cause de son élévation provient presque toujours de son attachement au parti de quelque chef puissant.

Le Gouvernement du Caire ou plutôt de l'Egypte entière, se partage entre vingt-quatre beys. Lorsqu'il en meurt un, celui qui le remplace doit être choisi par les vingt-trois autres, mais il ne l'est que par celui qui a le plus d'autorité. Le *Yenx-Tchery-Aga* et quelques autres officiers sont compris parmi les vingt-quatre beys.

Indépendamment du titre de gouverneurs de certains districts de l'Egypte, plusieurs beys reçoivent d'autres dignités de la Porte : l'un est nommé *Scheik-el-Bellad,* ou gouverneur de la ville; l'autre *Defterdar,* ou grand trésorier; un troisième *Emir-el-Hadgi,* ou conducteur de la caravane sacrée; un qua-

(1) Les français l'ont bien prouvé. (*Note du trad.*)

trième *Emir-el-Saïd*, ou commandant de la haute Egypte (1). La Porte accorde en même tems à ces officiers des revenus indéterminés, et qui occasionnent un grand nombre d'abus.

Les beys ont droit de nommer, chacun dans son district, les gouverneurs particuliers et tous les autres officiers ; et ils ne manquent pas de choisir pour cela leurs propres esclaves, qu'ils forcent ensuite de leur rendre compte de leurs recettes, dont une partie sert à soutenir la magnificence du maître. Pour être opulent, un bey doit avoir de six cents à mille bourses par an. Les revenus de Mourad-Bey s'élèvent au double de cette somme ; ceux des beys les moins riches, sont d'environ trois cents bourses, ou quinze mille livres sterling.

La principale autorité judiciaire du Caire est déléguée à un *Mulla*, qui est nommé tous les ans à Constantinople, et qui juge principalement les cas douteux et difficiles. Il y a ensuite des cadis dans tous les districts, ou, si l'on peut se servir de ce terme, dans toutes les paroisses qui, au Caire, sont au nombre de plus de deux cents.

(1) Les deux dernières places sont annuelles.

Les imans, ou prêtres des quatre sectes, ont la direction respective de ceux qui professent ces sectes. Le *Scheik-el Bikkeri* est très-respecté par sa place, car il exerce une autorité spéciale sur les schérifs. Il est inutile de parler ici de quelques autres autorités qu'il y a au Caire.

Les cadis n'ont d'autres émolumens qu'un dixième de la valeur des objets contestés. Juste ou inique, un jugement est bientôt prononcé ; mais il est souvent le fruit de la subornation.

Chaque bey juge dans son Gouvernement les affaires importantes. Ils sont très-attentifs à respecter mutuellement leurs droits, et aucun d'eux ne fait emprisonner un homme qui a été mis en liberté par un autre.

Souvent trop ardens, ils ne montrent jamais ni beaucoup de finesse, ni une grande connoissance des hommes. Le Gouvernement du Caire a au moins l'avantage d'une grande publicité, parce que chaque bey est un magistrat : mais la justice des gouvernans est toujours accessible à la puissante influence de l'or.

Tandis que j'étois au Caire, il y eut une

affaire qui mérite d'être rapportée. Deux chrétiens maronites avoient été successivement fermiers des douanes et s'étoient beaucoup enrichis. Une querelle s'étant élevée entr'eux, l'un se permit une réflexion très-choquante pour l'autre, qui se rendit aussitôt chez le bey, et lui tint ce discours : — « Cette « cité n'est pas assez vaste pour moi et pour « un tel. Il faut que tu fasses mourir l'un « de nous deux. Si tu veux donner la mort « à mon ennemi, voici dix mille sequins « pour toi ». — Le marché fut accepté et exécuté à l'instant.

Chaque bey nomme, ainsi que je l'ai déja dit, ses caschefs ou lieutenans : ceux-ci commandent chacun dans une ville, ou dans un village, perçoivent les revenus, et jugent les petits procès ; mais on peut appeler de leur jugement au tribunal du bey. Les beys et les caschefs, gens très-ignorans, sont obligés de se servir des cophtes pour la perception des revenus ; parce que la répartition des impôts est compliquée et exige beaucoup de connoissances locales. L'autorité d'un caschef n'est pas moins arbitraire que celle d'un bey.

Revenus de l'Egypte.

Les sources les plus considérables des revenus dont jouit à présent la Porte ottomane, et dont les califes ont joui lorsque la souveraineté étoit entre les mains des arabes, sont à-peu-près aussi anciennes que le mahométisme.

Les changemens qui ont eu lieu à cet égard, sont émanés de l'autorité arbitraire du souverain, ou de l'adresse des gens de loi qui les ont fait dériver des premières institutions.

Le plus ancien tribut dû par les sujets au Gouvernement, est le *zecchat* ou le dixième de toutes les productions de la terre. D'après la manière dont on commença à percevoir le zecchat, on exigeoit proportionnellement deux fois plus d'un non-croyant que d'un musulman. Cet impôt fut établi par Mahomet lui-même, et destiné à secourir les pauvres. Le prophète défendit expressément aux personnes de sa famille de profiter de ce secours, parce qu'il le regardoit comme indigne de leur rang; mais en même tems il leur alloua la cinquième partie du butin qu'on feroit à la guerre.

Le zecchat continue à se percevoir; mais au lieu d'être, suivant sa première destination, consacré à adoucir le sort de l'indigent, on l'emploie en dépenses inutiles et en vaines prodigalités.

Quelques charités ostentueuses suffisent aux scrupules du monarque, et aveuglent le peuple sur l'indigne usage qu'on fait de ce qui devroit lui revenir. L'impôt ne porte plus maintenant sur les terres ni sur les maisons, mais sur les marchandises qu'on fait entrer dans le pays. Ce que payent ces marchandises s'exige toujours des mahométans, sous le nom de zecchat.

Le second impôt est le *charage*, mot qui signifie le produit des terres, et qui, par extension, sert à exprimer une taxe non-seulement sur les terres, mais aussi sur les personnes des *Dhummies*, c'est-à-dire, des chrétiens et des juifs. Il est vrai que dans le dernier cas on le distingue par le nom de *gizié*, ou capitation. Suivant les préceptes du koran, la capitation est un impôt auquel les vrais croyans ne doivent pas être soumis.

De nos jours les revenus de la Porte, quoique provenant de diverses sources, sont connus sous le nom général de *miri* ; et les revenus particuliers du grand-seigneur s'appellent le *chasné*.

La nature du revenu de chaque province dépendoit d'abord, en grande partie, de la manière dont cette province avoit été acquise ; et il est encore des cas où la même distinction se retrouve. L'Irak (1) devoit jouir de la protection de la Porte, à condition de payer un certain tribut ; l'Egypte devint aussi protégée et tributaire, mais avec des conditions différentes. Il paroît que les successeurs immédiats de Mahomet se sont souvent conduits avec une politique sage, et ont tempéré les fureurs du fanatisme par quelqu'attention au bien-être de leurs sujets hérétiques.

L'Egypte est l'une des premières acquisitions territoriales des mahométans, et une grande partie de ses habitans ont embrassé l'islamisme : aussi les impôts ne s'y levoient pas autrefois avec beaucoup de sévérité. Si elle a été appauvrie et dépeuplée, ce n'est pas, ce me semble, par la faute des premiers

(1) L'Irak se divise en Irak-arabie et Irak-agémi. Le dernier appartient aux persans, le premier aux turcs : Bagdad en est la capitale. (*Note du traducteur.*)

établissemens des musulmans, mais bien plutôt par les abus qu'on a commis sous le califat égyptien, et qui auroient pu également nuire aux institutions les plus douces et les plus raisonnables. Ces abus croissant graduellement, sont maintenant portés à leur comble ; et ils ne peuvent s'étendre davantage, sans nuire à l'existence des cultivateurs.

Le principal impôt territorial qu'on lève en Egypte, est une taxe de deux patakes (1) par foddân (2). J'ignore s'il fut l'effet d'un accord entre les vainqueurs arabes et les gens du pays, ou s'il existoit sous un gouvernement antérieur ; mais il fut maintenu par le sultan Sélim. En estimant les terres cultivables de l'Egypte à deux millions cent mille acres, cet impôt devroit donner douze mille neuf cents bourses, qui font, au change actuel, 630,000 livres sterling. Mais à présent on ne cultive que les deux tiers de ces terres, ce qui réduit la somme à 420,000 livres sterling. D'un autre côté, les beys non

(1) Le patake est une pièce d'argent hongroise qui vaut cinq francs cinquante centimes. (*Note du trad.*)

(2) Le foddân est la quantité de terrain qu'on estime qu'une paire de bœufs peut labourer dans un jour, et qui équivaut à-peu-près à un acre. (*Note du trad.*)

contens de ce revenu légitime, exigent souvent un surcroît de cinq ou six patakes par foddân; ce qui en porte la totalité à 1,250,000 livres sterling, et même plus haut. Cependant il y a quelques districts de la haute Egypte qui sont toujours plusieurs années en arrière pour le paiement de cette taxe.

. Les autres impôts sont les droits de douane qu'on perçoit à Alexandrie, à Damiette, à Suez, à Cosseïr; et ce qu'on exige des caravanes qui font le commerce d'Afrique à leur passage à Charjé, à Assiout, et même à leur arrivée au Caire. Il est difficile d'avoir une donnée exacte sur le produit de ce dernier objet. La caravane avec laquelle je retournai de Dar-four à Assiout, paya sur les marchandises qu'elle portoit, une taxe de 150 bourses. J'estimois la valeur de ces marchandises à environ 2,300 bourses ou 115,000 livres sterling.

Le *gizié* (1) rend bien moins qu'on ne pourroit croire; et en voici les raisons: 1.° Quoiqu'il y ait dans la haute Egypte un grand nombre de villages entiers de cophtes, plusieurs de ces villages ne payent rien, parce qu'ils sont dans un état de rébellion.

(1) La capitation.

2.º Les cophtes sont très-nombreux dans les villes : mais ils ont parmi eux beaucoup d'ecclésiastiques et de personnes attachées au service des beys ; or ces deux titres suffisent pour exempter de l'impôt. Il n'y a pas beaucoup de grecs et d'arméniens dans les villes d'Egypte, encore sont-ils pour la plupart voyageurs, et alors ils payent le gizié dans leur pays. Enfin je doute que cet impôt s'élève à plus de quinze cents bourses.

Le reste du revenu des beys est incertain. Il provient de petits impôts arbitraires, de droits de péage sur le Nil et en quelques autres endroits de l'intérieur de l'Egypte, des confiscations, et sur-tout du profit incalculable que donne un pillage continuel exercé sur toutes les classes d'habitans. Tantôt on demande tout-à-coup aux marchands chrétiens, cinq, dix, vingt, trente mille patakes ; tantôt on les exige des mahométans ; puis on s'adresse aux francs. Profitant de l'espèce d'abandon où les négocians français se trouvoient au commencement de la guerre, le Gouvernement du Caire les opprima tellement, qu'à l'exception de trois, ils furent obligés de quitter cette ville, et de se retirer à Alexandrie.

Je n'ai jamais appris que les arabes errans payassent aucun tribut régulier. Lorsqu'ils s'approchent trop des villes, ils sont quelquefois repoussés et pillés ; mais en général les beys semblent disposés à vivre en bonne intelligence avec eux, et ils les ménagent pour leur propre sureté, en cas qu'ils soient écartés du Gouvernement.

Il y a sur le bord de la mer, des salines qui fournissent assez de sel pour la consommation de toute l'Egypte ; et ce sel paye un petit droit au Caire et à Assiout.

Les bains, les femmes publiques, les maisons où l'on vend de l'eau-de-vie (1), sont sous une juridiction particulière, et payent quelques droits au Gouvernement.

Au Caire, chaque métier, chaque profession a son scheik, et ce scheik exerce une grande autorité sur les personnes de sa communauté, ce qui contribue beaucoup à maintenir le bon ordre. Les portes qu'il y a au bout de chaque rue sont une autre cause de tranquillité ; parce que, quoiqu'elles ne soient pas assez fortes pour résister à une foule mutinée, elles peuvent au moins retarder les premiers effets de sa violence; elles suf-

(1) Ces maisons s'appellent *choummari*.

fisent sur-tout pour arrêter quelques personnes mal intentionnées.

Les impôts dont j'ai fait l'énumération, forment tous ensemble le *miri* ou revenu public. Les beys devroient prélever tous les ans sur ces revenus, douze cents bourses, pour les envoyer à Constantinople ; mais ils les retiennent sous prétexte de les employer à la réparation des mosquées et à d'autres ouvrages publics.

Le pacha a pour toutes ses dépenses mille mahboubs (1) par jour. Il tient un grand état ; de sorte que son pachalik n'est pas regardé comme très-lucratif.

Tous les jours Mourad-Bey et sa femme reçoivent chacun du trésorier de la monnoie, cinq cents demi-mahboubs pour leur cassette. Cela monte à quinze cents piastres, et n'est pourtant qu'une foible partie de leurs dépenses.

Les terres en culture ont beaucoup de valeur en Egypte, ainsi que le prouvent les impôts considérables auxquels elles sont assujetties. Cependant, comme je n'en ai pas vu vendre, je ne peux pas dire quel en est le vrai prix.

(1) Trois mille piastres.

Il m'est également impossible de déterminer ce que coûte le travail du cultivateur, par ce qu'on le paye sur le produit, et que beaucoup de circonstances concourent à diminuer la valeur de ce qu'il reçoit. En comparant les gages d'un laboureur avec ce que gagnent les autres manouvriers, je crois qu'on peut les évaluer à environ six médines ou un septième de piastre par jour; et comme il est souvent sans travailler, cela ne monte guère qu'à quarante-cinq piastres par an. Les vêtemens des paysans durent long-tems : mais indépendamment de ce qu'ils coûtent, on peut estimer que chaque paysan dépense au moins en maïs, lentilles, lait, beurre, etc., la valeur de trois paras ou médines par jour.

TENURE DES TERRES.

Mahomet lui-même a déclaré formellement que les biens de l'homme qui cessoit de vivre devoient être aussitôt partagés entre ses héritiers. Cela prouve le grand respect que ce législateur avoit pour le droit d'hérédité, et combien il étoit éloigné de penser que la propriété des terres fût un appanage de la souveraineté.

Mais la même modération, la même sagesse n'ont pas distingué les successeurs du prophète. Ils se sont autorisés de son koran pour commettre des abus, ou ils en ont insolemment dédaigné les préceptes.

Dans plusieurs des contrées où le grand-seigneur exerce ou prétend devoir exercer son autorité, le Gouvernement s'arroge la propriété des terres comme un droit de conquête. Quoiqu'en Egypte il y eût autrefois beaucoup d'exceptions à cet usage, par rapport au grand nombre d'habitans qui embrassèrent le mahométisme, ou consentirent à payer le *gizié*, et qui en conséquence ne furent pas privés de leurs possessions, toutes ces distinctions sont maintenant détruites; les aliénations, les confiscations et la violence ont confondu tous les droits.

La plus grande partie des terres d'Egypte appartient aujourd'hui au Gouvernement et aux prêtres attachés au service des mosquées. Ces prêtres ont obtenu ces possessions, soit de la munificence des princes et des particuliers riches, soit par les mesures que quelques individus ont prises pour l'avantage de leur postérité. Ce qui appartient aux mosquées, s'appelle *wakf*, mot qui signifie dans son acception technique, une chose sur laquelle le droit du propriétaire est immuable, mais dont le profit est destiné à quelque établissement charitable.

Le droit que le Gouvernement prétend avoir d'hériter de tous les particuliers, et les amendes ruineuses qu'il exige arbitrairement, sont cause que ceux qui ont des propriétés territoriales les lèguent aux mosquées : par ce moyen elles deviennent partie du *wakf*, et le Gouvernement ne peut plus les réclamer ; mais en même-tems le propriétaire a soin que son plus proche héritier ou, si celui-ci est mineur, les tuteurs qu'il lui nomme (1), et ensuite ses successeurs au même titre, en perçoivent la rente. Ils continuent donc à jouir de leurs revenus, dont ils allouent seulement une petite partie aux administrateurs de la mosquée.

D'après ce que je viens de dire on peut observer qu'une grande partie des fermiers et des cultivateurs de l'Egypte tient ses terres du Gouvernement ou des procureurs des mosquées. Quant à l'aisance du cultivateur et au bien-être général, on y fait peu d'attention. Il y a une chose certaine, c'est que les terres du Gouvernement et celles

(1) On les appelle des *moutouallis*.

qui dépendent des mosquées, sont toujours également affermées à des conditions onéreuses pour le fermier. Il y a toujours un grand nombre d'enchérisseurs : les demandes des allocateurs sont exorbitantes ; de sorte que le fermier assure lui-même sa misère, en s'engageant à payer une si forte portion du produit de la terre, qu'il lui est impossible d'en retirer aucun profit.

Les contrats sont de différente espèce; mais ordinairement le bail est à vie, ou pour un nombre d'années déterminé. Le fermier cultive lui-même la terre avec sa famille, et n'emploie guère d'autres bras, si ce n'est quand le Nil déborde, et qu'il faut arroser les champs. Alors il loue des arroseurs. Volney dit que presque tous les paysans d'Egypte sont des manœuvres à gages ; mais on voit qu'il en est peu qui méritent ce nom (1).

Les domestiques des grands n'ont guère d'autre paiement que la nourriture et quelques vêtemens dont on leur fait présent :

(1) Je ne prétends pas décider si Volney ne s'est pas trompé sur l'état des paysans d'Egypte ; mais son ouvrage est en général si exact et si bien fait, qu'on ne peut le regarder que comme un des meilleurs en son genre. (*Note du traducteur.*)

mais ils s'en dédommagent tous par les extorsions qu'ils exercent, et que facilite le système de terreur établi dans le pays.

Un paysan ne prend jamais à ferme plus de terres qu'il n'en peut cultiver avec sa famille ; mais il s'en faut de beaucoup qu'il doive être regardé comme un serf attaché à la glèbe ; car il est toujours maître de quitter sa ferme et de changer de district. Il arrive pourtant que les mêmes familles sont souvent fixées pendant très-long-tems sur le même coin de terre. J'ai vu à *Ben-Ali*, près d'*Assiout*, des gens qui résidoient dans une ferme depuis cinq générations. L'un d'eux qui étoit très-vieux, me dit : — « J'étois
« accoutumé à fumer ; mais le tabac me
« coûte presqu'un para par jour. Les tems
« deviennent de plus en plus mauvais ; de
« sorte que je suis obligé de me contenter
« d'un calumet vide, jusqu'à ce que le
« maître me délivre de cet embarras ».

Revenons à la description du Caire. Cette grande capitale a été anciennement entourée de murailles, dont il ne reste que quelques fragmens. Elle est beaucoup plus étendue du nord au sud (1), que de l'est à l'ouest.

(1) Sa longueur du nord au sud est d'environ 3,500 pas.

Il y a plusieurs endroits où les maisons sont séparées les unes des autres ; mais en général elles sont contigues. Le canal (1) qui la traverse du nord au sud, commence près de Misr-el-Attiké. Il présente divers aspects dans le cours de l'année ; mais celui qui dure le plus long-tems est l'aspect d'une voierie où l'on jette toute sorte d'immondices. Quand le Nil est prêt à grossir, on nétoie ce canal, et il sert de rue ; puis les eaux du fleuve le remplissent, et il est couvert de bateaux.

Il faut que je remarque ici que la croissance périodique du Nil paroît être encore ce qu'elle étoit dans les premiers siècles dont l'histoire nous a conservé le souvenir, c'est-à-dire de seize coudées ou vingt-quatre pieds anglais. On sait qu'il croît depuis la fin de juin jusqu'au commencement de septembre. Pendant tout ce tems-là, il augmente de près de quatre pouces par jour, après quoi il diminue graduellement jusqu'au solstice suivant.

Ceux qui sont versés dans l'ancienne astronomie savent que le lever héliacal de Sirius, précédant régulièrement de quelques jours la

(1) Khalige.

croissance du Nil fit donner à cette étoile le nom du chien, parce qu'elle rappeloit la fidélité de l'animal qui avertit son maître de prendre garde aux ravages du fleuve. Il est certain que le Nil et l'Indus ont anciennement été désignés sous le nom de *Sihor* ou *Sihir*; d'où celui de *Siris*, et par corruption *Sirius*, a été donné à la plus brillante des étoiles fixes.

Lorsque le célèbre poète Gray représente l'Egypte sous les eaux du Nil, sa description est sans doute très-poétique, mais non pas vraie. Dans le Saïd (1) les bords du fleuve sont si élevés, qu'il ne peut pas inonder les terrains adjacens. Il en est de même dans la basse Egypte, excepté à l'extrémité du Delta, où son lit n'a que quelques pieds de profondeur, et où rien ne s'oppose aux débordemens. Mais comme on peut bien le croire, cette partie du pays est dénuée d'habitations.

La fertilité de l'Egypte est due à l'industrie des cultivateurs. Les terrains qui bordent le fleuve sont arrosés par des machines; et s'ils ont quelqu'étendue, ils sont traversés par des canaux. Le sol est en général si fécond, qu'il n'a pas besoin d'engrais. Il est

(1) La haute Egypte.

noir, gras, sans aucune pierre, et s'attachant comme la terre glaise. Dans des endroits qu'on avoit laissés sans culture, j'ai vu souvent des crevasses occasionnées par l'extrême chaleur, et dont une lance de six pieds de long ne pouvoit atteindre le fond.

La plus grande largeur du Nil n'est pas de plus de deux mille pieds, c'est-à-dire un tiers de mille. Son courant est moins rapide que celui de la Tamise, et peut être estimé à trois milles par heure. Ses eaux sont presque toujours vaseuses; et en avril et en mai, c'est-à-dire à l'époque où elles sont le plus tranquilles, elles restent encore troubles. Dans les tems des débordemens, leur couleur est d'un rouge sale.

Le Nil est très-poissonneux. Les poissons que j'y ai principalement remarqués sont le *boulti* (1), le *kelb-el-bahr*, le *farhôn*, le *charmout*, poisson rond, d'environ huit pouces de longueur, et qu'on dit empoisonner ceux qui en mangent; le *taban-el-bahr*, ou l'anguille (2); le *nefash*, espèce de saumon, souvent très-gros. On ne peut savoir

(1) *Labrus niloticus.*
(2) *Murœna anguilla.*

ni quelle est l'espèce de ce poisson si fameux dans les antiquités d'Egypte, sous le nom d'Oxyrynchus, ni si elle existe encore. D'Anville prétend que c'est celle qu'on appelle aujourd'hui *Kescher*.

Parmi les poissons dont je viens de parler, celui qui a le goût le plus délicat, est le *boulti*. Il a presque la forme de la truite blanche, mais il est plus gros, et il y en a qui pèsent jusqu'à cinquante livres. Excepté l'anguille, aucun poisson du Nil n'a une exacte ressemblance avec ceux d'Europe.

Du Caire à Syené (1), c'est-à-dire, dans une étendue de trois cent soixante milles géographiques, les bords du Nil n'offrent aucune plante sauvage, si ce n'est dans quelques endroits où ils sont rocheux. Ils forment des gradins et sont couverts de toute sorte de plantes potagères, mais principalement de *bameas*. Le bamea croît à la hauteur d'un peu plus de trois pieds. Ses feuilles ressemblent à celles du groseiller, et il porte des cosses pointues qui ont une odeur et un goût très-agréables.

Parmi les différentes espèces d'oiseaux qui fréquentent le Nil, on distingue l'oie

(1) Les Egyptiens appellent cette ville *Assouan*.

de Turquie (1). C'est un gros oiseau, dont la chair a très-bon goût et est très-salubre.

Une chose qui étoit très-anciennement employée sur le Nil, et dont l'usage s'y est conservé, ce sont les radeaux faits avec de grandes jarres blanches (2). On y voit aussi de petits radeaux formés de calebasses, sur lesquels une seule personne traverse le fleuve avec beaucoup de gravité. Des plongeurs cachent quelquefois leur tête dans une grosse calebasse, et s'approchant ainsi des oiseaux aquatiques, les saisissent par les jambes (3).

On a tant écrit sur le crocodile et l'hippopotame, que je ne crois pouvoir ajouter rien de nouveau à ce qu'on en a dit. Les hippopotames abondent en Nubie; mais je n'en ai jamais vu en Egypte, ni n'ai entendu dire qu'il y en eût. Les crocodiles même y sont moins nombreux qu'autrefois, et l'on n'en trouve plus qu'au-dessus d'Assiout. Il est dangereux d'entrer dans le Nil, dans les endroits où il y en a. Un jeune homme qui

(1) *Anas nilotica*, de Linnæus.

(2) Ces jarres se nomment dans le pays *belasses*.

(3) La relation du voyage de lord Macartney en Chine, dit que les chinois font la même chose en cachant leur tête dans une jarre. (*Note du traducteur.*)

se baignoit à Dendera, deux ou trois jours avant mon arrivée, eut la jambe emportée par un de ces féroces animaux.

La principale rue du Caire est parallèle au canal (1). Il faut observer que les maisons des européens sont toutes sur ce canal, dont en certain tems de l'année, il s'exhale une odeur pestilentielle : mais les européens sont moins sujets à la peste que les autres habitans du Caire.

On compte au Caire plus de trois cents mosquées, quatre ou cinq desquelles sont beaucoup plus magnifiques que les autres. Le *Jama-el-Az-her* est une mosquée, où l'on distribue journellement de la soupe et d'autres alimens à plusieurs milliers de pauvres, dont la plupart sont des ecclésiastiques. Beaucoup de mendians du Caire sont de cette dernière classe, et ils prétextent le besoin d'étudier pour excuser leur paresse. Rien n'est plus commun en Egypte que de voir les pauvres borgnes ou aveugles.

(1) La ville est infestée d'une multitude de chiens vagabonds; les éperviers planent en grand nombre en poussant des cris sauvages au-dessus du canal, et les tourterelles respectées par les hommes, et même par les enfans, font leur nid sous l'avancement des toits.

Le Jama-el-Az-her est une des plus belles mosquées du Caire. Les colonnes qui en soutiennent la voûte sont de marbre, et le pavé est couvert de tapis de Perse. Les biens qui en dépendent sont immenses. Un scheik, qui est un ecclésiastique du premier ordre, préside à cet établissement, qui entretient, indépendamment des pauvres, un grand nombre d'hommes distingués par leurs profondes connoissances dans la théologie musulmane, et dans la langue arabe. Il y a une collection considérable de manuscrits, et on y donne des leçons sur plusieurs sujets qu'on appelle scientifiques, mais qui sont fort éloignés de la véritable science.

Les autres mosquées les plus fréquentées sont celles de *Sultan-el-Ghouri*, et d'*el-Hassanein*, et celle qu'erigea, il y a quelques années, Mahomet-Bey-Aboudhahab (1). Cette dernière a été bâtie des matériaux les plus précieux, et elle est regardée comme un chef-d'œuvre de la magnificence orientale.

L'édifice que les sarrazins ont construit dans l'île de Rouda, et qui contient le *mokkias*, ou nilomètre, a été souvent dessiné et plus

(1) Aboudhahab signifie *père de l'or*.

souvent décrit. La graduation du nilomètre est confuse, imparfaite, et ne donne rien de certain ; de sorte que ceux qui veulent connoître exactement le degré de croissance du Nil, font leurs observations sur un terrain plane, où ce fleuve a débordé, et qui étoit auparavant de niveau avec sa surface. Il ne faut jamais sur cela s'en rapporter aux crieurs publics, parce qu'ils sont subornés par le Gouvernement. Lorsque les eaux commencent à croître, ils exagèrent toujours, et ensuite ils font le contraire.

Il y a dans plusieurs quartiers du Caire de grands et magnifiques réservoirs, où l'on distribue de l'eau à ceux qui en veulent. Il y a aussi des bains en marbre, où l'on trouve de l'eau en abondance, et tout ce qui peut être nécessaire aux personnes qui se baignent. Les gens qui servent dans ces bains sont fort adroits, et le prix des bains est très-modéré.

Les magasins (1) du Caire sont solidement bâtis, spacieux, commodes et propres. C'est-là que se font les ventes en gros. Il y a pour

---

(1) Ils sont connus dans le pays sous le nom d'*okals*.

le détail les marchés (1) de *Khan-Khalil*, d'*Hamsawi*, et quelques autres, où l'on voit plusieurs rangs de boutiques bien fournies de toute sorte de marchandises. Là, chaque genre de commerce a son quartier particulier.

La plupart des maisons sont bâties en pierre, à deux ou trois étages, avec des toîts en terrasse. On ne voit jamais de fenêtre au rez-de-chaussée, quoiqu'il y ait souvent une boutique. Les fenêtres du premier et du second étage sont fermées avec des jalousies. Quelquefois elles n'ont que ces jalousies ; quelquefois aussi il y a des chassis garnis de papier; et dans un petit nombre des maisons qui appartiennent à des personnes riches, il y a des vitres.

Les maisons des grands sont presque toutes situées autour de *Birket-el-Fil*, qui est un étang où le canal du Caire verse une partie des eaux du Nil. Les palais des beys ont de grandes cours carrées. Une ou deux ailes de ces palais sont occupées par des mamlouks. Le harem est séparé. L'appartement dans lequel le bey se tient pendant l'été, a une ouverture qui communique au toît et par

---

(1) Bazars.

où l'air se renouvelle continuellement. Au Caire on n'a besoin de feu que pour faire la cuisine. Des vêtemens plus chauds que ceux qu'on porte ordinairement suffisent pour garantir du peu de froid qui s'y fait ressentir.

Les appartemens des femmes du Caire sont ornés des meubles les plus élégans et les plus précieux. Ceux des hommes sont remarquables par la simplicité et la propreté. Les maisons sont en général irrégulières, mais solidement construites et commodes.

Les mamlouks ne font que trois repas par jour; le premier avant le lever du soleil, le second à dix heures du matin, et le dernier à cinq heures après-midi. On leur sert un grand pilau (1), entouré de plusieurs plats de viande de boucherie, de poisson et de volaille. Pour faire cuire la viande, les cuisiniers du Caire la coupent toujours par petits morceaux. Les mamlouks ne boivent à leur repas que de l'eau; mais aussitôt qu'ils ont achevé de manger, ils prennent du café. Les grands du Caire font servir à leur table du sorbet. L'Egypte ne produit point de vin : les francs et les grecs qui en boivent, le font venir d'ailleurs.

(1) Un plat de riz.

Les égyptiens tirent du maïs, du millet, de l'orge ou même du riz, une liqueur fermentée qui ressemble un peu à notre bière douce (1). Elle est d'un goût agréable et d'une couleur brillante; mais dans les tems chauds on ne peut pas la conserver plus d'un jour. Il s'en boit beaucoup, soit au Caire, soit dans le Saïd. Il est aussi en Egypte une autre liqueur qu'on appelle *araki*, et que les chrétiens tirent des dattes, et de ces petits raisins que nous appelons raisins de Corinthe, et que les égyptiens tirent de Cerigo.

L'eau du Nil qu'on porte dans les maisons se met dans des jarres, dont on a préalablement soin de frotter le dedans avec une pâte d'amandes amères; et par ce moyen l'eau devient très-claire en moins de deux heures. Il faut pourtant observer que, quelque trouble qu'elle soit, on peut la boire sans aucun danger.

Les femmes égyptiennes qui sortent de leurs maisons, ne se découvrent jamais que les yeux et le bout des doigts. Les femmes du Caire sont en général petites, mais bien faites. Celles d'un haut rang sont assez blondes, ce qui, avec l'embonpoint, est dans ces

(1) L'espèce qu'on appelle *aile*.

climats le principal caractère de la beauté. Elles se marient à quatorze ou quinze ans, et à vingt leurs charmes sont déja passés. J'ignore quelle est la raison qui fait que les habitans des pays chauds préfèrent ordinairement les grandes et grosses femmes aux autres. Les femmes cophtes ont presque toutes une physionomie intéressante, de grands yeux noirs, et le corps bien formé.

La population du Caire est composée, 1.° d'arabes, ou de cette classe inférieure, de mahométans qui forment le corps du peuple, et s'enorgueillissent de pouvoir s'appeler *Ibn arab*, c'est-à-dire, fils d'arabe; — 2.° de chrétiens cophtes, qui sont très-nombreux tant au Caire que dans la haute Egypte, mais rares dans le Delta; — 3.° de mamlouks. L'on m'a assuré que dans le cours des onze années qui ont précédé mon séjour en Égypte, il y a été conduit seize mille esclaves blancs de l'un et de l'autre sexe. La peste a récemment fait mourir mille mamlouks, et d'autres causes ont réduit quelque tems leur nombre à environ huit mille(1); de sorte qu'on en demande de toutes parts. Cependant j'ose croire que par les

(1) En 1792.

nouveaux recrutemens, ils sont encore dix à douze mille.

Enfin, les autres habitans du Caire sont des grecs, des syriens, des arméniens et des maugrebins de Tripoly, de Tunis, de Maroc, qui habitent un quartier particulier, qui sont remarquables par leur activité et leur frugalité, et que l'espoir de grands profits attire au Caire. On y voit d'autres mahométans de l'Arabie propre, et des contrées plus orientales. Il y a aussi quelques turcs ; mais la plupart ne viennent en Egypte que pour le commerce, et quand leurs affaires sont terminées ils s'en retournent à Constantinople. Les juifs sont encore très-nombreux au Caire, mais on dit pourtant qu'ils y diminuent. Indépendamment des nègres esclaves qu'on voit dans toutes les maisons, il y a d'autres noirs qui viennent de la Nubie, qui font l'office de portiers chez les riches, et qui quelquefois vendent du *bouza* (1) et des vivres.

Certes le nombre des habitans du Caire s'élève au moins à trois cent mille ; et celui de l'Egypte entiere à deux millions et demi.

(1) Espèce d'hydromel.

En parlant de la population de l'Egypte et de quelques autres pays, on peut remarquer qu'en Europe, pour connoître le nombre des habitans d'une ville, il suffit de connoître le nombre des maisons, parce qu'on sait bientôt ce qu'elles peuvent contenir à-peu-près l'une dans l'autre. En Egypte il en est tout autrement. Une grande partie du peuple n'a point de demeure stable. Le plus léger abri lui suffit contre les variations presqu'insensibles du climat; et il recherche avec ardeur l'obscurité, qui est toujours si douce là où l'on craint l'œil perçant d'une tyrannie dévoratrice.

Parmi les différentes espèces d'hommes dont je viens de parler, les cophtes qui sont les premiers habitans d'Egypte, intéressent le plus la curiosité. Ils ont dans les traits quelque chose qui distingue leur race. Sans avoir aucune ressemblance avec les nègres, ils ont les yeux très-noirs, et souvent les cheveux crépus; mais moins pourtant qu'on ne le voit quelquefois chez les européens. Ils ont en général le nez aquilin, et assez rarement les lèvres épaisses. Enfin on trouve beaucoup de rapports entre la figure des cophtes modernes, et celles que nous offrent les anciennes peintures et sculptures égyptiennes.

Le teint des cophtes est comme celui des arabes, d'un brun sale; et il m'a paru de la même couleur dans les tableaux que j'ai vus dans les tombeaux de Thèbes.

L'ancienne langue cophte peut être regardée comme hors d'usage. J'ai fait beaucoup de recherches qui me l'ont prouvé. Cependant quelques mots de cette langue se sont conservés dans la haute Egypte; l'on peut citer entr'autres celui de *boyûni*, qui est le nom d'un mois.

Dans les monastères cophtes, les prières se font en arabe. L'épître et l'évangile s'y lisent en cophte; mais les prêtres semblables à des péroquets, répètent ce qu'ils ne comprennent pas. Pour copier les manuscrits cophtes qu'on trouve dans quelques couvents, il faut une permission particulière du patriarche.

Les chrétiens cophtes sont monotélistes, c'est-à-dire sectateurs de l'hérésiarque Eutichès. Ils croient bien que le Christ est d'une nature divine; mais ils soutiennent que le Saint-Esprit ne procède que du Père. Ils croient aussi à la transubstantiation; et sur quelques autres points, les catholiques du Caire trouvent qu'ils diffèrent moins d'eux que les grecs. Toutefois les cophtes ont pris des mahométans l'usage de se prosterner fréquemment durant le service divin, de faire publiquement leurs prières, d'accompagner d'ablutions la cérémonie du mariage, et quelques autres pratiques.

Les cophtes sont intelligens et rusés. Il y en a beaucoup qui font le métier d'écrivains et de courtiers. Ceux qui sont dans les affaires, thésaurisent assidûment, sans jamais faire paroître ce qu'ils ont; parce qu'une longue expérience leur a appris ce que les autres chrétiens ne savent pas encore, c'est que, sous un gouvernement arbitraire, l'obscurité est sureté. Quoique naturellement mélancoliques, les cophtes se livrent au travail avec beaucoup de zèle et d'activité. Ils aiment beaucoup la liqueur fermentée (1) qu'ils fabriquent, et sont très-libres dans leurs amours. Cependant ils se montrent fort attachés à leur religion. Leurs prêtres sont en grand nombre.

Il est assez singulier qu'en Egypte, les

(1) L'araki.

enfans des européens ne vivent presque jamais plus de deux ou trois ans. Vraisemblablement cela provient de ce qu'on les charge trop de vêtemens, et de la chaleur des appartemens dans lesquels les tient l'imprudente tendresse de leurs parens. Les enfans des égyptiens vont au grand air presque entièrement nuds, et leur tempérament est sain et vigoureux.

CHAPITRE VI.

LE CAIRE.

Suite de la description du Caire. — Commerce. — Manufactures. — Monnoie. — Forteresse. — Citernes. — Misr Attiké. — Ancienne mosquée. — Ancienne Babylone. — Fostat. — Boulak. — Gizé. — Tombeau de Schafei. — Bateaux pour se promener. — Gens qui charment les serpens. — Magie. — Danseuses. — Cafés. — Prix des comestibles. — Tableau historique de ce qui s'est passé depuis quelque tems en Egypte (1). — Des beys actuels.

Avant que la découverte d'un passage aux Indes par le cap de Bonne-Espérance occasionnât une révolution dans le commerce, le Caire avoit un négoce très-étendu, qui depuis a graduellement décliné, et est enfin restreint aux articles suivans.

Le Caire reçoit de l'Yemen du café, des parfums, des pierres précieuses et des drogues médicinales. Surate et quelques autres parties de l'Inde lui fournissent des mousselines, plusieurs autres étoffes de coton et

(1) Avant la conquête des français.

des épiceries. Le royaume de Cachemire lui envoie une partie de ses superbes schals.

De même que Tripoli est le principal entrepôt du commerce de l'occident de l'Afrique, le Caire peut être encore considéré comme le centre de celui de l'Afrique orientale. Le Caire reçoit par Jidda et par la Mecke un petit nombre d'esclaves abyssins (1). On y voit fréquemment des caravanes qui viennent du Sennaar, du Darfour, du Fezzan, et qui conduisent des esclaves, et portent de la poudre d'or, de l'ivoire, des cornes de rhinocéros, des plumes d'autruche, des gommes et des drogues médicinales.

Il se rend aussi au Caire, à des époques incertaines, une caravane qui vient de Maroc, et qui emploie cinq mille chameaux pour porter ses marchandises. Une partie de cette caravane fait le voyage de la Mecke, et pendant ce tems-là l'autre l'attend au Caire, et s'occupe de son trafic. Les autres caravanes ne se forment que pour le charroi des marchandises. Les chameaux leur sont fournis par les arabes, dont les tribus

(1) Dans la langue du pays l'Abyssinie se nomme *Habbesch.*

errent dans les déserts qui servent de limite à l'Egypte.

L'on ne peut avoir de plus mauvais principes de marine que les égyptiens et les arabes qui naviguent sur la mer Rouge. Leurs navires sont d'un genre de construction très-mauvais. Ils sont profonds, et ont une quille aiguë, tandis qu'il faudroit qu'ils tirassent peu d'eau à cause des hauts fonds et des rochers qui sont en grand nombre dans cette mer. En outre on les remplit trop de passagers et de marchandises. Aussi leurs voyages seroient toujours dangereux, quand bien même ils seroient montés par des navigateurs habiles. Mais loin d'être instruits, les marins qui les conduisent font consister leur science à éviter les rochers cachés sous l'eau le long de la côte, à quoi il faut avouer qu'ils sont assez adroits. Suivant les informations que m'a données un homme établi à Suez, le nombre des navires employés par les égyptiens qui font le commerce de la mer Rouge, ne s'élève qu'à trente-sept, et ceux qu'on construit sans cesse peuvent à peine remplacer ceux qui se perdent.

Ce que les européens importent en Egypte a été en général spécifié dans le chapitre où j'ai parlé du commerce d'Alexandrie. L'Egypte reçoit de Tunis et de Tripoli, de l'huile, des bonnets rouges qui se fabriquent dans la première de ces villes, et lui donnent beaucoup de réputation, de la belle flanelle, dont les bédouins et quelques autres arabes font en partie leurs vêtemens. La Syrie fournit à l'Egypte du coton, de la soie écrue, de la soie manufacturée, du savon, du tabac et de la verroterie. Constantinople lui envoie des esclaves blancs des deux sexes et toutes sortes d'ouvrages en cuivre, en airain et en fer.

Quant aux objets d'exportation, j'ai spécifié ceux qui passent en Europe, à l'article d'*Alexandrie*, et je dirai quels sont ceux qui vont dans le Dar-four quand je traiterai de ce royaume. Je remets aussi pour le même tems ce qu'on envoie au Sennaar et au Fezzan. L'Egypte fournit tous les grains qui se consomment dans l'Hedjas (1); mais elle est obligée de payer en argent presque tout ce qu'elle tire de l'Inde et de Jidda. Elle envoie à Constantinople des esclaves noirs, principalement des eunuques, une grande quantité de cafés et quelques marchandises

(1) L'Arabie Pétrée.

des Indes, pour lesquelles on se sert ordinairement de la voie des caravanes.

L'Egypte étoit autrefois le grenier de Rome et de Constantinople. Elle vend encore immensément de riz, et dans les bonnes années l'exportation du froment du Saïd (1) est très-considérable. On ne voit point d'avoine en Egypte. L'orge qu'on y recueille est consommé par les chevaux du pays.

L'Egypte fournit à la Syrie du riz, des cuirs non tannés, du lin, et quelquefois du froment.

Il n'y a pas beaucoup de manufactures au Caire. Cependant on y fabriquoit naguère assez de sucre pour la consommation de Constantinople; car la canne à sucre abonde dans le pays; mais les demandes d'argent qu'a faites le Gouvernement ont beaucoup nui à ce genre d'industrie. Le sucre d'Egypte a moins de force que celui des Antilles; cependant il étoit autrefois bien rafiné, très-blanc et d'un grain serré. A présent il est fort mauvais, et si rare qu'on le vend au Caire 14 sous anglais (2) la livre en détail.

Le sel ammoniac qu'on fabrique au Caire

(1) La haute Egypte.
(2) Un franc quarante centimes.

est d'une très-bonne qualité. On y fabrique aussi des lampes de verre, du salpêtre, de la poudre à canon, et on y prépare des cuirs jaunes et rouges pour la consommation intérieure. Il y a en outre une grande manufacture de toile, où l'on n'emploie que du beau lin d'Egypte.

Des voyageurs, qui m'ont précédé, ont décrit dans le plus grand détail l'usage qu'on ne voit guère qu'au Caire, de faire éclore les œufs sans incubation. Les égyptiens disent que cet usage vient de ce qu'ils ont appris par expérience que dans une certaine saison les œufs couvés par des poules ne produisent rien, tandis que plus des deux tiers de ceux qu'on met dans des fours éclosent toujours bien. Ces fours sont de la plus simple structure. Ils n'ont qu'une voûte d'argile, et il y a deux rangs de tablettes, sur lesquelles on place les œufs de manière qu'ils ne se touchent pas. On les secoue légèrement cinq ou six fois par jour, et au bout de vingt-deux jours tous les poulets qui doivent éclore ont quitté leur coque. On prend tous les soins possibles pour que la chaleur se répande également par tout le four, où il n'y a d'autre entrée que celle qu'il faut pour qu'un homme puisse s'y glisser. Pendant les huit premiers jours on pousse la chaleur jusqu'à un assez grand degré, et ensuite on la diminue peu-à-peu jusqu'à ce qu'enfin dans le tems où les poulets sont prêts à éclore elle se trouve réduite à l'état naturel de l'atmosphère. Au bout des huit premiers jours, on connoît les œufs qui sont féconds et ceux qui ne le sont pas.

Les personnes qui ont des œufs à faire éclore les portent à celui qui a soin du four, et s'engagent à lui payer par centaine d'œufs un prix qu'ils lui donnent au moment où il leur livre leurs poulets. Les œufs qui n'éclosent pas doivent être représentés au propriétaire. Le four appartient au Gouvernement.

Le Caire est la seule ville d'Egypte où l'on batte monnoie. On y frappe en or des mahboubs (1) et des demi-mahboubs. On y frappe aussi de petites pièces de cuivre argenté, qui valent un sou, que les turcs appellent *paras*, les arabes *diwani*, *fouddha* ou *maidi*, et les européens *aspers* et *médines*. D'un côté de ces pièces on lit le nom du sultan régnant, et de l'autre *misr*, avec la date.

(1) Le mahboub vaut six francs.

La monnoie est dans le château, bâti par le célèbre *Yousouf-abou-mobdafar-ibn-aïoub*, dont le titre d'honneur étoit *Salah-eddin*, et qui vivoit dans le sixième siècle du mahométisme. Les habitans du Caire, qui sont dans l'usage de confondre tout en histoire et en chronologie, prétendent que ce château a été construit et habité par Joseph, fils de Jacob (1). Il est inutile de réfuter une opinion sans fondement. Le château est irrégulier, mais très-spacieux, et renferme les casernes des janissaires et des assabs, deux corps de troupes, dont le dernier n'existe plus. Les appartemens que le pacha y occupe sont petits et incommodes. Il y a un puits très-profond et creusé dans le roc. Il doit sans doute avoir coûté beaucoup de travail; mais comme le roc est assez mou, ce travail ne peut être comparé à celui qu'ont occasionné quelques excavations faites dans d'autres pays.

Quoiqu'en ruine, les restes du palais de Salah-eddin sont dignes de remarque. Il y a un appartement très-long, d'où l'on voit toute la cité, le fleuve et la campagne voi-

(1) L'auteur a mis fils d'Isaac; mais c'est sans doute par erreur. (*Note du traducteur.*)

sine, et plusieurs superbes colonnes y sont encore debout, et semblent braver les ravages du tems. C'est dans ce château que se fabrique l'étoffe brodée que la magnificence de la Porte envoie tous les ans à la Mecke pour l'usage du Kaba (1).

Misr-el-Attiké est au midi du Caire, dans une agréable situation, et bien habité. On ne peut plus le regarder que comme un faubourg de cette ville. On y voit une mosquée qu'on dit avoir été bâtie par le khalife Omar, sans que rien prouve ce fait. Les ordres de Mourad-Bey l'ont dernièrement retirée de l'oubli dans lequel elle languissoit. Cette mosquée est très-grande. Il y a encore de trente à trente-cinq colonnes qui n'ont point été déplacées; les autres ont été renversées et relevées sans ordre. Ce qui y reste de plus parfait est un compartiment octogone qui se trouve dans le milieu de la mosquée, et est soutenu par huit colonnes d'ordre corinthien, dont le fût de marbre bleu et blanc a environ dix pieds de long. On dit que la chambre qui se trouve dans ce compartiment n'a jamais été ouverte. On compte tout autour plus de cent colonnes, dont quelques-

(1) Le Kaba est l'ancien temple de la Mecke. (*Note du tr.*)

unes sont en marbre noir, et dans l'une desquelles est une petite cavité que la superstition regarde comme une empreinte de la main du prophète.

Le ciment dont on s'est servi dans la construction de cet édifice est si dur, qu'on voit bien que les sarrazins n'étoient point étrangers à l'ancienne manière de le préparer. Il y a plusieurs cîntres d'une forme elliptique, et on y lit quelques inscriptions du côté du couchant, côté où étoit probablement l'ancienne porte d'entrée, et où l'on a pratiqué la nouvelle.

C'est dans un caveau de cette mosquée, lequel étoit bien fermé à clef, qu'on a trouvé dernièrement un coffre de bois de sycomore, contenant plusieurs anciens livres arabes, dont quelques-uns sont en caractères cufics (1). Il y en a en velin, et d'une grande beauté; et leur nombre suffit pour remplir une très-grande malle. Mourad-Bey avoit été averti qu'il y avoit un trésor caché dans l'ancienne mosquée de Misr-el-Attiké. Aussitôt il feignit de vouloir la rebâtir. Il fit, en effet, relever une partie du mur; et c'est en creusant les fondemens de ce mur, qu'on trouva

(1) Ou éthiopiens.

le caveau et les livres dont je viens de parler.

Du couvent de St.-George, on distingue aisément vers l'ouest les ruines d'une ancienne ville, qu'on prétend être celle qui fut bâtie par les Perses (1). Ce n'est maintenant qu'un monceau de décombres que divers voyageurs ont suffisamment décrits.

La rue de Fostat suit la direction du Nil. Elle est très-longue, et occupe une partie de l'espace qui est entre le fleuve et le Caire. Elle atteint presqu'à Misr-el-Attiké du côté du sud.

Boulak est une ville grande et irrégulière, qui s'est formée insensiblement autour du lieu où l'on s'embarque. On y voit un magasin (2) vaste et commode, bâti par le grand Ali-Bey, et appellé l'*okal alexandrien*, parce qu'il sert principalement pour les marchandises qui viennent d'Alexandrie. Les fertiles jardins qui sont dans les intervalles des maisons de Boulak, et entre Boulak et le Caire, fournissent abondamment des fruits et des légumes aux habitans de la ville. On voit beaucoup de bateaux à Boulak; car c'est le port de la basse Egypte, comme Misr-el-Attiké est celui de la haute.

(1) Ils l'appelèrent Babylone, du nom de la capitale de leur empire. (*Note du traducteur.*)

(2) Dans la langue du pays, un okal.

Dans le milieu du fleuve et vis-à-vis de Boulak, est une île où Mourad-Bey a une espèce de maison de plaisance. On y voit aussi plusieurs jardins. Sur la côte opposée est le village d'Embabil, où l'on nourrit beaucoup de vaches et où l'on fait d'excellent beurre.

En avançant vers le sud et presque vis-à-vis de Misr-el-Attiké, on aperçoit Jiza, ville considérable qu'Ismaël-Bey avoit fortifiée. Il avoit aussi commencé à y bâtir un palais, que Mourad-Bey a achevé et qu'il habite. Ce dernier y a de plus fait établir une fonderie de canons, par un renégat né dans l'île de Zanthe. J'y ai vu six mortiers et vingt-trois canons, dont, à la vérité, une partie étoit hors d'état de servir ; mais trois mortiers et six pièces de campagne étoient parfaitement travaillés et faisoient infiniment d'honneur au zanthiote qui n'avoit sûrement eu que de mauvais instrumens et des ouvriers inhabiles. Il y avoit des canons de vingt-quatre, de dix-huit et de douze livres de balle. Ces derniers étoient en réserve, et le bey en avoit grand nombre montés en différentes parties du fort.

Les murailles de Jiza sont très-étendues,

et n'ont qu'une porte du côté de la campagne. Elles ont dix pieds de haut, trois pieds d'épais, et sont fortifiées de six demi-lunes. Malgré cela elles ne pourroient résister qu'à la cavalerie, contre laquelle elles ont été élevées. Mourad-Bey a laissé détruire et voler les crochets de fer qui garnissoient les meurtrières.

Le palais du bey à Jiza est dans le quartier du sud, et tout près du fleuve. Il y a un grand nombre d'appartemens pour les mamlouks, et le luxe n'y a épargné rien de ce qui peut flatter ses jouissances.

Depuis quelques années, Mourad-Bey avoit cru nécessaire d'avoir une marine militaire. Il avoit, en conséquence, fait construire trois ou quatre vaisseaux, et en avoit acheté quelques autres des européens. Tout cela lui coûtoit immensément, et ne promettoit guère de répondre à ses espérances. Le plus grand de ces vaisseaux portoit vingt-quatre canons. Il y en avoit six amarrés devant Jiza, d'où ils ne pouvoient sortir que dans le tems des crues du Nil. Cependant ils étoient en bon état, et avoient un nombreux équipage, composé en grande partie de grecs de l'Archipel, marins médiocres, dont le bey prenoit les plus grands soins. L'amiral de cette petite escadre étoit né à Sagos : il se nommoit *Nikôla reis*, c'est-à-dire, le capitaine Nicolas.

Non loin de Jiza et du côté du midi, est la petite île de *Geziret-el-Dahab*, la même que Diodore de Sicile appelle *Venus aurea*.

Au nord-est du Caire il y a des jardins et des maisons spacieuses, qui appartiennent aux principaux personnages de la ville, et où ils vont de tems en tems s'amuser. Il y a aussi du même côté une plaine découverte, où les mamlouks montoient à cheval et faisoient leurs exercices militaires. Le terrain qui s'étend vers l'est jusqu'aux montagnes, est rempli de tombeaux. Les montagnes sont de sable blanc, de pierre calcaire, et dépourvues de toute espèce de verdure.

Le tombeau de l'Imam Schaféi est en-dehors des murailles de la ville, et près du château. Il est dans une mosquée d'une assez bonne architecture, et bien entretenue. Le vendredi, qui est le jour de dévotion pour les mahométans, les femmes ont la liberté de visiter les tombeaux de leurs parens ; et alors elles courent en foule dans cette mosquée ; car elle est regardée comme un lieu propice aux faveurs de Vénus.

Un canal bien plus considérable (1) que celui qui traverse le Caire, reçoit les eaux du Nil près de Boulak et les porte à *Bilbeïs* (2) ; ensuite il se prolonge jusqu'au lac *Scheib*.

Il y a un très-grand nombre de bateaux dont les gens riches du Caire se servent pour se promener pendant les crues du Nil. Ces bateaux sont légers et d'une forme élégante ; ils ont depuis quatre jusqu'à huit rameurs. Ceux des femmes sont pontés et bien fermés ; mais ceux des hommes, quoique couverts, sont ouverts sur les côtés, ou quelquefois garnis seulement de jalousies. Il y a de ces canots qu'on loue comme les gondoles de Venise. On se promène tantôt sur le canal, tantôt sur le fleuve.

Le Caire a plusieurs portes, dont les deux plus remarquables sont à l'extrémité septentrionale de la ville. On les désigne

(1) Dans la langue du pays on l'appelle *khalige ibn menji*.

(2) Suivant d'Anville, Bilbeis est le *Pharbœtus* de l'antiquité, qu'Hérodote, Pline et Ptolémée disent être la capitale d'un *Nome*.

sous les noms de *Bab-el-Nasr* et de *Bab-el-Fiotuch*; et elles présentent toute la magnificence de l'architecture des sarrazins.

La place de *Romeili* vaste et irrégulière est le rendez-vous des faiseurs de tours de passepasse, et de tous les charlatans. On y voit des gens qui prétendent charmer les serpens, et paroissent avoir un pouvoir extraordinaire sur ces animaux. Le serpent le plus commun au Caire est de la classe des vipères, et sans contredit très-venimeux. Lorsqu'il en entre un dans une maison, on envoie aussitôt chercher l'enchanteur, qui le conjure avec quelques mots particuliers. J'ai vu un de ces hommes employer ce moyen avec succès, pour s'emparer de trois serpens qui étoient entrés dans la chambre d'un bateau attaché au rivage. Il les fit sortir, les prit et les mit dans un sac. D'autres fois j'ai vu des serpens à qui on n'avoit ni arraché ni brisé les dents (1),

(1) Il y a des personnes qui croient qu'il est plus vraisemblable, que ceux qui jouent ainsi avec les serpens et les vipères, leur ont préalablement arraché de chaque côté la dent à ressort qui contient leur venin. (*Note du traducteur.*)

et qui entouroient le corps d'un homme nud, sans lui faire aucun mal.

Les égyptiens prétendent posséder diverses sortes de magie. Ils croient pouvoir opérer beaucoup de miracles, par la seule influence du nom de la divinité *Ism Ullah*. On voit dans le *Kitab-el-Rihani*, qu'il y a deux manières de l'employer, l'une légitime (1), l'autre criminelle (2); et quoique ceux qui se livrent à ces conjurations soient toujours trompés, ils n'en ont pas moins de foi en leur efficacité.

Il y a sur les montagnes voisines du Caire, trois ou quatre endroits que les arabes disent posséder une influence magique. L'un de ces endroits se nomme *El-Maraga*; ils assurent que la terre y tremble. L'autre s'appelle *Bir-el-Kouffar*, ou le puits des infidèles; le troisième *Casaat-el-Molouk*; et le quatrième *Ain-el-Siré*. Dans ce dernier il y a une source salée, à l'eau de laquelle on attribue des vertus médicinales.

Les danseuses du Caire forment une classe particulière. (3) Elles sont toujours accom-

(1) Halâl.
(2) Harâm.
(3) On les appelle *ghawasié*.

pagnées d'un vieillard et d'une matrône, qui jouent de quelque instrument, et veillent à ce qu'aucune d'elles n'accorde ses faveurs à trop bas prix. Aussi, quoique ces filles soient bien loin d'être chastes, elles ne se donnent pas au premier venu. Leurs danses peignent tout ce que peut créer l'imagination la plus débauchée ; et elles offrent ces mouvemens particuliers et cet art, pour lesquels Martial observe que les égyptiens furent célèbres :

Nequitias Tellus scit dare nulla magis.

Ces danseuses sont en général d'une taille élégante et bien proportionnée ; mais leur visage a plus d'expression que de beauté.

Voici la manière dont on vit au Caire pendant le ramadan. (1)

Après qu'on a rompu le jeûne par quelques rafraîchissemens, la prière commence et dure fort long-tems. A la suite de la prière se fait le principal repas. Après quoi le bey (2) donne audience à ceux qui viennent lui présenter leur respect, ou lui parler d'affaires. Cette audience est suivie par les amusemens.

(1) Le carême des musulmans.
(2) L'auteur s'exprime toujours comme si les beys étoient encore les maîtres du Caire. (*Note du trad.*)

Le gerid et quelques autres exercices se pratiquent tandis qu'il fait jour ; mais dès qu'il est nuit on commence à lutter. Les égyptiens d'une classe inférieure déploient à la lutte, sinon une grande adresse, au moins beaucoup de vigueur et d'activité.

Quand le bey et sa société sont fatigués de ce spectacle, on fait venir des chanteurs (1). Les chanteurs du Caire sont célèbres par leurs accens mélancoliques et par les sensations délicieuses qu'ils font éprouver à ceux qui les entendent. Après ces musiciens paroissent les conteurs qui parlent avec une étonnante volubilité, et racontent des histoires toujours diverses et ressemblant beaucoup aux Mille et une Nuits. Ceux-ci sont suivis par les beaux esprits bouffons, dont les comparaisons inattendues et les plaisanteries singulières font ordinairement beaucoup rire. Quelquefois ils se défient les uns les autres ; et celui qui fait la comparaison la plus extraordinaire et la mieux soutenue, est regardé comme le vainqueur. — « Faisons assaut de comparaisons (2), dit l'un » ;

(1) Ce sont alors des hommes seuls.
(2) Methel Sire.

— « Eh ! quelle est votre comparaison (1) ? répond l'autre (2) ».

Quelques-uns de ces bouffons ne manquent pas d'esprit ; et leurs jeux sont la seule chose dans laquelle les arabes montrent précisément ce qu'on appelle esprit.

Quand les acteurs de ces jeux ont reçu un présent proportionné au plaisir du bey, ils se retirent et sont remplacés par des chanteuses, qui communément s'accompagnent d'un instrument qui ressemble assez à la guitarre. Quelques-unes de ces femmes ont une grande réputation de talent ; et si l'on en juge par la manière dont elles sont quelquefois récompensées, on peut croire qu'elles font le plus grand plaisir à leurs auditeurs. Il est des occasions où les femmes du *harem* chantent pour une société choisie ; mais ces cas sont très-rares, et alors même elles restent toujours cachées par un rideau, ou par des jalousies.

Le spectacle se termine par les danses. On doit bien s'imaginer que les danseuses

(1) Ma methel lak.

(2) Voici une de ces comparaisons. « Vous êtes
« comme l'âne de la ville, qui paroît fort propre, et
« porte du fumier. »

qui dans les rues du Caire charment les yeux de la multitude, sans beaucoup d'efforts, montrent bien plus de talent, lorsqu'elles déploient tout leur art en présence d'un prince.

Les pehlawan, danseurs de corde, et sauteurs du Caire, ne manquent pas d'agilité.

Les seuls jeux qu'on se permet au Caire, sont les échecs et les dames polonaises ; et quelques-uns des beys y sont très-habiles. Ils les jouent extrêmement vîte, et semblent ne pas y mettre beaucoup d'attention : mais c'est une facilité que leur a donnée l'habitude; car ils jouent tous les jours, et ils ont peu de distractions.

Il y a des marchés dans tous les quartiers du Caire. On y voit aussi beaucoup de cafés, où les habitans passent une grande partie de la journée à fumer et à causer. Ces cafés n'ont ordinairement qu'une chambre assez petite, et l'on n'y trouve que du café et du feu pour allumer les pipes. J'ai vu depuis à Damas des cafés très-grands, dont quelques-uns étoient placés sur des canaux d'eau courante. Les meubles y sont pourtant très-simples et bien différens de ceux qui ornent les beaux cafés de Constantinople. L'un de ces cafés de Damas, qui est près des murs du château, peut contenir jusqu'à mille personnes. C'est une espèce de pavillon ouvert de tous côtés et entouré d'arbres et d'eau.

L'on perçoit en Egypte beaucoup de petits impôts. Leur nombre, dit-on, s'élève jusqu'à trois cent soixante. Il y en a un établi sur les marchandises qui passent de Jiza au Caire. Les pauvres femmes qui portent un panier d'œufs, qui vaut deux paras, sont obligées de payer un demi-para de droits. Enfin, il est impossible que le Gouvernement tire plus des habitans qu'il ne le fait.

Au mois de mai 1792, il y eut une disette occasionnée par diverses circonstances. Le froment se vendoit 20 et 22 patakes l'*ardeb* (1). En octobre 1796, il étoit à 5 patakes. A cette dernière époque voici quel étoit le prix des provisions:

Le mouton	10 paras	le rotal.
Le bœuf	8	*idem.*
Le sucre	20 à 25	*idem.*
L'huile	12	*idem.*
Le lait	4	*idem.*
Le tabac de Ladakia	45 à 70	l'oke.
Les poulets	12	la pièce.

(1) *Voyez* la liste des poids et des mesures en tête de l'ouvrage.

L'on connoît assez les évènemens qui ont immédiatement précédé le Gouvernement d'Ismaël-Bey. A la mort de ce dernier, Hassan-Bey lui succéda dans la place de scheik-el-bellad (1), qui donne à celui qui la remplit la prépondérance sur tous les autres beys. Mais Hassan fut bientôt chassé par Mourad-Bey, qui resta à la tête du Gouvernement jusqu'à ce que le capitan pacha (2) vint de Constantinople avec une escadre, et força l'usurpateur de s'enfuir dans la haute Egypte.

Après avoir satisfait son avarice, le capitan pacha se retira. Aussitôt les beys revinrent au Caire. Cependant Ibrahim, ancien esclave du grand Ali-Bey, avoit acquis tant d'autorité, que Mourad fut obligé de partager avec lui le Gouvernement. Depuis, ils ont régi l'Egypte, Ibrahim en qualité de *scheik-el-belad*, et Mourad en celle de *defter-dâr*. Jaloux l'un de l'autre, ils cherchent mutuellement à se nuire : cependant ils travaillent ensemble à augmenter le nombre des mamlouks, et à se procurer de l'argent de tous les côtés.

(1) Gouverneur de la ville.
(2) Le fameux Gazi-Hassan.

Ces deux rivaux sont regardés comme des usurpateurs par les beys de la haute Egypte, que la Porte favorise. L'un de ces derniers, nommé Ali, a trouvé le moyen de passer en Syrie, pour tâcher de mettre dans son parti le pacha Djezzar (1) : mais ce chef habile et puissant n'a point cédé aux suggestions d'Ali, ou ne lui a donné que de fausses espérances.

L'année qui précéda mon arrivée en Egypte, la peste fit périr un grand nombre de mamlouks. Le dernier évènement mémorable est l'insurrection d'Alexandrie dont j'ai parlé plus haut. (2)

Pour augmenter son crédit le bey Ibrahim a marié sa fille à un autre bey très-puissant, qui porte le même nom que lui, mais n'est point son parent. Ce mariage a été célébré, le 30 août 1792, avec la plus grande pompe. Un superbe carrosse, traîné par deux chevaux, et orné de guirlandes de fleurs artificielles, traversa les principales rues du Caire. Il y avoit dans ce carrosse une très-belle esclave du *harem*, qui représentoit la mariée, mais qu'on ne pouvoit pas voir

(1) Le pacha d'Acre.
(2) Chapitre I.er

aisément, parce que les glaces de la voiture étoient fermées. Quelques beys et plusieurs officiers des mamlouks formoient son cortège; et elle s'arrêta à la porte de l'époux, qui, lorsqu'elle descendit de voiture, la reçut dans ses bras. Les beys ont des bains dans leurs palais : sans cela le cortège auroit suivi la mariée jusqu'au bain public, et l'auroit ensuite ramenée à son époux. Ordinairement une fille qu'on marie au Caire, marche sous un dais, complètement voilée et soutenue par deux femmes, et elle se rend ainsi chez celui à qui elle est destinée.

Les trois jours qui précédèrent celui du mariage de la fille d'Ibrahim, furent trois jours de fêtes. Le soir on tira des feux d'artifices dans le palais du père et dans celui de l'époux ; on fit plusieurs présens de schals et de caffetans, et on distribua beaucoup d'argent. Après la consommation du mariage, on eut soin de montrer aux parens, et sur-tout à la mère de l'épouse, des linges ensanglantés qui attestoient sa virginité. Elle avoit été auparavant instruite par les matrônes sur la manière dont elle devoit recevoir les caresses de son époux ; et ces femmes s'étoient tenues dans une chambre voisine jusqu'à la fin de la cérémonie, afin de prêter leur secours s'il en eût été besoin. Dans les contrées orientales, on marie les filles si jeunes, qu'il est rare que les époux ne les trouvent pas vierges.

La rapacité des beys ne laisse échapper aucune occasion de se satisfaire, même dans les momens de leurs réjouissances. Ibrahim-Bey, père de la jeune mariée dont je viens de parler, ayant appris qu'une troupe de chanteuses avoit chanté non-seulement pendant tout le jour des noces, mais pendant une partie de la nuit suivante, dans la grande place de *Birket-el-Fil*, et avoit ramassé beaucoup d'argent, envoya chercher la femme qui étoit à la tête de cette troupe. Cette femme s'imagina aussitôt que c'étoit pour recevoir quelque récompense, ou qu'on avoit vanté au bey les charmes de sa voix. Mais la première question que lui adressa le gouverneur, fut : — « Combien « de demi-sequins (1) avez-vous gagné hier ? » — « Dix mille, lui répondit-elle bonnement ». — « Eh bien, comptez-m'en huit mille, dit « le bey, et je vous donnerai un mandat sur « Ibrahim Jeuhari, mon secrétaire ». — L'ar-

(1) Nousfiat.

gent fut compté, et la femme chassée du palais, sans qu'elle obtint la moindre reconnoissance. On dit que bientôt après, elle en mourut de chagrin.

Pendant l'été de 1792, il y eut quelques négociations entre les beys du Caire, et ceux de la haute Egypte, que je vis ensuite à Isna, suivis de quelques mamlouks. Mais les premiers étoient si puissans qu'ils rejetèrent les propositions des autres; et tout étoit encore tranquille lorsque je me rendis dans le Saïd.

Je vais essayer de donner quelque idée des principaux beys qui oppriment ces malheureuses contrées. (1)

Ibrahim est un homme de plus de soixante ans, grand, mince et ayant un nez aquilin. Il est excessivement avare; mais ses trésors et ses alliances lui ont assuré un grand parti. Ses mamlouks sont au nombre de mille. Quoiqu'il passe pour manier le sabre avec beaucoup d'adresse, il n'est point entreprenant. Il a toute l'avidité du vautour, non l'audace de l'aigle.

Mourad, autrefois supérieur d'Ibrahim et maintenant son égal en puissance, a mené

(1) En 1796.

une vie active et tumultueuse. D'abord, esclave de Mehemet-Abou-Dhahab, il commandoit un détachement de mamlouks, avec lequel il fit prisonnier le fameux Ali-Bey, dont la mort suivit de près la défaite. Mourad est en horreur à la Porte. Il a un caractère plein d'énergie. Il est prodigue ; mais ses extorsions égalent ses prodigalités. Agé d'environ quarante-cinq ans, il est robuste, mais d'une taille médiocre. Il a environ dix-sept cents mamlouks : mais bien que ses partisans soient moins nombreux que ceux d'Ibrahim, ils sont plus aguerris et plus redoutables. Mourad-Bey a épousé la veuve de son maître (1), fille d'Ali-Bey.

Après Mourad, le plus puissant des beys est Mohammed-Elfi, âgé d'environ trente-cinq ans. Le nom d'Elfi signifie que ce bey a été acheté mille patakes. Il étoit esclave de Mourad. Il est soupçonneux et très-impétueux. Il possède huit cents mamlouks, et son pouvoir est toujours croissant.

Ibrahim-*el-Uali*, titre qui annonce qu'il a le second rang dans l'autorité militaire de la ville, est à-peu-près du même âge que Mohammed-Elfi. Il a, comme je l'ai dit,

(1) Mehemet Abou-Dhahab.

épousé la fille du vieux Ibrahim, et il est très-attaché à son beau-père. Il est d'un caractère tranquille, mais ferme. Le nombre de ses mamlouks est de si à sept cents.

Aioub-Bey, *el Zogheir*, c'est-à-dire, le jeune, est un des principaux beys, et peut-être le plus habile de tous. Aussi les autres le consultent-ils dans toutes les occasions importantes. Il est âgé de trente à quarante ans. Ses mamlouks ne sont pas nombreux. Il est économe, et très-rarement accusé d'exactions.

Fatmé, fille du fameux Ali-Bey, est très-considérée par tous les beys. Son époux même, Mourad, lui témoigne toujours le plus grand respect. Quand un bey obtient un gouvernement, il ne quitte point le Caire sans rendre visite à Fatmé ; et elle lui fait une exhortation qui finit toujours par ces mots : — « Ne pillez point le peuple : mon « père avoit coutume de l'épargner ».

CHAPITRE VII.

PRÉCIS HISTORIQUE.

Extrait de l'histoire générale d'Afrique, et principalement de celle d'Egypte, sous la domination des arabes.

L'HISTOIRE de l'Afrique et en particuculier de l'Egypte, étant assez peu connue en ce qui concerne l'époque où les arabes sont restés maîtres de ces contrées, j'ai essayé d'en donner une idée, dans l'espoir de jeter un plus grand jour sur les objets que j'aurai à traiter dans cet ouvrage. J'ai tiré en grande partie ce que je dis de l'Afrique, de l'estimable ouvrage de Cardonne (1) : il m'a épargné le long et pénible travail de compulser les auteurs originaux.

(1) Histoire de l'Afrique et de l'Espagne sous la domination des arabes, composée sur différens manuscrit arabes, par M. Cardonne. A Paris, 1765, 3 vol. in-12. — Il est fâcheux que le savant auteur de cet ouvrage ne l'ait pas divisé par époques et par chapitres et sur-tout qu'il n'ait pas séparé l'histoire d'Afrique de celle d'Espagne.

La Syrie et la Perse avoient déja cédé à la puissance rapide des successeurs de Mahomet, lorsque dans la dix-neuvième année (1) de l'hégire, le khalife Omar commanda à Amrou de conquérir l'Egypte. Memphis (2) fut lâchement vendue aux arabes par celui qui y commandoit : mais Alexandrie soutint un siège de quatorze mois. On a souvent déploré la perte de la bibliothèque qui étoit dans cette dernière ville. Mais ce fameux dépôt étoit sans doute rempli de livres dictés par l'absurde philosophie et la théologie de ces tems-là ; et l'on ne peut pas croire que s'il y avoit des ouvrages estimables, les nombreuses bibliothèques que possédoit l'Empire grec, n'en continssent pas quelque copie.

L'an 22 (3) de l'hégire, la famine désola l'Arabie. Amrou rouvrit le canal que les romains avoient creusé de Memphis à la mer Rouge. Bientôt après les khalifes, qui avoient jusqu'alors habité Médine, trans-

―――――

(1) La dix-neuviéme année de l'hégire répond à la six cent quarantième de l'ère chrétienne.

(2) Dans la langue du pays Misr.

(3) 643 de l'ère chrétienne.

portèrent le siège de leur empire à Damas ; et le canal rouvert par Amrou, fut de nouveau abandonné.

L'an 26 de l'hégire, Abd-Ullah, gouverneur de l'Egypte, entreprit la conquête de l'Afrique, et vainquit le patrice grec, Grégoire, à la bataille de Yakoub.

PREMIÈRE PARTIE.

AFRIQUE.

Les succès des arabes en Afrique furent long-tems balancés (1) ; et ce ne fut qu'en l'an 88 de l'hégire (2) qu'ils se rendirent maîtres de la partie de ce vaste continent qui s'étend le long des côtes de la Méditerranée. L'Afrique étoit défendue non seulement par les grecs, mais par les berbers (3) qui habitoient à l'occident. Ces berbers étoient, suivant Cardonne, une ancienne colonie arabe, qui, en s'établissant en Afrique, avoit conservé sa langue. Ils étoient divisés en cinq tribus, qui aujourd'hui en

(1) Gibbon a bien traité cette partie dans le neuvième volume de son histoire.
(2) 709 de l'ère chrétienne.
(3) Ce mot signifie *pasteurs*.

forment environ six cents distinctes et dont une partie vit sous des tentes, et l'autre habite des villes et des villages.

Après avoir achevé la conquête de l'Afrique, Mousa Ben Nasr résolut de tenter celle de l'Espagne. Jusqu'alors l'Afrique avoit été dépendante du Gouvernement de l'Egypte, qui restoit tranquillement soumise aux khalifes. Mais Abd-el-Aziz, gouverneur de l'Egypte, s'étant rendu coupable d'extorsions envers Hassan, général des arabes en Afrique, le khalife Valid I.er déclara que Mousa ne reconnoîtroit d'autre autorité que celle du chef de l'Empire.

Mahomet Ben Yezid succéda à Mouza.

L'an 99 de l'hégire (1), le khalife Yezid donna le gouvernement de l'Afrique à Nechren Seffran. Celui-ci fit quelques incursions dans l'intérieur du continent, et mourut après avoir occupé six ans sa place.

Bientôt les africains se révoltèrent contre les arabes, et leur livrèrent une bataille dans laquelle ils en firent un grand carnage.

L'an 119 de l'hégire (2), le khalife Hakim

(1) L'an 721 de l'ère chrétienne.
(2) L'an 741 de l'ère chrétienne.

fit marcher contre les rebelles, Hantelé-ben-Seffran, gouverneur de l'Egypte. Ce général les vainquit, en fit massacrer un grand nombre, et reprit Cairoan, siège de la puissance arabe en Afrique. Cairoan avoit été bâti (1) par Akbal, à cinquante milles au sud de Tunis.

De nouvelles révoltes procurèrent à Hantelé de nouvelles victoires. Son armée étoit alors commandée par Abd-el-Wahhad. L'exagération des arabes porte à cent soixante mille le nombre des rebelles qui furent massacrés; et en rendant compte de son expédition au khalife, Hantelé lui dit que jamais il ne s'étoit livré de bataille plus sanglante.

Le sceptre des Ommiades passa aux Abbassides, en l'an 127 de l'hégire (2). Abd-el Rachman, gouverneur de l'Afrique, refusa de payer le tribut d'usage; et ayant assemblé le peuple dans la mosquée de Cairoan, il déchira ses vêtemens, et abjura l'autorité du nouveau khalife.

Abd-el-Rachman fut assassiné par ses frères. Sa mort fut suivie d'une guerre civile.

(1) L'an 670 de l'ère chrétienne.
(2) L'an 749 de l'ère chrétienne.

L'an 151 de l'hégire (1), le khalife Abou-Mansour Djafar fit partir Yezid à la tête d'une puissante armée pour reconquérir l'Afrique. Le succès couronna les armes de Yezid. Maître de Cairoan, il y rétablit la tranquillité, et y fit fleurir les arts.

A la mort de Yezid, qui eut lieu l'an 165 de l'hégire (2), son fils Dawoud lui succéda. Dawoud soumit les berbers rebelles, et bientôt après le khalife le récompensa, en le nommant au gouvernement de l'Egypte. Son oncle Rouhh-Ben-Chatem le remplaça en Afrique.

SECTION PREMIÈRE.

Dynastie des Aglabites.

Ce fut l'an 179 de l'hégire (3), sous le règne du fameux Aron-el-Raschid, que le gouverneur de l'Afrique, Ibrahim-Ben-el-Aghleb, cessa de reconnoître l'autorité du khalife de Damas. Ibrahim maintint sa puissance, par le secours d'une armée bien disciplinée. Il mourut l'an 190 de l'hégire (4). Son fils

(1) L'an 772 de l'ère chrétienne.
(2) L'an 786 de l'ère chrétienne.
(3) L'an 800 de l'ère chrétienne.
(4) L'an 811 de l'ère chrétienne.

Abou-el-Abbas hérita de son trône. Ziadet-Ullah, successeur d'Abou-el-Abbas, conquit la Sicile.

L'an 215 de l'hégire (1), Abou-Akkal monta sur le trône d'Afrique. Trois ans après (2), Abou-el-Abbas II lui succéda et régna trente-quatre ans. Il se montra humain, libéral, et grand ami de l'équité. Cependant il étoit trop adonné aux plaisirs de la table. On raconte qu'un jour s'étant enivré dans la ville de Sout, il s'embarqua pour l'île de Koussa, et que quand les fumées du vin furent dissipées, il ne parut pas peu surpris de se trouver en pleine mer.

Abou-el-Abbas II avoit exigé que son frère Ischak renonçât à toute prétention à la couronne; et cette renonciation s'étoit faite solemnellement dans la principale mosquée de Cairoan. Cependant à la mort d'Abou-el-Abbas, l'an 252 de l'hégire (3), Ischak s'empara du trône au préjudice du fils aîné de son frère. Ischak bâtit une ville à laquelle il donna le nom de Rifadé.

(1) L'an 837 de l'ère chrétienne.
(2) L'an 840 de l'ère chrétienne.
(3) L'an 874 de l'ère chrétienne.

Trois ans après être monté sur le trône (1), Ischak envoya une flotte en Sicile. Ses troupes attaquèrent Syracuse, et après un siège de neuf mois, cette ville fut prise et saccagée, et on passa les habitans au fil de l'épée. Le butin que les arabes firent dans cette ville fut immense.

Les égyptiens envahirent une partie de l'Afrique, et mirent le siège devant Tripoli. Mais Ischak marcha contre eux, à la tête d'une armée de nègres disciplinés.

L'an 256 de l'hégire (2), la famine désola l'Afrique. Le boisseau de bled s'y vendoit jusqu'à huit pièces d'or.

Ischak étoit très-sanguinaire. On rapporte qu'un jour il égorgea seize de ses filles, qu'il avoit eues de diverses concubines. Sa mère lui ayant fait présent de deux jeunes et belles esclaves, il lui envoya en retour un plat couvert d'une serviette. Cette princesse s'imaginant que ce plat contenoit des joyaux, s'empressa de le découvrir; mais elle n'y trouva que la tête des deux esclaves.

A sa mort, Ischak laissa le trône à son fils Abou-el-Abbas-Abd-Ullah. Celui-ci fut

(1) L'an 877 de l'ère chrétienne.
(2) L'an 878 de l'ère chrétienne.

massacré par son frère Ziadet-Ullah, qui en même-tems s'empara du sceptre.

L'an 286 de l'hégire (1), les sujets de Ziadet-Ullah se révoltèrent. Ce prince lâche et cruel s'enfuit en Egypte, qui étoit gouvernée par Basi-el-Nuchisi. Le trône de Bagdad étoit alors occupé par Muktadir-b'illah, le dix-huitième khalife de la race des abbassides.

Avec Ziadet-Ullah finit la dynastie des aglabites qui avoient régné en Afrique pendant cent huit ans (2).

SECTION II.

Dynastie des Fatimites ou Ismaëlites.

Obeïd-Ullah qui s'étoit emparé du trône d'Afrique, ne tarda pas à le céder à son fils Abou'-l-Cassim. Quoique la famille de ces princes fût originaire d'Egypte, ils prétendoient descendre d'Ismaël, sixième iman de la race d'Ali. Ismaël descendoit lui-même de Fatmé, fille de Mahomet.

(1) L'an 908 de l'ère chrétienne.
(2) Leur empire ne comprenoit pas l'ancienne Mauritanie. La dynastie des Edrisites régnoit à Ceuta, à Fez, à Tanger, etc. Elle avoit bâti Fez l'an 788 de l'ère chrétienne.

Abou'-l-Cassim, prit le titre de *mahadi*, c'est-à-dire de vrai successeur d'Ali ; et il déploya des talens qui lui firent pardonner son usurpation. Dès la première année de son règne, il soumit les édrisites de l'ouest de l'Afrique, et réunit sous sa puissance toutes les parties de ce continent où l'islamisme étoit professé.

L'an 290 de l'hégire (1), Abou'-l-Cassim fit marcher en Egypte trois armées différentes, dans l'espoir de conquérir cette riche province. Le khalife Muktadir qui avoit prévu le dessein de Mahadi, s'y opposa et défit ses armées. Cependant ce dernier s'empara d'Alexandrie. Il fonda ensuite sur la côte d'Afrique la ville de Mehedié, ou Mahdié, pour y établir le siège de son empire. Il mourut après une vie de soixante-trois ans et un règne de vingt-six.

Son fils Achmed qui lui succéda (2), fut moins heureux. Ses sujets se révoltèrent, et l'assiégèrent dans Mehedié, où il mourut.

L'an 323 de l'hégire (3), Ismaël, fils d'Achmet, soumit les rebelles, et fonda en Afri-

(1) L'an 912 de l'ère chrétienne.
(2) L'an 933 de l'ère chrétienne.
(3) L'an 945 de l'ère chrétienne.

que une ville à laquelle il donna le nom de Mansurieh.

L'an 33c, Abou-Tammin succéda à son père Ismaël (1). Seize ans après (2), il mit Jeuhar, grec de nation, à la tête d'une nombreuse armée, et le chargea de faire la conquête de l'Egypte. Jeuhar n'éprouva presqu'aucune résistance. La capitale de l'Egypte, appelée *Misr* ou *Fostat*, s'empressa de lui ouvrir ses portes. Cela n'empêcha pas Jeuhar de bâtir une nouvelle ville qu'il appela le Caire (3), c'est-à-dire la *victorieuse*.

Abou-Tammin, qui avoit pris le surnom de Moaz, se rendit la vingtième année de son règne en Sardaigne, qui étoit alors soumise à l'Afrique. De-là il passa en Egypte et aborda Alexandrie. Jeuhar vint au-devant de lui et le conduisit au Caire, où il fut accueilli par ses nouveaux sujets avec de grandes acclamations. Il y fit transporter tous ses trésors, et même les cercueils de ses ancêtres.

Jeuhar avoit eu soin de commencer à

(1) L'an 952 de l'ère chrétienne.
(2) L'an 968 de l'ère chrétienne.
(3) Les arabes écrivent Kahira.

bâtir la nouvelle capitale sous l'influence de la planète de Mars, que les arabes appellent kahir, nom grec qui signifie le conquérant, et qui devint celui de la ville.

La dynastie des fatimites étant transportée en Egypte, y régna jusqu'en l'an 549 de l'hégire (1), époque où elle fut détrônée par le fameux Salah-el-din, que les auteurs chrétiens appellent Saladin.

SECTION III.

Dynastie des Zeïrites.

Revenons à l'Afrique. Avant d'aller régner en Egypte, Abou-Tammin avoit cédé le trône d'Afrique à Youssouf-Ben-Zeïri, à condition qu'il se reconnoîtroit son vassal. Youssouf-Ben-Zeïri étoit d'une famille originaire de l'Arabie - Heureuse.

Les peuples de la province de Maugrib s'étant révoltés, Youssouf marcha contre eux et les soumit; et la ville de Tremesen paroissant vouloir imiter les maugrebins, il la fit raser, et en transporta les habitans à Aschir. Une troisième révolte eut également des suites funestes pour ses auteurs. Leurs

(1) L'an 1171 de l'ère chrétienne.

chefs furent traînés ignominieusement dans les rues de Cairoan, et livrés au glaive.

L'an 357 de l'hégire (1), Youssouf s'empara de Fez et de Sejelmas. Les khalifes d'Espagne perdirent toutes les villes qu'ils possédoient en Afrique, à l'exception de Ceuta.

Quatre ans après (2) avoir achevé ces conquêtes, Youssouf mourut et fut remplacé par son fils Abou'-l-Cassim Mansour. Ce dernier bâtit, dans la ville de Cairoan, un palais qui lui coûta huit cents mille pièces d'or. Il donna des preuves de sa barbarie, non seulement en faisant massacrer son ministre Abd-Ullah, mais même en punissant un nommé Abou'-l-Fahm qui s'étoit révolté contre lui. Ce prince égorgea ce rebelle de sa propre main, lui arracha le cœur et le dévora.

L'an 374 de l'hégire (3), Abou-Menad, fils d'Abou'-l-Cassim, alla recevoir l'hommage des nobles de la Sardaigne qui, comme je l'ai dit, étoit depuis long-tems soumise à l'Afrique. Le khalife fatimite qui régnoit en

(1) L'an 979 de l'ère chrétienne.
(2) L'an 361 de l'hégire, et le 983ᵉ de l'ère chrétienne.
(3) L'an 996 de l'ère chrétienne.

Egypte, lui envoya une robe et un sabre, présens ordinaires de la souveraineté.

Moaz, fils et successeur d'Abou-Menad, déploya un zèle terrible contre ce qu'il appeloit les hérétiques, c'est-à-dire les musulmans des autres sectes que la sienne. Il en fit faire un massacre général. Un prince catholique, égaré par des prêtres furieux, n'auroit pas montré plus de fanatisme. Cependant Moaz étoit alors si jeune, qu'on doit moins lui reprocher sa cruauté qu'à ses indignes ministres.

L'an 428 de l'hégire (1), Mostansir, khalife d'Egypte, voulant reprendre le pouvoir absolu que ses ancêtres avoient eu sur l'Afrique, déclara la guerre à Moaz. Son armée entra dans la province de Maugrib et s'empara de la ville de Zenata. Quatre ans après elle prit Tripoli. Mûnis, gouverneur de la province de Cairoan, passa du côté de Mostansir; et Moaz ayant perdu une grande bataille, fut obligé de se retirer à Mehedié. Maîtres de Cairoan, les égyptiens fermèrent les sources, détournèrent le cours de la rivière, et détruisirent les magnifiques palais et les délicieux jardins des monarques d'A-

---

(1) L'an 1050 de l'ère chrétienne.

frique. Moaz ne put résister au chagrin que lui causèrent ses revers. Il avoit eu pendant plusieurs années un règne prospère ; et il mourut le plus malheureux des princes.

Tamin, son fils aîné, lui succéda l'an de l'hégire 439 (1).

Vingt-sept ans après(2) les grecs et les francs vinrent avec une flotte de quatre cents voiles fondre sur l'ile de Kussa, qu'ils ravagèrent. Ils s'emparèrent ensuite de la ville de Zawilé, et y ayant levé une contribution de deux cents mille pièces d'or, se retirèrent. La conquête de la Sicile par quelques gentilshommes normands, avoit fait naître chez beaucoup de peuples une ardeur belliqueuse dont l'Afrique fut souvent victime.

Tamin mourut l'an 485 de l'hégire (3), et laissa la réputation d'un prince équitable et généreux. On raconte qu'ayant acheté une esclave, et apprenant que celui qui la lui avoit cédée, l'aimoit et la regrettoit beaucoup, non seulement il la lui rendit, mais il lui fit de magnifiques présens.

Yaiah, fils et successeur de Tamin, fit

(1) L'an 1061 de l'ère chrétienne.
(2) L'an 1088 de l'ère chrétienne, et 486 de l'hégire.
(3) L'an 1107 de l'ère chrétienne.

mourir trois alchimistes (1), qui lui avoient donné de folles espérances, et qui comme de raison le trompèrent.

Ce prince mourut subitement l'an 493 de l'hégire (2). Il étoit très-adonné à l'astrologie. S'imaginant qu'un certain jour lui seroit fatal, il le passa en prières. Le soir, croyant être échappé au malheur qu'il avoit redouté, il commanda qu'on lui servît un repas splendide, et mourut en se mettant à table. Son fils Ali reçut les hommages du peuple à Mehedié.

Ali (3) dispersa les pirates de l'île de Gerbi, et punit sévèrement les habitans de Sebat, qui pilloient les caravanes. Les tunisiens se soumirent volontairement à lui.

Ce prince fit armer une flotte de dix vaisseaux du premier rang et de trente du second, pour aller porter la guerre en Sicile. La mort l'empêcha d'exécuter ce dessein (4). Son fils Hassan qui lui succéda, n'étoit âgé que de

(1) L'an 1108 de l'ère chrétienne, et le 486 de l'hégire.

(2) L'an 1115 de l'ère chrétienne.

(3) L'an 1116 de l'ère chrétienne, et le 494e de l'hégire.

(4) L'an 1121 de l'ère chrétienne, et le 499e de l'hégire.

quinze ans. Sa jeunesse occasionna beaucoup de dissentions parmi les grands.

L'an 503 de l'hégire (1), une flotte sicilienne ravagea l'île de Gerbi. Vingt-un ans après (2), les siciliens se rendirent maîtres de Tripoli, et le gardèrent six mois, au bout desquels ils se retirèrent.

Cette même année, l'Afrique éprouva une si grande famine, que ses malheureux habitans dévoroient les cadavres humains. Beaucoup d'africains passèrent en Sicile.

Le roi de Sicile, Roger, arma contre l'Afrique une flotte de cent cinquante voiles, sur laquelle il fit embarquer beaucoup de troupes et de munitions, et dont il donna le commandement à l'amiral Georgi. Georgi ayant pris un navire africain, dans lequel il y avoit des pigeons, força le capitaine à écrire une lettre qui disoit que la flotte sicilienne faisoit voile pour Constantinople; après quoi il attacha cette lettre sous l'aile d'un pigeon, qu'il lâcha, et qui fut bientôt rendu à Mehedié. La lettre fut découverte; et les habitans de Mehedié se félicitoient de l'avis qu'elle contenoit quand la flotte sici-

(1) L'an 1125 de l'ère chrétienne.
(2) L'an 1146 de l'ère chrétienne.

lienne parut devant leur ville. Ils n'eurent que le tems de fuir. En débarquant, l'ennemi trouva Mehedié entièrement abandonné ; on le pilla pendant dix heures de suite. Sfax et Sus le furent également par les siciliens, qui se rendirent maîtres de toute la côte, depuis Tripoli jusqu'à Tunis.

Ces évènemens furent suivis de dissentions intestines, qui firent perdre le trône aux zeïrites. Hassan-ben-Ali fut le dernier prince de cette dynastie.

SECTION IV.

Dynastie des Marabouts (1).

Le titre de marabout signifie saint. Cette dynastie s'empara de l'autorité par un prétendu zèle de religion. Elle commença à régner dans l'ouest de l'Afrique, vers l'an 438 de l'hégire (2). Neuf ans après (3), Youssouf, le second des souverains de cette race, bâtit la ville de Maroc. Il conquit l'Espagne, et mourut l'an 484 de l'hégire (4). Son fils Ali

---

(1) Les auteurs espagnols appellent cette dynastie celle de Al Moravidès.

(2) L'an 1060 de l'ère chrétienne.

(3) L'an 1069 de l'ère chrétienne.

(4) L'an 1106 de l'ère chrétienne.

fut moins heureux. Bientôt après lui, finit la dynastie des marabouts, qui par conséquent n'eut pas une longue durée.

SECTION V.

Dynastie des Elmohâds.

Cette dynastie sort du Mont-Atlas. Tomrout qui la fonda, eut pour successeur l'un de ses disciples, le célèbre Abd-el-Moumin. Abd-el-Moumin fut d'abord docteur en théologie : mais il avoit de si grands talens pour la guerre, et il vainquit si souvent le roi de Maroc, Ali, que celui-ci en mourut de désespoir.

Abd-el-Moumin desirant de réunir sous sa puissance tous les états mahométans de l'Afrique, mit le siège devant les villes d'Oran et de Fez, et s'en rendit maître, l'an 520 de l'hégire (1). Tasfin, fils d'Ali, eut beaucoup de peine à l'empêcher de prendre Maroc; et son fils Ischak (2) se vit enlever cette ville et son trône par ce redoutable ennemi.

(1) L'an 1142 de l'ère chrétienne.
(2) Ischak fut le dernier prince de la dynastie des marabouts.

L'an 528 de l'hégire (1), les maures d'Espagne ayant éprouvé de grandes pertes, en combattant contre les chrétiens, firent demander des secours à Abd-el-Moumin. Ce prince ambitieux saisit avec empressement ce moyen de signaler son pouvoir. Il fit passer plusieurs armées en Espagne; et l'année suivante (2) il conquit la ville de Bugia en Afrique.

Les siciliens étoient restés maîtres de Tunis et de quelques autres places, dans la partie orientale de la côte d'Afrique. L'an 537 de l'hégire (3), Abd-el-Moumin fit partir une flotte pour aller les attaquer, et il marcha lui-même contre eux à la tête de cent mille combattans. Tunis fut pris par trahison. Méhédié, dont la plus grande partie est environnée par la mer, et le reste très-bien fortifié, fut vaillamment défendu par les siciliens. Leur roi envoya à leur secours, une flotte assez nombreuse : mais cette flotte fut battue par celle des africains. Bientôt après, la garnison de Méhédié

---

(1) L'an 1150 de l'ère chrétienne.
(2) L'an 1151 de l'ère chrétienne, et le 529e de l'hégire.
(3) L'an 1159 de l'ère chrétienne.

manqua de vivres, et fut obligée de se rendre.

Abd-el-Moumin reconnu souverain de toutes les parties mahométanes de l'Afrique, résolut de conquérir l'Espagne; mais le trépas interrompit ses projets. Il mourut subitement à Salé, l'an 538 de l'hégire (1). Son fils Abou-Yakoub lui succéda.

Vingt ans après être monté sur le trône (2), Abou-Yakoub porta ses armes en Espagne, où il reçut les hommages de plusieurs princes arabes. Il ne tarda pas à retourner en Afrique, parce qu'il apprit que les turcs avoient passé de l'Egypte dans ses états, et s'étoient rendus maîtres de Tripoli et de quelques autres villes. Sfax s'étoit en même tems révolté. Mais la présence d'Abou-Yakoub fit tout rentrer dans le devoir; et ce prince s'étant rendu à Mehedié, y renouvela la trêve avec la Sicile pour dix ans.

L'an 562 de l'hégire (3), Abou-Yakoub repassa en Espagne. Il y livra une grande bataille dans laquelle il fut vaincu et tué.

(1) L'an 1160 de l'ère chrétienne.
(2) L'an 1180 de l'ère chrétienne, et le 558e de l'hégire.
(3) L'an 1184 de l'ère chrétienne.

Son fils Yakoub prit aussitôt les rênes du Gouvernement.

Les Al-Moravidès (1) qui s'étoient retirés en Espagne, tentèrent de profiter de ces circonstances pour remonter sur le trône d'Afrique. Ils étoient soutenus par les turcs qui s'étoient emparés de Tripoli : mais Yakoub reprit cette ville, et en rasa les murailles.

L'an 573 de l'hégire (2), Yakoub marcha contre Alphonse, roi de Castille, et lui ayant livré bataille à Rema, près de Cordoue, il le vainquit. De là, il alla assiéger Tolède, et fit diverses incursions en Espagne.

De retour en Afrique, ce prince mourut à Salé, dans la quarante-huitième année de son âge (3). Le sceptre échut à Mahomet-el-Nasir son fils.

Mahomet se vit enlever tout ce que ses prédécesseurs avoient conquis en Espagne. Irrité de cette perte, il traversa la mer (4)

(1) Les princes issus de la dynastie des marabouts.
(2) L'an 1195 de l'ère chrétienne.
(3) L'an 1199 de l'ère chrétienne, et le 577e de l'hégire.
(4) L'an 1210 de l'ère chrétienne, et le 588e de l'hégire.

avec une armée, qui, suivant les auteurs arabes, toujours très-exagérés, étoit de six cent mille combattans : mais il fut complètement défait à la fameuse bataille, à laquelle les arabes ont donné le nom d'*Akal*, et les espagnols celui de *Vanos-Tolosa*. L'année suivante (1), Mahomet-el-Nasir mourut de chagrin. Les elmohads avoient possédé Valence, Seville, Carmone, et plusieurs autres villes importantes.

Youssouf succéda à Mahomet son père. C'étoit un prince foible et voluptueux. Il régna douze ans, et mourut sans postérité.

Dès que ce prince eut cessé de vivre (2), Abd-el-Wahhad, son grand oncle, fut élu par les grands de l'Empire. La même année le sceptre fut déféré à Abd-Ullah, neveu de ce dernier; et bientôt après des rebelles massacrèrent Abd-Ullah.

L'an 604 de l'hégire (3), Edris-ben-Yakoub, frère d'Abd-Ullah, monta sur le trône d'Afrique, et exerça de grandes cruautés pour

(1) L'an 1211 de l'ère chrétienne, et le 589e de l'hégire.

(2) L'an 1223 de l'ère chrétienne, et le 601e de l'hégire.

(3) L'an 1226 de l'ère chrétienne.

établir sa puissance. Après avoir régné cinq ans, il mourut d'apopléxie.

Son fils Abd-el-Wahhad lui succéda, et se noya en se baignant. Les autres princes de cette dynastie furent Saïd-Aboul qui régna l'an 620 de l'hégire (1); Umer, l'an 626 (2); et Wasik-Aboul, l'an 644 (3). Celui-ci fut à-la-fois un usurpateur et le dernier prince des elmohads.

Lorsque la puissante dynastie des elmohads eut cessé d'occuper le trône, l'Afrique fut divisée en ces petites souverainetés qui subsistent encore à-peu-près telles qu'elles furent dès leur origine.

Les princes de la race des *merinis* devinrent maîtres de Fez et de Maroc, et furent bientôt les plus puissans des successeurs des elmohads.

Les abi-hafs s'emparèrent de Tunis, et les beni-zians de Tremesen.

L'an 725 de l'hégire (4), Abou-'l-Hassan conquit tous les états qui avoient autrefois

(1) L'an 1242 de l'ère chrétienne.
(2) L'an 1248 de l'ère chrétienne.
(3) L'an 1266 de l'ère chrétienne.
(4) L'an 1347 de l'ère chrétienne.

appartenu aux elmohads ; mais ses triomphes eurent l'éclat et la brièvedurée des météores.

Plus de cent cinquante ans après (1) un arabe de la race de Mahomet (2) s'empara du trône de Maroc, et ses descendans ont conservé jusqu'à ce jour l'autorité souveraine, sous le titre de schérifs.

Le royaume de Tremesen situé à l'est de Fez, comprend Alger, Oran et quelques autres villes. J'ai déja dit que les beni-zians s'en étoient emparés vers l'an 627 de l'hégire (3). Près de trois cents ans après, le dernier de ces princes étant mort, Tremesen fut réuni à la principauté turque d'Alger.

La puissance turque en Afrique est très-moderne. Elle commença l'an 892 de l'hégire (4), lorsque le fameux corsaire Aruch Barberousse s'empara d'Alger. Les turcs ont ensuite étendu leurs conquêtes sur ce continent, et l'on sait que la piraterie a toujours été la principale occupation de ces usurpateurs.

(1) Vers l'an 1500 de l'ère chrétienne, et le 878e de l'hégire.

(2) Un schérif.

(3) L'an 1249 de l'ère chrétienne.

(4) L'an 1514 de l'ère chrétienne.

Tunis tomba au pouvoir des abi-hafs (1). Abou-Zekeria, le premier de ces princes, étendit, dit-on, sa domination jusqu'au pays des nègres. L'an 648 de l'hégire (2), le roi de France, Louis IX, alla mettre le siége devant Tunis, et y périt de la peste.

Dix-neuf ans après que le fameux Aruch Barberousse (3) se fut emparé d'Alger, son frère Cheredin se rendit maître de Tunis (4). On sait que Charles-Quint porta la guerre en Afrique. Une simple fleur fut le seul prix de ses victoires (5).

La race des abi-hafs cessa de régner l'an 948 de l'hégire (6). El-Wahhali, l'un des descendans de Barberousse, étoit alors dey d'Alger, et s'empara de Tunis. La puissance des mahométans au nord et à l'ouest de l'Afrique, resta divisée entre les schérifs de Maroc et de Fez, et les turcs d'Alger et de Tunis.

(1) L'an 1240 de l'ère chrétienne, et le 618e de l'hégire.

(2) L'an 1270 de l'ère chrétienne.

(3) Il fut tué l'an 1518 par l'espagnol Gomez, gouverneur d'Oran.

(4) L'an 1533 de l'ère chrétienne.

(5) Il transporta d'Afrique en Espagne le souci.

(6) L'an 1570 de l'ère chrétienne.

SECONDE PARTIE.

DE L'EGYPTE.

L'Egypte resta long-tems tranquillement soumise aux successeurs de Mahomet. Mais les khalifes virent diminuer leur pouvoir, par les moyens même qu'ils avoient pris pour l'affermir. Les turcomans qu'ils avoient appelés auprès d'eux, et qui étoient les janissaires de ces tems là, ainsi que quelques autres causes, leur firent perdre la fertile Egypte.

PREMIÈRE DYNASTIE.

Les Tholonides.

Achmed, fils de Tholon ou *Teiloun*, gouverneur d'Egypte, se rendit indépendant du khalife Motamid-b'-Illah, l'an 265 de l'hégire(1) : mais trente ans après, cette dynastie s'éteignit avec le sultan Haron, petit-fils de l'usurpateur.

SECONDE DYNASTIE.

Les Fatimites.

J'ai déja fait mention de la conquête de

(1) L'an 887 de l'ère chrétienne.

l'Egypte, par Abou-Tammin, sultan d'Afrique.

L'an 353 de l'hégire (1), Abou-Tammin fut remplacé par son fils Aziz, qui porta plusieurs fois la guerre en Syrie et s'empara d'une partie de cette province.

Aziz régna vingt-un ans, et eut pour successeur Hakin (2), fameux par ses cruautés.

Daher, quatrième khalife d'Egypte, monta sur le trône, l'an 399 de l'hégire (3). Ce prince conquit Alep, et fut bientôt forcé de l'abandonner.

L'an 414 de l'hégire (4), Abou-Tammin Mostansir succéda à Daher. Il se vit arracher presque tout ce que ses prédécesseurs possédoient en Syrie.

Le khalife Mostali parvint au trône l'an 472 de l'hégire (5). Quatre ans après (6), il déclara la guerre aux turcs, et reprit Jérusaelm. L'année suivante cette ville fut conquise par le célèbre Godefroy de Bouillon.

(1) L'an 975 de l'ère chrétienne.
(2) L'an 996 de l'ère chrétienne.
(3) L'an 1021 de l'ère chrétienne.
(4) L'an 1036 de l'ère chrétienne.
(5) L'an 1094 de l'ère chrétienne.
(6) L'an 1098 de l'ère chrétienne.

L'an 479 de l'hégire (1), Amer succéda à Mostali. Amer n'étoit alors qu'un enfant et le fut toujours pour le visir Afdhal, qui régna trente ans sous son nom.

Hafed succéda à Amer (2); et Dafer à Hafed (3). Sous le règne de Dafer les chrétiens s'emparèrent d'Ascalon.

Fayez monta sur le trône l'an 533 de l'hégire (4). Cinq ans après (5), Aded lui succéda. Les fatimites étoient alors tombés dans un tel état d'imbécillité, que leurs visirs jouissoient de la suprême puissance. Schawour, visir du khalife Aded, ayant été écarté par les intrigues de Dargham, passa en Syrie pour implorer le secours de Nour-el-Din, sultan de Damas (6). Ce prince l'écouta

(1) L'an 1101 de l'ère chrétienne.

(2) L'an 1130 de l'ère chrétienne.

(3) L'an 1149 de l'ère chrétienne, et le 527e de l'hégire.

(4) L'an 1155 de l'ère chrétienne.

(5) L'an 1160 de l'ère chrétienne.

(6) La puissance des khalifes successeurs de Mahomet, déchut vers le milieu du onzième siècle de l'ère chrétienne. Les turcs, nation tartare, s'emparèrent en 1074 d'Iconium et de la plus grande partie de l'Asie mineure. Vingt ans après Alep et Damas devinrent in-

favorablement, et envoya en Egypte (1) Schirakouk et son neveu Salah-el-Din (2), pour rétablir Schawour dans la place de visir. Mais celui-ci jugeant bientôt que ses protecteurs étoient trop puissans, forma une alliance avec les francs. Ses projets furent inutiles. Schirakouk obtint du khalife Aded l'ordre de faire décapiter Schawour (3); et il reçut pour récompense le firman et la robe de visir. Il mourut la même année. Son neveu Salah-el-Din le remplaça.

L'an 549 de l'hégire (4), alah-el-Din chassa tous les francs de l'Egypte. Ennemi des fatimites, par principe de religion, il fit ôter des prières publiques le nom d'Aded, et l'on y substitua celui du khalife de Bagdad. Aded mourut la même année (5), et avec lui s'éteignit la dynastie des fatimites. Ses

dépendans sous l'autorité des petits-fils d'Elf-Arslan. Alep avoit long-tems appartenu aux khalifes d'Egypte.

(1) L'an 1164 de l'ère chrétienne, et le 542e de l'hégire.

(2) Les auteurs chrétiens nomment l'un *Syracon*, et l'autre *Saladin*.

(3) L'an 1169 de l'ère chrétienne, et le 547e de l'hégire.

(4) L'an 1171 de l'ère chrétienne.

(5) Le 13 septembre 1171.

successeurs renoncèrent au titre de khalife, et prirent celui de sultan.

TROISIÈME DYNASTIE.

Les sultans Aïoubites.

Salah-el-Din, fils du kurde Aïoub, prit le titre de sultan d'Egypte l'an 552 de l'hégire (1). Non content de régner sur ces contrées, il résolut d'étendre sa puissance jusqu'en Syrie. L'an 555 (2), il fut vaincu à Ramlé par Renaud de Chatillon. Mais cinq ans après (3), ses efforts furent couronnés par la victoire. Ensuite (4) il s'empara d'Amida dans la Mésopotamie, et il alla mettre le siège devant Alep, qui ne tarda pas à se rendre.

L'an 565 de l'hégire (5), Salah-el-Din gagna sur les francs la fameuse bataille d'Hittin. Le pouvoir des chrétiens déchut, et la même année leur vainqueur fit la conquête de Jérusalem (6).

(1) L'an 1174 de l'ère chrétienne.
(2) L'an 1177 de l'ère chrétienne.
(3) L'an 1182 de l'ère chrétienne.
(4) L'an 1183 de l'ère chrétienne.
(5) L'an 1187 de l'ère chrétienne.
(6) Le 2 octobre 1187.

Les francs assiegèrent Ptolémaïs (1), qui ne se rendit qu'au bout de deux ans (2).

L'an 571 de l'hégire (3), Salah-el-Din conclut une armistice avec le roi d'Angleterre Richard Cœur-de-lion. Ptolémaïde et Jaffa étoient presque les seules places que les chrétiens conservoient dans ces contrées. Bientôt après Salah-el-Din mourut (4). Ce prince laissa seize fils et une fille.

Malek-el-Aziz, second fils de Saladin, monta sur le trône après son père. Il s'empara de Damas, et ne donna pour appanage à son frère aîné que la ville de Samosate.

Cinq ans après (5), Malek-el-Mansour, fils du premier, lui succéda. Son oncle Afdhal, prince de Samosate, fut rappelé par les émirs pour gouverner l'état pendant la minorité du sultan; et ils lui décernèrent le titre d'Atabek.

L'an 578 de l'hégire (6), Adel-Seïf-el-Din, frère de Salah-el-Din, s'empara du sceptre de son petit neveu.

(1) Acre.
(2) L'an 1191 de l'ère chrétienne.
(3) L'an 1192 de l'ère chrétienne.
(4) Le 4 mars 1193. Il étoit âgé de 57 ans.
(5) L'an 1198 de l'ère chrétienne.
(6) L'an 1200 de l'ère chrétienne.

L'an 587 (1), les croisés pénétrèrent en Egypte, et se retirèrent avec un immense butin. Au bout de neuf ans (2), ils y retournèrent, et prirent l'île de Pharos et Damiette.

Malek-el-Kamel, fils de Salah-el-Din, régnoit alors en Egypte. Après avoir gardé trois ans Damiette, les croisés l'abandonnèrent (3).

L'an 606 de l'hégire (4), Malek conclut avec l'empereur d'Allemagne Frédéric II, un traité par lequel il lui céda Jérusalem, Bethléhem, Nazareth et Sidon. Onze ans après (5) ce prince fut détrôné par son frère Malek-Salah. Ce dernier savoit au moins défendre ses états. Il vainquit les croisés et les syriens, qui s'apprêtoient à pénétrer en Egypte (6).

L'an 627 de l'hégire (7) fut marqué par la mort de Malek-Salah, et par la conquête de Damiette, que fit le roi de France Louis IX.

(1) L'an 1209 de l'ère chrétienne.
(2) L'an 1218 de l'ère chrétienne.
(3) L'an 1221 de l'ère chrétienne.
(4) L'an 1228 de l'ère chrétienne.
(5) L'an 1239 de l'ère chrétienne.
(6) L'an 1244 de l'ère chrétienne.
(7) L'an 1249 de l'ère chrétienne.

Malek-Salah avoit acheté des tartares un grand nombre d'esclaves turcs du Kaptchak, pour en employer une partie à sa garde, et le reste à former une marine. Bientôt il les éleva aux premières places; et ce furent ces esclaves, connus sous le nom de mamlouks, qui s'emparèrent de la souveraineté de l'Egypte.

L'an 628 de l'hégire (1), Turan-Schah, qui avoit succédé à son frère Malek, fit Louis IX prisonnier, avec toute son armée (2). Bientôt après (3) le sultan fut massacré par les mamlouks, qui décernèrent le sceptre à la veuve de son père, et ensuite à un enfant de la race des Aïoubites, prince avec lequel s'éteignit cette dynastie.

DES MAMLOUKS.

SECTION PREMIÈRE.

Mamlouks Baharites.

Ces mamlouks doivent le titre de Baharites, à ce qu'ils furent originairement employés

(1) L'an 1250 de l'ère chrétienne.
(2) Elle étoit composée de 20,000 hommes.
(3) Le premier mai 1250.

comme matelots, à bord des vaisseaux du sultan d'Egypte. Ils étoient turcs.

Ezz-ed-din Moaz Ibegh fut le premier souverain de cette dynastie. Il commença à régner l'an 632 de l'hégire (1). Un an après il fut assassiné.

L'an 633 de l'hégire (2), Nour-ed-din Ali succéda à Ezz-ed-din son père.

Il est inutile de citer les noms d'une foule de princes qui ne régnèrent qu'un instant, et qui, pour la plupart, périrent par le meurtre et la trahison. Ainsi je ne ferai mention que des évènemens remarquables dont l'Egypte fut le théâtre.

Bibars I.er monta sur le trône l'an 638 de l'hégire (3), et régna dix-sept ans. C'étoit un prince rempli d'activité. Il conquit presque tout ce que les chrétiens possédoient en Syrie.

Kalil Ascraf qui régna l'an 668 de l'hégire (4), prit Ptolémaïde, et acheva de chasser les européens de la Palestine.

Sous le règne de ses successeurs, la

(1) L'an 1254 de l'ère chrétienne.
(2) L'an 1255 de l'ère chrétienne.
(3) L'an 1260 de l'ère chrétienne.
(.) L'an 1290 de l'ère chrétienne.

guerre désola la Syrie, dont les mogols disputoient la possession aux mamlouks.

Nazr Mahomet se distingua par la protection qu'il accorda aux arts et à l'agriculture. Il mourut l'an 719 de l'hégire (1).

Sept ans après (2) la mort de ce prince, la peste ravagea l'Egypte et la Syrie, et se répandit dans une grande partie de l'Europe.

L'an 743 de l'hégire (3), Pierre Lusignan, roi de Chypre, alla assiéger Alexandrie : mais manquant bientôt de subsistances, il fut obligé de se retirer (4). Schaban-Ascraf étoit alors sultan d'Egypte. Ce prince fut le premier qui voulut que les schérifs, ou descendans du prophète, portassent un turban verd.

(1) L'an 1341 de l'ère chrétienne.
(2) L'an 1348 de l'ère chrétienne. On croit que ce fléau commença en Syrie.
(3) L'an 1365 de l'ère chrétienne.
(4) Cette expédition, très-peu connue, peut être regardée comme la dernière étincelle du feu des croisades. Les assiégeans étoient de plusieurs nations. L'écossais Fordun parle de Norman Lessey, son compatriote, comme d'un des chefs de l'entreprise. Il y a un ancien poëme écossais sur les faits de sir Walter, duc de Leygaroch, en France, et sir Walter étoit frère de Norman Lessey.

SECTION II.

Mamlouks Borgites.

La race des mamlouks Borgites est d'origine circassienne. Ils ont continué à gouverner l'Egypte jusqu'au moment où les français, commandés par Bonaparte, ont fait la conquête de ce pays.

L'an 760 de l'hégire (1), Barkouk-Daher, qui avoit rempli la place d'Atabek pendant la minorité d'Hadgi-Salah, déposa son pupille, et s'empara de l'autorité suprême. Timour, ou Tamerlan, pénétra en Egypte : mais Barkouk remporta deux victoires sur les mogols (2) et les força de se retirer.

L'an 777 de l'hégire (3), Faradj succéda à son père Barkouk. Il fut suivi par divers autres sultans, qui ne régnèrent guère plus d'un an chacun.

Boursbai eut plus de bonheur. Monté sur le trône l'an 820 de l'hégire (4), il l'occupa

(1) L'an 1382 de l'ère chrétienne.
(2) Les mogols, les moguls, et les mongouls, sont la même nation, à qui différens écrivains ont donné ces différens noms.
(3) L'an 1399 de l'ère chrétienne.
(4) L'an 1442 de l'ère chrétienne.

pendant seize ans. Une de ses flottes attaqua l'île de Chypre, prit Lymissos et Nicosie, et amena captif en Egypte Jean II, et la plus grande partie de la noblesse cypriote.

Dix-neuf ans après (1), Abou'-l-Fathe-Achmed qui régnoit en Egypte, donna la couronne de Chypre à Jacques, fils naturel de Jean III, à condition qu'il resteroit son tributaire.

Les successeurs d'Abou'-l-Fathe-Achmed ne firent rien de remarquable, et l'aristocratie des mamlouks rendit de plus en plus la durée de leur règne incertaine et rapide.

L'an 879 de l'hégire (2), Kansou-el-Ghouri fut placé sur le trône d'Egypte. Quinze ans après (3), l'empereur de Constantinople, Sélim II, lui déclara la guerre, marcha contre lui, et lui livra près d'Alep une bataille, dans laquelle Kansou fut vaincu et périt. Sélim II resta maître de la Syrie.

Les mamlouks choisirent Toman-Bey pour successeur de Kansou-el-Ghouri. A peine y

---

(1) L'an 1461 de l'ère chrétienne.
(2) L'an 1501 de l'ère chrétienne.
(3) L'an 1516 de l'ère chrétienne, et le 894ᵉ. de l'hégire.

avoit-il un an qu'il occupoit le trône, que les ottomans qui étoient entrés en Egypte, l'attaquèrent à Rhodonia près du Caire, et remportèrent sur lui une victoire complète (1). Une seconde bataille lui fut encore plus fatale. Il tomba au pouvoir de Sélim, qui le fit pendre à une des portes du Caire (2).

Sélim II abolit la monarchie des mamlouks: mais il laissa subsister leur aristocratie, en leur imposant certaines conditions. Les principales de ces conditions étoient de payer à la Porte un tribut annuel; d'obéir, pour tout ce qui concernoit la religion, au moufti de Constantinople; de faire mention des empereurs ottomans dans les prières publiques, et de mettre leurs noms sur les monnoies.

La Syrie cessant d'être sous le joug de l'Egypte, celle-ci n'eut guère plus de relations avec les puissances étrangères. Les beys se bornèrent ordinairement à opprimer leurs sujets, et à jouir en paix du fruit de leurs extorsions.

(1) Le 24 janvier 1517.
(2) Le 13 avril 1517.

Il paroît que pendant long-tems l'Egypte a été l'une des provinces les plus tranquillement soumises à la domination des turcs. Depuis trois siècles les voyageurs qui l'ont visitée, ont rapporté à-peu-près tout ce que son histoire a d'intéressant. Le declin de la puissance ottomane y a été marqué par l'éclatante renommée de cet Ali-Bey, qui semblable à un météore rapide, avoit à peine frappé les yeux des nations, qu'il disparut.

CHAPITRE VIII.

HAUTE ÉGYPTE.

Projet de pénétrer en Abyssinie. — Voyage sur le Nil. — Description d'Assiout. — Cours du Nil. — Isles et villages. — Cavernes. — Kaw. — Achmin. — Cavernes peintes. — Girgé. — Dendera. — Ancien Temple — Kous. — Topographie de la haute Egypte. — El-wah-el-Ghourbi. — Gisement de l'Oasis parva.

Quoique desirant beaucoup de faire le voyage d'Abyssinie (1), je ne pus partir du Caire que le lundi 10 septembre 1692, et cependant je ne m'étois point procuré tous les avantages sur lesquels j'avois compté. J'avois employé une partie de l'été à apprendre l'arabe, ce qui est extrêmement difficile quand on manque de livres, et qu'on n'a que des maîtres médiocres.

Mes amis se montroient plus empressés à me représenter les périls que je trouverois en voyageant en Abyssinie, qu'à me fournir les moyens d'y échapper. Je résolus de voya-

(1) Dans la langue des arabes, l'Abyssinie s'appelle *Habbesch.*

ger de la manière qu'une connoissance imparfaite du pays me faisoit croire la moins dangereuse, et de laisser le reste à la fortune. Persuadé que j'aurois encore besoin d'un interprète, je pris en cette qualité, un grec qui, indépendamment de sa langue naturelle, parloit le turc, l'arabe et l'italien. J'avois aussi avec moi un mahométan du Caire, né dans la classe inférieure du peuple, et par conséquent propre à se plier à toute espèce de service. Je me mis donc en route, et au bout de huit jours j'arrivai à Assiout.

A l'inconvénient près de trouver dans les bateaux qui naviguent sur le Nil une société un peu mélangée, on ne peut guère concevoir une manière de voyager plus agréable, quand ce fleuve a débordé. Ses eaux coulent tranquillement et avec majesté, et leur vaste surface est parfaitement unie. Ses deux rives couvertes de riches moissons offrent un spectacle extrêmement attrayant. Les passagers qui sont dans les bateaux ne sont garantis des ardeurs du soleil que par quelques branchages entrelacés ; mais la chaleur est tempérée par une brise régulière qui commence avant midi, et souffle pendant quatre ou cinq heures de suite. Les rameurs chantent pour régler le mouvement de leurs avirons, et le bateau offre alors un emblême de la fortune dans sa plus brillante carrière.

Je débarquai près d'Assiout. J'allai loger dans un okal(1) de cette ville, et je m'y trouvai très-commodément. J'avois une petite chambre propre, tranquille et très-sûre. Dans la saison où nous étions alors, on n'a besoin en Egypte que de se mettre à l'abri du soleil.

Assiout est à présent bien plus considérable qu'aucune autre ville de la haute Egypte. Autrefois c'étoit Girgé, qui est encore à la vérité un lieu assez important. Assiout est très-heureusement situé ; et l'on a profité de cette situation pour conduire industrieusement les eaux du Nil autour de la ville. Ces eaux passent dans un canal très-anciennement creusé ; et après avoir baigné le pied des montagnes qui sont près d'Assiout, elles retombent dans le fleuve au-dessous de quelques villages voisins. Il faut pourtant observer que l'eau n'est introduite dans le canal que lorsque le Nil est à une certaine hauteur. Alors tous les terrains adjacens sont inondés, et Assiout seul communique avec le

(1) Magasin public.

fleuve par une chaussée qui va jusqu'à l'endroit où les bateaux arrivent. Il y a aussi deux ponts, dont l'un est joint à la chaussée, et l'autre conduit vers les montagnes.

Assiout s'est très-peuplé depuis quelques années, grace au sage Gouvernement du Bey-Soliman, à qui cette ville doit en outre des plantations d'arbres qui l'embellissent. Les auteurs arabes donnoient autrefois à Assiout le nom de *hâut-es-sultan*, c'est-à-dire de poisson ou étang du roi, car *hâut* signifie aussi bien *étang* que poisson. Il seroit curieux de savoir d'où ce nom dérivoit. Etoit-ce parce qu'on tiroit d'Assiout le poisson qu'on servoit sur la table du prince ?

Les montagnes qu'on voit au-dessus d'Assiout sont remplies de cavernes qui, probablement ont d'abord été la sépulture des anciens habitans de l'Egypte, et ensuite ont servi de retraite aux chrétiens. On y voit plusieurs inscriptions hiéroglyphiques ; mais c'est la seule chose qu'il y ait de remarquable. D'ailleurs les voyageurs qui m'ont précédé, en ont parlé de manière qu'il est inutile de les décrire de nouveau.

Les principales antiquités qu'on trouve

entre le Caire et Assiout, sont à Seheik-Abadé (1), l'ancienne *Antinoopolis*, et à Aschmounein. Dans le premier endroit on voit deux colonnes d'ordre corinthien superbement ornées, placées diagonalement vis-à-vis l'une de l'autre, et sur chacune desquelles il y a une inscription grecque (2).

Je passai une quinzaine de jours à Assiout à attendre un bateau pour remonter le Nil : mais il étoit difficile d'en trouver, parce que nous étions dans la saison où l'on transporte le bled dans les magasins. Enfin, l'on m'en procura un petit, que je louai pour moi et pour mes gens.

Nous partîmes d'Assiout le 4 octobre, et

---

(1) Ce lieu a été ainsi nommé parce qu'on y voit le tombeau d'un prêtre chrétien, appelé *Ammon-el-Abed*, c'est-à-dire le ieux. On nomme aussi ce lieu *Ensené*, nom qui vient évidemment d'*Antinoüs*.

(2) Voici le commencement de l'une de ces inscriptions :

ΑΓΑΘΗ ΤΥΧΗ

ΑΥΤΟΚΡΑΤΟΡΙ ΚΑΙΣΑΡΙ ΜΑΡΚΩ ΑΥΡΗΛΙΩ.

Le mot suivant paroissoit être ΣΕΚΟΥΝΔΩ. Il étoit effacé. Je pouvois aisément copier le reste de l'inscription, mais je n'en eus pas le tems.

passâmes la nuit devant le village de Méhala, bâti il y a environ vingt ans, par un certain Osman Bey. Les hommes de l'espèce d'Osman Bey, passent en Europe pour être dépourvus de tout esprit d'amélioration. Ce village est une preuve du contraire. Il n'y a que quatre rues, mais elles sont à angle droit les unes avec les autres, très-bien alignées, et quatre fois plus larges que celles des autres villages. Il est vrai que le nombre des maisons est peu considérable, et que les matériaux qui ont servi pour bâtir ces maisons sont d'une médiocre qualité.

Les habitans des villages de la haute Egypte, bâtissent à très-peu de frais. L'argile et les briques cuites au soleil, qui sont leurs principaux matériaux, ne leur coûtent que le tems qu'il faut pour ramasser l'un et pour fabriquer les autres; et le chaume qui leur sert de toit, et le dattier qui leur fournit un mauvais bois de charpente, sont également sous leurs mains. Si l'on a besoin d'un charpentier, on ne l'emploie pas, du moins, à préparer des ornemens inutiles. Toutefois dans les villes, telles que Ghenné, Assiout, Girgé, les maisons sont construites de meilleurs matériaux, et avec plus d'art; il y en a même quelques-unes assez magnifiques.

On voit dans le Nil plusieurs îles considérables : mais les débordemens du fleuve les font trop fréquemment changer de place, pour qu'on puisse en marquer la position avec exactitude.

Le nombre des villes et des villages que je comptai sur la rive orientale du Nil, entre le Caire et Syené (1), s'élève à environ cent soixante.

Sur la rive occidentale où il y a plus de terre propre à être cultivée, j'en vis deux cent vingt-huit. Cependant on peut se tromper dans un pareil calcul, lorsqu'on le fait en suivant le cours du fleuve. Il y a au milieu des terres en culture, et sur-tout sur la rive occidentale, bien des villages que les personnes qui voyagent par eau ne peuvent pas voir; et les circonstances ne me permirent d'en apprendre ni les noms ni le nombre.

Les villes de la haute Egypte les plus peuplées, sont, je crois, les suivantes :

A l'est du Nil.

Achmim.	Kous.
Ghenné.	Syené.

(1) Assouan.

A l'ouest du Nil.

Benesoef.	Girgé.
Minié.	Bardis.
Mélawi.	Bagjoura.
Monfalout.	Nakadé.
Assiout.	Erment.
Tachta.	Isna.

J'ai parlé plus haut des cavernes creusées dans les montagnes au-dessus d'Assiout, en observant qu'il étoit inutile que j'en fisse la description, puisque divers autres voyageurs l'avoient déja faite. J'ajouterai cependant ici qu'on voit dans ces cavernes plusieurs fragmens d'urnes, où sont des restes d'ibis, de chats, de chiens et d'autres animaux. Ces animaux y ont été déposés, soit parce qu'on les considéroit comme sacrés, soit parce qu'on vouloit qu'ils accompagnassent leurs maîtres dans une autre vie. Dans l'une des cavernes en face de l'entrée, il y a trois chambres creusées dans le roc : l'une de ces chambres a soixante pieds sur trente de large; l'autre soixante sur trente-six; et la troisième vingt-six sur vingt-cinq. Plus haut dans les montagnes, les cavernes sont encore plus spacieuses.

Dans d'autres parties de la montagne l'on

trouve d'inégales cavités, d'où l'on a tiré de la pierre pour bâtir, et qui ensuite ont été diversement employées. Quelques-unes de ces cavités ont été des sépultures, comme on le voit encore par des restes d'urnes bien fermées avec du bitume; d'autres ont servi de retraite pendant l'été, parce qu'elles sont bien exposées au nord et très-fraîches.

L'on cultive dans les environs d'Assiout une très-grande quantité de beau lin. Cet article et le froment se transportent dans la basse Egypte; et le Saïd reçoit en retour du sel et d'autres marchandises. La Mecke lui fournit par la voie de Cosseïr, des marchandises des Indes; mais on y voit rarement du drap large, de l'étain et d'autres articles que l'Europe envoie en Egypte.

Les caravanes du soudan (1) s'arrêtent toujours à Assiout, qui est à-peu-près à moitié de leur chemin, et contribuent beaucoup à rendre cette ville florissante. Assiout est regardé comme la capitale du centre de l'Egypte; et il est bien plus peuplé qu'aucune des autres villes qui sont au midi du Caire. Je pense que le nombre de ses habitans s'élève au moins à vingt-cinq mille. Le

(1) Du centre de l'Afrique.

Sengiak, ou Bey du Saïd réside alternativement six mois à Assiout, et six mois à Girgé. L'administration d'Assiout est confiée au cadi, à quelques autres officiers civils, et à cinq caschefs, qui y demeurent constamment, et sont, pour la plupart, nommés par Soliman Bey. Il y a un évêque cophte : mais les chrétiens n'y sont pas nombreux ; presque tous les habitans sont mahométans.

Les gens de ce pays sont si rigoureux sur la chasteté des femmes, que celle qui a le malheur d'y manquer, est soudain punie de mort. Un père, un frère, ou un mari que trop de sensibilité empêche d'infliger ce terrible châtiment à une coupable, est dès-lors fui par tous ses compatriotes, et devient étranger à la société.

Les provisions sont bien moins chères à Assiout qu'au Caire.

L'on consomme une très-grande quantité de lentilles dans toute la haute Egypte ; et on les y prépare de manière qu'elles sont très-bonnes à manger. Les habitans y ont rarement du riz, qu'on y regarde comme un objet de luxe.

Dans le Dar-four il n'y a point de lentilles.

Les oignons d'Egypte sont extrêmement doux. Ils le sont même plus que ceux d'Espagne, mais ils sont moins gros. Ils sont d'une blancheur diaphane ; et leurs pellicules sont d'une texture bien moins serrée, et plus unies que celles de toute autre espèce. Ces oignons se détériorent quand on les transplante ; ce qui prouve que leur qualité dépend beaucoup du sol et du climat.

Tous les habitans de l'Egypte, de quelque classe qu'ils soient, mangent beaucoup d'oignons. On a coutume de les faire cuire mêlés avec de la viande. On ne doit point être étonné que les israélites aient regretté les oignons d'Egypte.

Après avoir navigué quatre heures en quittant Assiout, nous passâmes devant Monfalout, où je retournai depuis pour l'examiner plus à mon aise. Cette ville est très-grande et très-peuplée. Entre elle et Assiout, on voit Ben-Ali, autre lieu assez considérable. Ces trois villes et Girgé sont les principaux entrepôts du commerce de la haute Egypte.

Le 4 octobre 1792, je continuai à remonter le Nil.

Le 6, nous passâmes devant Kaw, autrement appelé Gaw-es-Scherki, qui est l'antœopolis de l'antiquité. L'on y voit les restes d'un temple curieux, consistant en plusieurs colonnes de grandes pierres, comme dans les autres ruines d'Egypte, et couvertes de figures emblématiques entremêlées de hiéroglyphes. Quelques-unes des pierres qui servent à la construction du temple, ont de dix-huit à vingt pieds de long.

A How, situé sur la rive occidentale du Nil, et qu'on croit l'ancienne Diospolis, je ne vis point de ruines.

Le 8 nous arrivâmes à Achmim, situé sur la rive orientale du fleuve. Achmim s'appeloit autrefois Chemmis ou Panopolis : c'étoit un lieu considérable; mais ce n'est plus qu'une petite ville, ou plutôt un village agréable. Heliodore, dans son célèbre roman (1), fait souvent mention de Chemmis, et parle d'une querelle qui eut lieu entre les habitans de cette ville et ceux d'Antinoë (2). Plusieurs villes intervinrent entre les deux premières. Heliodore donne à entendre que Chemmis n'étoit pas loin d'un lac qui se trouvoit du côté de l'embouchure hera-

(1) Le roman de Theagene et de Chariclée.
(2) Bessa.

cléenne du Nil. Mais quoique cet ingénieux prélat fût né en Syrie (1), tout ce qu'il dit de la géographie de l'Egypte est extrêmement confus.

Il reste à Achmim quelques fragmens de colonnes ; et dans les montagnes voisines on voit des cavernes semblables à celles d'Assiout. Les hiéroglyphes y ont été peints en détrempe, comme il est d'usage pour tous ceux qu'on voit sur la surface unie des pierres bien taillées. On a récemment tiré de la principale chambre une momie, et l'on y aperçoit encore quelques restes de linge et d'ossemens. Le haut des chambres a été plâtré et coloré. Peut-être les anciens égyptiens suivoient une coutume qui n'est point étrangère aux autres nations orientales, c'est de visiter tous les ans les tombeaux de leurs ancêtres (2) ; et les chambres dont je viens de parler, étoient pratiquées pour recevoir dans ces occasions, les parens des morts.

La campagne autour d'Achmim est remplie de sycomores, d'une espèce qui est bien

(1) Héliodore étoit né à Emèse, ville de Phénicie. (*Note du Traducteur.*)

(2) Cette coutume est encore suivie à Damiette, malgré les préceptes de l'islamisme.

connue, et qui porte de petites figures jaunes adhérentes au tronc de l'arbre. Il y a aussi beaucoup de jardins où croissent des dattiers et divers autres arbres.

Le 11 octobre (1), nous arrivâmes à Girgé, autrefois capitale de la haute Egypte, et maintenant déchue de sa splendeur. La place du marché est très-grande et environnée de boutiques.

Je vis à Girgé, ainsi qu'à Mesnié qui est l'ancienne Ptolemaïs (2), plusieurs blocs de granit qui ressembloient à d'anciennes meules de moulin. Ils avoient environ six pieds de diamètre, et près de trois pieds d'épaisseur, avec un trou d'un pied carré dans le centre; et de-là vers la circonférence étoient tracés divers rayons sinueux d'un pouce de profondeur.

Le Sengiak ou Emir-es-Saïd, passe, ainsi que je l'ai déja observé, la moitié de l'année à Girgé. Sa place est regardée comme la troisième de l'Egypte. Elle étoit, à mon passage, remplie par Soliman Bey, homme d'un caractère très-estimable.

(1) 1792.
(2) Il ne faut pas confondre cette ville avec la *Ptolemaïs* ou *Ptolemaïde* de Syrie, qu'on appelle aujourd'hui *Saint-Jean-d'Acre*.

Le 15 octobre, nous passâmes devant Farschiout, ville très-peuplée et où il y a beaucoup de chrétiens.

Le 17 nous abordâmes à Dendera, qui est la Tentyris des anciens. Nous vîmes son temple célèbre, restes les plus parfaits de l'architecture égyptienne. Il est de forme oblongue et a deux cents pieds de long sur cent cinquante de large (1). Maintenant il est presqu'entièrement enseveli dans le sable. En montant quelques marches pratiquées dans le milieu du mur, on entre dans une galerie obscure qui règne tout autour de l'édifice. Il y a encore plusieurs colonnes debout. L'intérieur du temple et de la galerie est couvert d'hiéroglyphes peints, qui conservent leur fraîcheur première. Un caschef qui s'imaginoit que le temple de Dendera receloit de grands trésors, employa des mineurs à faire sauter une partie des murailles.

Le même jour que nous étions arrivés à Dendera, nous en partîmes, et à minuit nous atteignîmes Ghenné, l'ancienne Cœnopolis. Il est extrêmement agréable de naviguer sur le Nil pendant la tranquillité

(1) Pococke dit 145.

de la nuit, soit que la clarté de la lune argente les eaux du fleuve, soit que d'innombrables étoiles y peignent leur étincelante lumière. On distingue sur-tout parmi ces astres, la brillante étoile de Canope, qu'on ne peut pas apercevoir en Europe, et qu'on voit en Egypte, de tous les endroits où les montagnes ne bornent pas l'horizon.

Le 19 octobre (1), nous nous trouvâmes vis-à-vis de Cophtis, appelé aujourd'hui Kepht. La place qu'occupent les décombres qui indiquent l'ancienne étendue de cette ville, a au moins deux milles de circonférence. On y voit plusieurs petites colonnes de granit gris renversées, et de grandes pierres sur lesquelles sont sculptés des hiéroglyphes. Cophtis est bien moins éloigné des bords du Nil que ne le marquent les géographes européens.

Il reste près de cette ville des ruines qui montrent qu'il y avoit autrefois un pont, mais d'après lesquelles il n'est pourtant pas possible de juger de quelle étendue il pouvoit être. On voit seulement qu'il n'étoit construit que de petites pierres.

Le 20 octobre, nous nous arrêtâmes vis-à-

(1) 1792.

vis de Kous (1). Je remarquai à une petite distance de la ville et du côté du nord-est, une ancienne porte ornée de figures, et ayant une très-épaisse corniche. Kous est bien peuplé, situé sur la rive orientale du Nil et à environ un mille de ce fleuve.

Le 21 octobre, nous passâmes pendant la nuit devant Nakadé, où il y a un couvent catholique. Le lendemain nous arrivâmes à Aksôr, qui est l'ancienne et fameuse ville de Thèbes.

Il est nécessaire de jeter un coup-d'œil sur la topographie de la haute Egypte. Les villes et les champs cultivés qui se trouvent à l'est du Nil, sont tous sur les bords de ce fleuve. Ceux de la rive occidentale en sont moins également rapprochés. Les montagnes se prolongent régulièrement des deux côtés. Au-delà de ces remparts formés par la nature, est, du côté de l'ouest, un vaste désert de sable, que traversent de tems en tems les arabes maugrebins. A environ cent milles du Nil, on trouve çà et là au milieu de cette mer de sable, quelques fertiles Oases (2).

(1) L'Apollinopolis parva.
(2) Les Oases offrent de l'eau et quelque verdure; ce sont les îles du Désert. (*Note du traducteur.*)

À l'est du Nil, c'est-à-dire entre ce fleuve et le Golfe d'Arabie (1), sont de grandes chaînes de montagnes de marbre et de porphyre, presque entièrement dépourvues d'eau; de sorte qu'on n'y a bâti ni ville ni village. Cependant quelques tribus d'arabes errans, tels que les ababdés et les behi-hossein, vivent dans les parties de ces montagnes où l'on trouve un peu de végétation et d'eau; mais le nombre de ces bédouins ne s'élève pas à plus de trois à quatre mille. Les bords même de la mer Rouge du côté de l'Egypte, ne sont que très-peu habités; et tous les arabes à l'est du Nil sont peu redoutables.

Les maugrebins, bien plus féroces que les autres, pourroient armer jusqu'à trente mille hommes, si leurs différentes tribus savoient agir d'accord, chose qui est presque impossible. Elles sont toujours en guerre entre elles, et leurs partis sont rarement de plus de quatre à cinq cents combattans.

L'Oasis parva, qu'on appelle à présent *El-Wah-el-Ghourbi*, sert, pour ainsi dire, de capitale aux arabes maugrebins qui s'étendent de l'Egypte au Fezzan et à Tripoli.

(1) La mer Rouge.

Ces arabes sont vêtus d'une chemise de toile de lin ou de coton, par-dessus laquelle ils roulent une pièce de belle flanelle. Ils ont tous des armes à feu, ne quittent même jamais leur fusil, et tirent avec beaucoup de justesse. Leur principale occupation est d'élever des chevaux (1), des chameaux et des moutons. Ils sont courageux et très-sobres. Un petit gâteau et une bouteille de cuir remplie d'eau, suffisent à chacun d'eux pour se nourrir pendant vingt-quatre heures.

On prétend qu'il y a beaucoup de ruines à El-Wah-el-Ghourbi. Quant à l'*Oasis magna*, qu'on nomme simplement *El-Wah*, j'en parlerai quand je serai à l'article de mon voyage à Dar-four. Je me contenterai d'observer ici que la distance marquée sur les dernières cartes, entre ce lieu et l'*Oasis parva* n'est nullement exacte. Les maugrebins m'apprirent à *El-Wah* que Charjé, le village le plus septentrional de ce district, n'étoit qu'à deux journées de marche d'El-Wah-el-Ghourbi, c'est-à-dire à environ quarante milles.

L'Oasis magna est précisément par la

(1) Ils vendent les chevaux mâles, et montent les jumens dans leurs expéditions guerrières.

même latitude que Dendera ; par conséquent l'extrémité méridionale de l'Oasis parva doit être un peu au sud de la latitude d'Assiout, et un peu au nord de celle des monts Tinodes (1), c'est-à-dire de la chaîne des montagnes qui est à l'est des deux Oases. Je ne vis point de montagnes ni à l'ouest ni au sud. L'Oase la plus septentrionale qu'on connoisse près de l'Egypte, est celle de *Siwa* dont j'ai fait plus haut la description.

(1) Voyez la carte de d'Anville.

CHAPITRE IX.

HAUTE ÉGYPTE.

Thèbes. — Antiquités. — Cavernes peintes. — Découverte et description de ces cavernes. — Mœurs des habitans de Thèbes. — Isna. — Beys fugitifs. — Ruines. — Pluie. — Assouan ou Syené. — Ce qui empêche l'auteur de pénétrer en Nubie. — Retour à Ghenné.

A mon arrivée dans la Thébaïde, les habitans venoient d'être dans un état de rébellion ouverte contre les mamlouks; mais je les trouvai un peu calmés. Les seuls troglodytes, c'est-à-dire ceux qui habitent les cavernes, se montroient encore irrités, et s'opposoient aux troupes du bey, sur lesquelles ils faisoient souvent feu de leurs retraites; d'autres fois ils se retiroient dans les montagnes, où l'on ne pouvoit les poursuivre.

Les ruines colossales et magnifiques de l'ancienne Thèbes, la première capitale de l'Egypte, la ville de Jupiter, la ville aux cent portes, doivent remplir de respect et d'admiration tout spectateur un peu instruit. Ces ruines éparses sur les deux rives du Nil, sont d'une étendue proportionnée à ce que les anciens auteurs disent de Thèbes, et rappellent sur-tout la brillante description qu'en fait Homère : — « La Thèbes d'Egypte, « dont les vastes palais sont remplis de ri- « chesses. De chacune de ses cent portes « sortent deux cents guerriers avec leurs « chevaux et leurs chars ».

Les ruines de Thèbes qui sont probablement les plus anciennes du monde (1), occupent le long du Nil un espace d'environ trois lieues, à l'est et à l'ouest du fleuve. Elles vont jusqu'aux montagnes, c'est-à-dire qu'elles remplissent les deux côtes de la vallée, qui ont ensemble deux lieues et demie de large. Le Nil a dans cet endroit une largeur de trois cents pas ; par conséquent la circonférence de l'antique Thèbes étoit d'environ vingt-sept milles.

En remontant le Nil, le premier village qu'on rencontre sur le territoire de Thèbes, est *Kourna*. Il est situé sur la rive occidentale du fleuve, et n'a que très-peu de maisons,

---

(1) L'Auteur oublie que dans le voisinage de Thèbes, dans l'Ethiopie, sont les ruines d'*Axum*, ville qu'on croit bien plus ancienne que Thèbes. (*Note du Traducteur(.*

parce que les gens du pays habitent, pour la plupart, des cavernes. Un peu plus haut sur la rive orientale, est le village d'Abouhadjadj et ensuite le petit district de Karnak. La plus grande partie de Thèbes étoit bâtie sur la rive orientale du Nil. Au sud-ouest et à l'extrémité des ruines, on trouve *Médinet-Abou* (1). Arment qui est à deux lieues au sud, ne peut pas être considéré comme faisant partie de ces ruines.

Des voyageurs modernes ont prétendu que Thèbes avoit été bâti dans un endroit qu'ils appellent *Luxor* : mais ce nom ne se trouve point dans le journal que j'ai fait sur les lieux ; je ne me rappelle pas même de l'y avoir jamais entendu prononcer, et je ne le crois point arabe. Il y a d'autres auteurs qui écrivent *Aksor* ; et cela me convainc que l'un et l'autre sont des corruptions d'*El-Kussour*, nom que les arabes donnent aux ruines. Norden écrit très-incorrectement les noms arabes, et est également inexact dans sa topographie.

En décrivant les ruines de Thèbes, je commencerai par les plus considérables qui sont à l'est du Nil. Les principales sont

(1) D'autres écrivent *Medinet Tabu*.

celles d'un temple, formant un carré long d'une vaste étendue, et ayant à chaque extrémité une double colonnade. Ses énormes colonnes et ses murs sont couverts d'hiéroglyphes, qui ont dû coûter un immense travail. Ce temple est dans le district de Karnak.

Après ces ruines, les plus importantes sont celles d'un autre temple qui est à Abouhadjadj.

A l'ouest du Nil, on voit beaucoup de ruines, et des avenues marquées par des restes de sphinxs. On y distingue deux figures colossales, de pierre calcaire, comme le reste des ruines, et représentant l'une un homme, l'autre une femme.

Il y a les restes d'un grand temple, avec des cavernes creusées dans le roc.

Le magnifique édifice qu'on appelle le palais de Memnon, est à Kourna sur la même rive du Nil. Quelques colonnes de cet édifice ont quarante pieds de haut et neuf pieds de diamètre; et elles sont toutes, ainsi que les murailles, chargées d'hiéroglyphes.

Derrière le palais de Memnon est le passage nommé *Biban-el-Molouk*, qui conduit dans les montagnes. A l'extrémité de ce passage on trouve les fameuses cavernes, regardées comme les tombeaux des anciens rois d'Egypte.

Plusieurs de ces cavernes ont été décrites d'une manière assez détaillée par Pococke, qui en a, en outre, donné le plan. Cependant divers habitans d'Assiout et de quelques autres parties de la haute Egypte, m'assurèrent qu'il n'y avoit pas plus de trente ans que ces cavernes avoient été découvertes (1). Ce fut, dirent-ils, un fils du scheik Haman (2), chef arabe qui gouvernoit tout le sud de la haute Egypte depuis Achmin jusqu'aux frontières de la Nubie, lequel fit ouvrir quatre de ces cavernes dans l'espoir d'y trouver des trésors.

Il y a apparence que ces tombeaux ont été anciennement pillés; mais on ignore comment on peut ensuite les avoir oubliés. L'un de ceux que j'ai visités est parfaitement conforme à ce qu'en dit Pococke : mais les trois autres répondent fort mal à sa descrip-

(1) Cela ne prouve pas que Pococke ne les ait vues. Ce voyageur étoit en Egypte long-tems auparavant.
(2) Bruce parle beaucoup du scheik Haman.

tion. Il est possible que quelques-uns de ceux qu'il vit aient été peu à peu comblés par les sables, et que le fils du scheik Haman en ait fait ouvrir d'autres.

Ils ont tous été creusés dans le roc vif, et probablement d'après un plan général, quoiqu'ils diffèrent par les détails. Il y a d'abord une entrée étroite et assez longue, ensuite une chambre. Une continuation du passage qui forme l'entrée, tourne tout-à-coup à droite et conduit dans la chambre qui servoit de sépulture, au milieu de laquelle on voit un sarcophage de granit rouge.

Dans la seconde partie du passage de la plus grande caverne, il y a des deux côtés plusieurs cellules. C'est-là que sont les principales peintures, représentant des mystères; et ces peintures, ainsi que celles des hiéroglyphes qui couvrent les parois des chambres, sont encore très-fraîches.

J'y remarquai particulièrement, deux joueurs de harpe, qui ont été décrits par le chevalier Bruce : mais les gravures qu'il en a données, me semblent dessinées de mémoire. Les marchands français établis au Caire, me dirent que ce voyageur avoit à sa suite deux artistes, l'un desquels étoit le bolonois Luigi Balugani, et l'autre le florentin Zucci.

Je descendis à Kourna avec mon domestique grec. Je n'aperçus d'abord aucun homme. Il n'y avoit que deux ou trois femmes qui se tenoient de bout à l'entrée d'une caverne. Tandis que nous cherchions le Scheik-el-Belad pour lui demander un guide, une de ces femmes nous dit en arabe : — « N'avez-vous « pas peur des crocodiles ? » — Je lui répondis que non. — « Bon, reprit-elle avec « emphase, nous sommes des crocodiles »; et elle partit de là pour peindre les gens de sa nation comme des voleurs et des assassins. Ils sont en effet d'un naturel féroce, et diffèrent des autres égyptiens par leurs traits comme par leurs mœurs. Ils sont armés de lances de douze à quatorze pieds de long, avec lesquelles ils donnent souvent la mort.

Mahomet Bey-Elfi m'avoit prévenu au Caire que quand je serois à Kourna, il me faudroit une garde de vingt hommes. Cependant le Scheik-el-Belad ne me fit accompagner que par deux guides, et ils me suffirent.

Nous vîmes beaucoup de sang répandu dans le temple de *Medinet-Abou*; et nous apprîmes par les paysans de Beirat que les habitans de Kourna y avoient massacré récemment un maugrebin et un grec qui se rendoient de Syené au Caire. Ces deux voyageurs étoient entrés dans ce temple par curiosité, ou peut-être dans l'espoir d'y trouver quelque trésor, car les maugrebins prétendent être très-experts en cela.

Je vis dans le village de Beirat une source d'eau courante; et l'on me dit qu'il y en avoit d'autres dans le voisinage. L'eau y est douce, mais elle a pourtant un goût différent de celle du Nil.

Pococke a observé que les villes murées n'étoient pas communes en Egypte ; c'est pourquoi, ajoute-t-il, il est probable que Thèbes n'étoit point entourée de murs. On peut croire aisément que le passage d'Homère sur les cent portes de Thèbes ne désigne pas les portes de la ville ; mais je n'en crois pas moins qu'elle étoit murée, car il y a encore des traces de murailles très-faciles à distinguer.

Dans l'enceinte du vaste temple d'El-Kussour, il y a une petite chambre dont le dedans est revêtu de granit rouge et de porphyre ; et quand on monte jusqu'au haut de cette chambre par-dehors, et qu'on jette les yeux directement vers le sud, aussi loin que la vue peut s'étendre, on découvre une masse isolée, qui a toute l'apparence des ruines d'une porte. Du même endroit, on voit avec un télescope, à l'ouest et au nord, d'autres ruines qui paroissent avoir le caractère des premières, mais qui sont dans un état bien plus imparfait. D'après leur situation correspondante à l'ouest, au nord et au sud, et d'après la distance qu'il y a des unes aux autres, je fus porté à croire que c'étoient les restes de trois portes. Celle de l'ouest est très-rapprochée des montagnes.

Après avoir passé trois jours sur le territoire de l'ancienne Thèbes, je me rembarquai le 29 octobre (1) pour continuer à remonter le Nil.

Le lendemain nous arrivâmes à Isna, grande ville, où se tenoient les beys qui avoient été obligés de s'enfuir du Caire. On voit à Isna un temple du même genre que ceux de Thèbes, mais moins grand : il est assez bien conservé.

Les beys qui se trouvoient à Isna, étoient *Hassan-el-Giddawi*, *Achmed-el-Uali*, Os-

(1) 1792,

man-Bey-Hassan, et un autre dont je ne pus pas savoir le nom. Depuis long-tems exclus du Gouvernement, ils étoient pauvres et fort tristes. Hassan-Bey avoit une suite d'environ trente mamlouks; mais les autres n'en avoient guère que huit ou dix chacun. Tout leur revenu consistoit en ce qu'ils pouvoient retirer des environs d'Isna et de Syené, pays qui produit très-peu.

Nous passâmes la nuit à Isna, et le matin nous nous mîmes en route pour Edfou.

Les habitans d'Isna ont, à l'égard des crocodiles, des préjugés semblables à ceux des Indes occidentales. Ils prétendent qu'il y a près de leur village, un roi des crocodiles, qui a des oreilles et point de queue, et qu'il possède une qualité très-rare et vraiment royale (1), celle de ne jamais faire aucun mal. Quelques gens de Kourna ont même la hardiesse de soutenir qu'ils ont vu cet animal.

Le 28 octobre, nous vîmes près du village d'Hillal, les restes d'une ancienne ville, des fragmens de deux anciens temples, et une statue moins grande que nature, agenouillée,

_____
(1) Il y a un proverbe anglais qui dit : « Le roi ne « peut pas faire du mal. »

et brisée au-dessus des genoux. Les pieds et les jambes de cette statue étoient bien entiers. La ville avoit été entourée d'une muraille de briques cuites au soleil ; mais il est impossible de dire à quelle époque.

Dans la matinée du 29 octobre, nous eûmes une petite ondée de pluie, la seule que j'aie vu tomber dans la haute Egypte. J'examinai à Edfou une espèce de portique, avec un petit temple adjacent.

Le 30, nous passâmes à côté du Gibel-el-Silsili. C'est une chaîne de montagnes qui jadis se prolongeoit par-dessus le Nil. L'on y voit quelques sépultures taillées dans le roc, qui est excessivement dur, mais non de granit, comme le dit Norden.

Le même jour nous vîmes *Koum-Ombou*, nom qui signifie littéralement les ruines d'Ombos. C'est-là qu'est le temple décrit par ce même Norden dont je viens de parler.

Nous arrivâmes le lendemain à Assouan, l'ancienne Syené. Là, il y a peu de monumens de l'antiquité, et quelques-uns de ceux qu'on y voit semblent être plutôt l'ouvrage des romains que des égyptiens. La ville moderne même est presqu'en ruines, et ne contient que peu de maisons et d'habitans. Son principal revenu est un petit impôt mis sur les dattes qu'on envoie d'Ibrim au Caire.

On voit près d'Assouan les tombeaux des mamlouks qui s'enfuirent devant Sélim II, lorsque ce prince fit la conquête de l'Egypte : mais ces tombeaux sont entièrement dégradés.

Il y a aussi quelques monumens d'architecture dans l'île qui est vis-à-vis d'Assouan, et qu'on appeloit anciennement Eléphantine (1). Les arabes renferment leur bétail dans l'un de ces monumens. On y voit une statue de granit tenant un bâton recourbé dans chaque main. Une chose assez singulière, c'est que beaucoup d'habitans de cette île ont les formes, la figure et même les cheveux des nègres.

A environ trois heures de marche au-dessus d'Assouan, on trouve la première cataracte du Nil. Il n'y a pas une grande chute ; mais le fleuve court avec assez de rapidité à travers un grand nombre d'îles et de rochers de granit semés çà et là. Il

(1) Maintenant cette île s'appelle Geziret-el-Sag. C'est le *Claustra Imperii Romani* de Tacite.

fait si peu de bruit qu'à peine on l'entend.

J'observai près de la cataracte plusieurs rochers noirs ; mais j'en étois trop loin pour distinguer si c'étoient des basaltes. On sait que plusieurs des anciennes statues et des pierres gravées qu'on a trouvées en Egypte, sont de cette matière ; mais on croit qu'elles y ont été portées d'Abyssinie. Je n'ai vu aucune carrière de basalte, ni en Egypte, ni dans les autres parties de l'Afrique que j'ai visitées.

Je demeurai trois jours à Assouan, et je fis tous mes efforts pour pouvoir continuer ma route le long du Nil. Mais la guerre étant déclarée entre les mamlouks du Saïd et le caschef d'Ibrim, on ne permettoit à personne de passer d'Egypte en Nubie. Depuis plusieurs mois les caravanes étoient arrêtées, et on ne pouvoit pas se procurer un seul chameau. Je n'avois pas pu être instruit au Caire de cette guerre, parce qu'elle avoit été suscitée par les beys fugitifs.

Profondément affligé de voir s'évanouir l'espérance que j'avois eue de pénétrer en Abyssinie par ce côté-là, je fus contraint de songer à mon retour. En conséquence je quittai Assouan, le 4 novembre 1792; et descendant le Nil bien plus rapidement que je ne l'avois remonté, j'arrivai le 7 à Ghenné.

CHAPITRE X.

VOYAGE A COSSEÏR.

Motifs de l'auteur pour se rendre à Cosseïr. — Danger qu'il court. — Route. — Description de Cosseïr. — Commerce. — Retour par un autre chemin. — Rochers de granit et ancien chemin. — Carrières de marbre. — Canal. — Poterie de Ghenné. — Meurtre de deux Grecs. — On répand le bruit de la mort de l'auteur.

A mon retour à Ghenné, je ne pus résister à la curiosité que m'avoit inspirée la description nouvellement publiée (1), des beaux marbres qu'on trouvoit sur la route de Cosseïr. Quoique les arabes bédouins infestassent ces contrées, il n'étoit pas difficile de trouver moyen d'y passer. Mais comme je ne me proposois pas de faire un long séjour à Cosseïr, je résolus de ne prendre avec moi que des choses dont la perte ne pût me coûter aucun regret.

J'avois encore un autre motif de ne pas m'arrêter long-tems à Cosseïr. Il n'y avoit

(1) *Voyez* le voyage de Bruce, tome I, in-4.º

que cinq ou six ans (1) qu'un vaisseau anglais, commandé par le capitaine Mitchell, avoit mouillé dans ce port; et une querelle s'étant alors élevée entre l'équipage de ce vaisseau et les habitans à cause de l'eau qu'il est très-difficile de se procurer à Cosseïr, le capitaine fit tirer sur la ville, où quatorze ou quinze personnes furent tuées. Les habitans furent si irrités de cet acte de violence, qu'ils jurèrent de sacrifier le premier anglais qui tomberoit entre leurs mains. Cependant j'espérai que je pourrois y aller sans être reconnu; et en effet, je ne le fus point.

M'étant arrangé avec un arabe qui, moyennant quinze mahboubs, me fournit un domestique avec deux dromadaires pour porter mon bagage, et un troisième dromadaire pour me servir de monture, je partis de Ghenné dans la matinée du 8 novembre 1792. Nous voyageâmes avec rapidité; et le 11 novembre, avant le coucher du soleil, nous arrivâmes à Cosseïr.

Nous avions pris le chemin qui est le plus au nord, et qui, je crois, n'est pas celui par où passa le chevalier Bruce. Il est le

―――――――
(1) En 1786.

plus long de tous (1), mais aussi il a l'avantage d'être moins fréquenté par les voleurs. Le premier jour nous marchâmes douze heures, le second quinze, et le troisième treize ; ce qui fait en tout quarante heures.

Les principaux habitans de Cosseïr vinrent les uns après les autres, nous complimenter sur notre arrivée. Tous m'examinoient avec un air soupçonneux ; et ils paroissoient d'autant plus inquiets sur mon compte, que je ne parlois pas encore facilement l'arabe. Mais celui qui m'observoit avec le plus d'attention, étoit un vieux schérif, homme très-considéré dans la ville, qui étant allé à la Mecke, à Constantinople, à Bagdad et dans plusieurs autres parties de l'Empire ottoman, avoit eu occasion de voir des hommes de différente nation, et de distinguer leurs traits caractéristiques, chose assez rare dans ces contrées.

Après les premières salutations, il me dit: «— N'êtes-vous pas un franc ? »—« Non, répondis-je ». — « Mais vous êtes d'origine franque. »—« Non, je suis né géorgien ; mais
« j'ai passé si peu de tems à Constantinople
« que je ne crois pas mieux parler le turc

---

(1) De deux ou trois heures.

« que l'arabe ». — Je voyois que le turc lui étoit un peu familier, car il m'interrogeoit dans cette langue.

Mon domestique se mêla alors de la conversation ; et j'échappai aux recherches du vieux schérif.

L'habillement et le langage des habitans de Cosseïr ont plus de rapport avec ceux des peuples de la côte orientale du golfe d'Arabie, qu'avec ceux des égyptiens. Ils sont armés d'un *jembia*, espèce de sabre recourbé d'environ trente pouces de long ; et ils portent aussi communément une lance. Enfin ils ont bien plus l'air d'une colonie d'arabes que d'être d'origine égyptienne.

Cosseïr fait un grand commerce de café. Autrefois toute la haute Egypte tiroit le café de Suez et du Caire ; mais les beys y ont mis des impôts si considérables, que les habitans du Saïd vont le chercher à Cosseïr, et ils l'ont d'une meilleure qualité et à meilleur marché que celui qui vient par Suez.

L'on pêche à Cosseïr beaucoup d'excellent poisson. Le poivre et les autres épiceries y arrivent sans payer de droits. L'on y porte de Jidda des esclaves abyssins, mais en petit nombre, qu'on conduit ensuite au Caire. Tandis que j'y étois, on y vendit pour cent mahboubs (1) une très-belle fille.

Les provisions ne sont pas abondantes à Cosseïr, parce que les environs de la ville ne sont pas propres à être cultivés. Le beurre même qu'on y consomme y est porté d'Arabie. Ce sont les bédouins qui y charrient de l'eau, qu'ils vont prendre à Terfowé, à trois heures de marche de Cosseïr. S'il survient quelque difficulté à l'occasion du prix de cette eau, et que le charroi en soit interrompu, les habitans sont obligés de boire de l'eau saumache. Nous y payâmes la bonne eau à raison de vingt-cinq médines le *ghirbé* (2).

Tandis que j'étois à Cosseïr, il n'y avoit dans la rade, que deux navires, qui étoient nouvellement arrivés de Jidda. Les maisons de Cosseïr sont d'argile. Il n'y a que peu d'habitans ; mais le nombre des étrangers qui y passent continuellement, est très-considérable.

Je ne découvris aucun monument de l'antiquité dans les environs de Cosseïr. Il

(1) Environ sept cent vingt francs.
(2) C'est une outre.

est vrai que je ne pus pas m'écarter beaucoup de la ville. Voyant que les habitans conservoient un vif ressentiment contre les francs, je crus qu'il étoit prudent de hâter mon départ : sans cela j'aurois fait quelques excursions par mer; je serois sur-tout allé visiter la mine d'émeraudes (1).

Le 13 novembre (2), à sept heures du matin, nous partîmes de Cosseïr : nous prîmes alors la route directe, la même qu'avoit suivie Bruce. Le 14, nous rencontrâmes une caravane qui venoit de Ghenné, et le lendemain après-midi, nous atteignîmes le village de Bir-Ambar, où nous passâmes la nuit chez un homme qui nous traita avec beaucoup d'honnêteté.

Le 16, au lever du soleil, nous nous remîmes en route, et trois heures après nous fûmes arrivés à Ghenné. J'ai oublié de dire qu'il y avoit à Cosseïr un officier du caschef de Ghenné. Il y étoit occupé de la perception des impôts, et il paroissoit avoir fort peu d'autorité sur les habitans.

La route que nous suivîmes en allant à Cosseïr, ainsi que celle par où nous en

(1) *Maadden ezzummeroud.*
(2) 1792.

revînmes, a quelque chose de très-remarquable. Elles sont l'une et l'autre bordées de chaque côté de grandes et inégales masses de granit et de porphyre, qui sont à-la-fois magnifiques et effrayantes : mais le sentier qui passe à travers ces rochers est presque par-tout uni, et doit avoir exigé un immense travail. Cela prouve combien le port de Cosseïr étoit autrefois fréquenté.

Dans la route que nous suivîmes en allant, nous remarquâmes sur les rochers les plus élevés et à égale distance, une suite de petits carrés de maçonnerie, où il y a encore des traces qui indiquent qu'on y allumoit du feu pour servir de signal. Cependant ces ouvrages sont trop grossièrement construits, pour qu'on puisse déterminer l'époque où ils ont été faits. Il semble seulement qu'ils sont fort anciens.

Le granit rouge est très-commun dans cette partie de l'Egypte, et la chaîne de montagnes qui en est composée s'étend du nord au sud. Il y a aussi beaucoup de grands rochers de porphyre rouge et verd : mais ils sont en plus grande quantité dans la route que nous suivîmes en allant. Je remarquai plusieurs veines d'albâtre dans l'une et dans l'autre route, mais particulièrement dans celle par où nous revînmes. Je fus long-tems sans pouvoir découvrir du verd antique (1); mais enfin, j'en trouvai en observant les signes que le chevalier Bruce a décrits. Cette route offre des marbres dont l'immense quantité et la magnificence étonnent le spectateur. On peut exploiter encore ces carrières; et dès-lors l'architecture égalera celle des plus beaux âges de la Grèce et de Rome, pour la richesse et la durée des ornemens. Quant à la justesse des proportions, à la simplicité du goût, et à la correspondance des parties pour former un ensemble sublime, il est difficile de croire que les modernes égalent jamais les anciens.

Les vastes excavations qu'on voit dans ces montagnes, et qui y rendent en beaucoup d'endroits le chemin plus facile, ont sans doute suffi pour fournir tout le marbre qu'on sait avoir été employé par-tout ailleurs. Il étoit en outre bien plus aisé de le transporter de là que d'aucune autre partie de l'Egypte vers le sud, ou que de lui faire faire un long chemin par terre en le tirant de l'Arabie Pétrée et des environs du mont Sinaï.

(1) *Il verde antico.*

Cependant comme le marbre des montagnes de Cosseïr étoit à une journée ou deux de la mer, il étoit nécessaire d'avoir un chemin assez commode pour le transport de ces grands blocs. Soit donc pour cette raison, soit par toute autre cause que nous ignorons, il a été avancé par des anciens auteurs qu'on avoit creusé dans cette partie un canal de communication entre le golfe d'Arabie et le Nil; et plusieurs modernes très-instruits ont soutenu la même idée. J'avoue que je penchois un peu à le croire, et que j'ai visité les lieux pour tâcher de découvrir si ce canal avoit existé : mais je n'en ai trouvé aucune trace ; l'on sait au contraire que le niveau du chemin est à une certaine distance du Nil, bien plus élevé que le lit de ce fleuve, qui n'est pourtant pas aussi bas qu'il l'étoit dans les premiers tems. Enfin, s'il y a eu un canal, l'eau devoit couler du Nil à la mer, non de la mer au Nil; et la conclusion qu'il faut en tirer est sensible.

Il y a dans les environs de Bir-Ambar, et entre ce village et Ghenné, beaucoup de coloquintes ; mais les gens du pays les recueillent avec très-peu de soin, parce qu'on les vend à trop bas prix au Caire.

C'est à Ghenné qu'on fabrique les meilleures cruches et les meilleures aiguières (1). Elles sont d'une argile bleuâtre et très-fine, minces, légères et d'une jolie forme. On en fait aussi ailleurs, mais elles ne sont pas à beaucoup près autant estimées que celles de Ghenné. Quoiqu'il y ait peu d'ouvriers, ils en fabriquent une très-grande quantité; et ceux qui les transportent au Caire, les vendent le double de ce qu'elles coûtent à Ghenné. L'on y fait aussi de grandes jarres (1), d'une forme extrêmement élégante, qui servent à filtrer l'eau et à la rafraîchir au-delà de tout ce qu'on peut s'imaginer. Cependant les indigens boivent l'eau qu'ils y déposent avant qu'elle soit filtrée.

En partant pour Cosseïr, j'avois envoyé mes effets à Assiout. Ainsi, lorsque je fus de retour à Ghenné, je n'eus besoin que de me procurer un bateau pour descendre le Nil. J'en trouvai un dès le second jour, et j'eus pour compagnons de voyage, deux dervi-

(1) *Baraaks, koullé.*
(2) On les appelle *hamâm*, mot qui signifie *bain.*

ches, dont l'un étoit un homme très-intelligent. Nous nous arrêtâmes dans toutes les principales villes, sans qu'il nous arrivât rien d'extraordinaire. Le 21 novembre (1), nous arrivâmes à Assiout.

Je demeurai à Assiout jusqu'au 30 novembre, jour où je partis pour le Caire. Notre bateau suivoit le courant; car le vent souffloit du nord-ouest. Je m'arrêtai une nuit à Benesoef, dans l'intention de me rendre de là à Feïoume; mais ne trouvant pas les moyens de faire cette excursion, j'y renonçai, et je repris la route du Caire, où j'arrivai le 8 décembre.

Pendant mon voyage à Cosseïr et lorsque je descendis le Nil, le vent étoit si fort et si froid, que je fus attaqué de la fièvre en arrivant à Assiout. Une forte dose d'une poudre (2) que j'avois apportée de Londres m'en délivra.

Quelque tems avant mon retour à Ghenné, il passa à Kous deux grecs qui, comme on le disoit, alloient chercher fortune dans l'Habbesch (3). L'un avoit un peu d'argent;

(1) 1792.
(2) De la poudre de James.
(3) En Abyssinie.

l'autre ne possédoit rien du tout. Il s'éleva une querelle entr'eux; et quelques bons amis leur conseillèrent de prier le caschef de les mettre d'accord. Celui-ci étoit un jeune homme d'un caractère très-violent, qui après les avoir écoutés, trouva que l'argent étoit la cause de leur différend, et termina les espérances de l'un et les craintes de l'autre, en les faisant sur-le-champ tous deux mettre à mort.

La nouvelle de cet acte de barbarie parvint au Caire avec beaucoup de détails qui le faisoient paroître encore plus atroce. On ajouta même que le franc, qui étoit allé dans le Saïd, se trouvoit l'une des deux personnes massacrées; et le maître même du caschef fut trompé comme les autres. Ce maître étoit Keid-Aga, dans le département duquel se trouvoit Kous. En conséquence, il envoya un message pour atténuer les torts du caschef, et fit faire des offres de réparation au consul d'Autriche, le seul consul qui résidât au Caire. Ce dernier en écrivit aussitôt au consul anglais à Alexandrie; et les choses en étoient là lorsque mon retour au Caire dementit le faux bruit qui s'étoit répandu à mon sujet. La mort des deux grecs n'eut plus aucune suite.

CHAPITRE XI.

ÉVÈNEMENS ARRIVÉS AU CAIRE EN 1796.

Arrivée du pacha. — Mort d'Hassan-Bey. — Décadence de la factorerie française du Caire. — Les chrétiens maronites sont exclus de l'administration de la douane du Caire. — Émeute des galiougis. — Mourad-Bey fait boucher le canal de Menouf. — Empoissonnement des étangs du Caire. — Expédition d'Achmet-Aga.

LE nouveau pacha que la Porte envoya au Caire, fit son entrée dans cette ville le 13 octobre 1796, avec plus de pompe que n'en avoient déployé ses prédécesseurs. Il se nommoit Bekir, étoit pacha à trois queues (1) et avoit même occupé quelque tems le poste important de grand-visir. Quand il fit son entrée, il étoit précédé des grands officiers de la ville, parmi lesquels on distinguoit l'aga des janissaires; après eux étoient les bostangis, marchant deux à deux. Ceux-ci étoient suivis de plusieurs beys, superbement montés, allant

(1) Tôk.

également deux à deux, et accompagnés d'un corps nombreux de mamlouks. On voyoit ensuite douze chevaux richement caparaçonnés, une bande de musiciens appartenant au pacha, les porte-queues, les autres officiers, et tous les domestiques de sa maison, et enfin le pacha lui-même.

Ni Ibrahim, ni Mourad-Bey n'assistèrent à cette cérémonie. Quand elle fut achevée, ils rendirent, suivant l'usage, visite au pacha.

Quelque tems après, le pacha fit demander une entrevue au scheik el-Belad et au deftardar, afin d'aviser aux moyens d'envoyer le tribut (1) à Constantinople; ce qu'on avoit négligé depuis long-tems. Ibrahim lui fit dire que tout ce qui concernoit l'administration des revenus publics dépendoit de son frère Mourad, et que lui n'étoit chargé que du gouvernement de la ville. Mourad répondit en même-tems, que, depuis plusieurs années, le besoin de songer à sa sureté personnelle l'avoit détourné des affaires publiques, et qu'il n'étoit plus qu'un pauvre fermier cultivant du bled et des fèves. Il ajouta que le pacha devoit s'adresser aux

(1) Le chasné.

jeunes beys, qui, disoit-il, partageoient entr'eux toute l'autorité.

Le second message du pacha fut adressé à Mahomet-Bey-Elfi, à Ibrahim-Bey-el-Sogheïr, et aux autres jeunes Sengiaks. Ils répondirent que si le pacha vouloit de l'argent, il falloit qu'il apprît que tout leur or étoit enterré à *Kara-meidan* (1), et qu'il n'avoit rien de mieux à faire qu'à s'y rendre avec eux, pour en obtenir une partie.

Les mamlouks s'exercent ordinairement le lundi et le vendredi, dans la place appelée *Moustabé*, qui est entre le Caire et Misr-el-Attiké. Ils y tirent au blanc, et lancent le *jerid*. Les beys sont souvent spectateurs de ces exercices : quelquefois même ils y deviennent acteurs. Un jour Hassan-Bey qui avoit été esclave d'Ibrahim (2), et en qui ce dernier avoit beaucoup de confiance, se trouvoit présent à un de ces exercices. Un de ses mamlouks essaya de tirer à son tour; mais le coup ne partit

(1) *Kara-meidan* est une place où l'on exerce les troupes, et où les différens partis en viennent souvent aux mains.

(2) Le gouverneur du Caire.

pas. Il mit alors son fusil sur son épaule, et prit le galop pour faire place à un autre; mais au moment qu'il passoit devant son maître, l'amorce prit feu, et toute la charge traversa la poitrine du bey, qui expira sur-le-champ.

Le mamlouk prit la fuite, mais mal-à-propos; personne ne songeoit à lui faire un crime d'un malheur très-involontaire.

Mourzouk, fils d'Ibrahim, fut bientôt élevé à la place de bey, par le crédit de son père.

Dès le premier moment de mon arrivée en Egypte, et durant tout le séjour que j'y ai fait, j'ai entendu les français se plaindre hautement des mauvais traitemens qu'ils essuyoient de la part des beys. Il ne se passoit jamais plus de quarante ou cinquante jours sans que ces tyrans exigeassent de la factorerie française, des sommes qu'ils n'avoient nulle envie de lui rendre. En outre, le commerce des français diminuoit sans cesse, et ils n'avoient pas pu déterminer le fermier des douanes à fixer l'impôt que devoient payer les marchandises qu'ils recevoient.

Au commencement où la guerre éclata en Europe, un consul français (1), qui étoit nouvellement arrivé à Alexandrie, se rendit au Caire ; mais il étoit alors assez inutile qu'il résidât dans cette capitale, pour y protéger le commerce de sa nation, puisque le Gouvernement français étoit trop occupé d'autres objets pour songer à ses factoreries.

Les choses restèrent à-peu-près dans le même état jusqu'au mois de novembre 1796, que le consul français obtint de son Gouvernement la permission de quitter le Caire, et de s'établir à Alexandrie, ville où l'on est bien plus en sureté que dans la première, et d'où l'on peut s'échapper plus facilement lorsqu'il y a des vaisseaux européens dans le port. Les marchands européens qui résident à Alexandrie, sont à la vérité obligés de partager leurs profits avec les agens qu'ils ont au Caire ; mais aussi ils ont bien plus d'agrémens qu'ils n'en auroient dans la capitale. Il ne restoit dans cette capitale, au moment dont je parle, que trois maisons de commerce françaises, et un médecin de la même nation. Les autres

(1) C'étoit le citoyen Magallon.

français, au nombre de dix à douze familles, s'étoient réunis à Alexandrie. Il n'y en avoit pas d'autres en Egypte.

Au mois de novembre 1796, il y eut dans les douanes du Caire, d'Alexandrie et de Damiette, un changement qui déplut beaucoup aux chrétiens maronites. Les droits de douane avoient été long-tems affermés aux juifs, qui y faisoient de grands profits, mais qui étoient en même tems traités de la manière la plus cruelle : cependant depuis vingt ans, la ferme des douanes avoit passé dans les mains de divers chrétiens de Syrie, dont le nombre augmentoit en Egypte, à mesure qu'ils y acquéroient des richesses. Leur jalousie et leurs discordes continuelles favorisoient singulièrement la cupidité des beys, qui extorquoient de l'argent tantôt à l'un, tantôt à l'autre, et leur donnoient ainsi des leçons qui, quoique très-chères, ne leur étoient nullement profitables.

D'après leurs protestations les plus solemnelles, on auroit dû croire qu'ils perdoient continuellement sur la ferme des douanes; mais cette ferme leur étoit, au contraire, extrêmement avantageuse; et comme ils se trahissoient mutuellement, leurs délations en apprirent assez à Mourad-Bey, pour lui faire croire qu'en faisant lui-même percevoir les droits, il augmenteroit considérablement ses revenus.

Pour la première fois, peut-être, la manière de penser du bey fut d'accord avec le bien public; la majorité des marchands du Caire préféra la nouvelle administration des douanes à l'ancienne. Les chrétiens maronites se virent épargner les maux prétendus dont ils s'étoient tant plaints. Mais combien les vœux des hommes sont vains ! A peine la nouvelle administration fut en activité ; à peine la perception des droits d'entrée et de sortie, fut confiée à des mahométans chargés d'en rendre compte directement au bey, que les chrétiens syriens lui firent des propositions extrêmement avantageuses, pour qu'il leur rendît la ferme de ces droits. Mourad a un jugement sain, et quoique son tempérament, ses malheurs passés, et son indifférence sur l'avenir, l'aient rendu très-sensuel ; quoique ses profusions habituelles ne lui permettent pas d'être très-délicat sur les moyens de gagner, il fut indigné de la bassesse de ces parasites, rejeta l'offre de leurs présens conditionnels, et renvoya leur députation avec mépris. L'administration des douanes resta donc aux mahométans, et les chrétiens maronites en furent désolés.

Les marchands chrétiens de Syrie, établis au Caire, font parade de leurs richesses avec tant d'ostentation et de prodigalité, qu'ils rendent moins étonnantes les extorsions des beys. A la nôce d'un de ces marchands, qui dura dix jours, on servit sur la table des convives, cinq-cents poulets par jour, et tous les autres mets à proportion. Ce qu'on donna seulement aux chanteurs qui y assistèrent, se monta à quinze cents mahboubs.

Tandis que j'étois au Caire, il s'éleva une querelle entre les mamlouks et les galiongis (1) de Mourad-Bey, lesquels, pour la plupart, étoient chrétiens. Mourad avoit renvoyé un officier de ses vaisseaux, très-aimé des galiongis, et le mécontentement que leur occasionna ce renvoi, joint à l'animosité qui régnoit entr'eux et les mamlouks, fit qu'ils en vinrent aux mains avec ces derniers; ce qui coûta la vie à soixante-

---

(1) Matelots.

dix personnes, et fut cause que la ville resta fermée pendant plusieurs jours.

Vers la fin de 1796, le bras oriental du Nil qui va à Damiette fut presqu'à sec; et les eaux se jetant dans l'ancien canal de Menouf, prirent un cours plus direct. Il fallut remédier à cet accident; en conséquence Mourad-Bey chargea son ingénieur Achmed de ce travail. Achmed fit construire des digues dans le canal, et les eaux reprirent leur premier cours.

On multiplie le poisson au Caire, d'une manière assez singulière. Dès que le Nil commence à remplir les étangs (1) qui sont dans les environs de cette ville, les pêcheurs vont prendre, dans le fleuve, du frai de différente espèce, et le répandent dans les étangs, où, trois ou quatre jours après, il produit du poisson en abondance.

Ce fut dans le mois de novembre 1796, que le zanthiote (1) Achmed-Aga partit du Caire pour se rendre dans le Dar-four. Il profita du retour de la caravane avec laquelle j'étois revenu du Dar-four au Caire. Voici quel étoit le motif de son voyage.

(1) Birkels.
(1) Natif de l'île de Zanthe.

Abd-el-Rachman, sultan de Dar-four, desirant acquérir par toute sorte de moyens, une grande réputation parmi les princes ses voisins, et plus occupé de conquérir d'autres états que de conserver tranquillement les siens, vouloit avoir quelqu'un qui mît ses troupes en état de se servir de l'artillerie européenne. Il n'avoit jamais été témoin de l'effet des canons; mais il s'imaginoit qu'avec ces redoutables machines, il se rendroit bientôt maître de quelqu'une des mines d'or qui sont dans les environs du Sennaar. En conséquence il écrivit aux beys, pour les prier de lui envoyer un de leurs gens qui le mît à même d'avoir de la grosse artillerie. Il leur demanda aussi un médecin.

Achmed-Aga avoit embrassé l'islamisme. Il étoit assez bon mécanicien, et il connoissoit sur-tout la fabrication de l'artillerie (1). Comme il ne jouissoit pas au Caire d'une grande aisance, et que Mourad ne pouvoit guère augmenter sa fortune, à cause du grand nombre d'autres protégés qui avoient plus de droits que lui à ses bienfaits, ce

(1) C'est lui qui avoit établi dans la ville de Jiza, au sud du Caire, une fonderie de canons pour Mourad-Bey.

bey consentit à son départ. Il fit plus, il le recommanda avec chaleur au sultan de Darfour, et il lui donna un cheval, des chameaux et tout ce qu'il lui falloit pour son voyage. Achmed partit avec éclat. Il avoit à sa suite cinquante à soixante ouvriers assez courageux pour braver les difficultés d'un si long voyage, et pleins d'espoir de voir, sinon s'améliorer, du moins ne pas empirer leur situation. Il conduisoit aussi quatre canons de bronze et six pièces de campagne.

Il sembloit donc certain que les habitans du Soudan alloient acquérir encore une des inventions des sociétés civilisées, inventions que nous regardons comme avantageuses, mais qui peut-être ne le sont pas. J'ignore quel a été le sort d'Achmet-Aga : mais son entreprise étoit bien difficile, et il me paroît vraisemblable qu'après avoir vu ses brillantes espérances s'évanouir, il sera retourné malheureux en Egypte, ou il aura péri dans le Dar-four.

CHAPITRE XII.

DES ANCIENS ÉGYPTIENS.

Leurs traits, leur couleur, leur caractère, leurs mœurs.

Il est dans l'histoire des nations des faits qui sont devenus insensiblement obscurs, parce que les historiens contemporains et ceux des âges suivans les ont regardés comme trop généralement connus, pour en faire une mention particulière. Parmi tout ce que les historiens, les poètes et les orateurs grecs et romains nous ont laissé sur les mœurs d'Athènes et de Rome, nous ne trouvons pas les moyens de déterminer d'une manière certaine quelle étoit la prononciation des langues qu'on parloit dans ces deux villes. Quelques observations éparses dans les écrits de Denis d'Halicarnasse et de Cicéron, peuvent seules fournir aux philologues le moyen de jeter un foible jour sur ce sujet.

La couleur des anciens égyptiens est devenue, il y a quelque tems, un objet de dispute qui a occasionné beaucoup de recherches. Ce sujet est en effet intéressant et mérite quelque discussion. L'un des voyageurs les plus instruits (1) qui ont visité depuis quelque tems l'Egypte, semble croire que les premiers habitans de ce pays étoient des nègres, et que par conséquent c'est aux nègres que nous devons les sciences, cultivées d'abord en Egypte, et perfectionnées ensuite dans la Grèce, et tous les monumens des arts dont les foibles restes excitent encore notre admiration (2).

Par un excès de philantropie, Volney a mis aux argumens qui sont à l'appui de son opinion, plus d'importance que la nature de ces argumens ne le comporte; et l'autorité d'un écrivain aussi justement estimé du public, suffit pour donner créance à une erreur.

Si l'opinion dont je parle étoit fondée sur des raisonnemens plausibles, il seroit blâmable de chercher à la contredire : mais pour établir la certitude d'un fait, il faut plus que des conjectures ingénieuses, des ressemblances imaginaires, et des citations d'un sens douteux.

(1) Volney.
(2) Bruce est de la même opinion.

Pour traiter la question dont il s'agit, l'on doit être exempt des préjugés relatifs à la différence physique des blancs et des nègres. L'on doit ensuite examiner patiemment les raisons pour et contre, et en déduire les conséquences avec impartialité.

L'idiôme des cophtes ressemble beaucoup à l'arabe et au syriaque, ainsi que le reconnoît Volney. Mais lorsque les langues ont du rapport entr'elles, les nations qui les parlent peuvent-elles être étrangères l'une à l'autre?

Ne semble-t-il pas, au contraire, que les peuples qui parlent des langues qui se rapprochent, doivent avoir une origine commune? Eh! quelle différence entre la superbe abondance de la langue arabe, et l'extrême pauvreté des idiômes du centre de l'Afrique! (1)

Quoique très-éloignés de l'Asie, d'où sont partis les premières migrations, les éthiopiens, ou plutôt les abyssins, n'ont ni les traits ni les cheveux des nègres. C'est un fait attesté et par les auteurs portugais qui les premiers ont parlé de cette nation, et par Pon-

---

(1) *Populorum Africæ vocabula plerumque ineffabilia, præterquàm ipsorum linguis.* PLIN.

cet, et par le chevalier Bruce. Les habitans du Sennaar (1), du Dongola, du Mahas, et de quelques autres parties du Barabra ou de la Nubie, ne sont point des nègres, ainsi que le savent bien tous les européens qui en ont vu au Caire. Or, si tous ces peuples sont originaires de la Syrie, ou de l'Arabie Heureuse, comment peut-on croire que les égyptiens aient eu pour aïeux une colonie venue du centre de l'Afrique ?

L'on a prétendu que la statue colossale du sphinx qu'on voit près des pyramides, aidoit à prouver que les égyptiens étoient noirs, parce que la figure de cette statue ressembloit à celle d'un nègre. Cependant cette figure est aujourd'hui si dégradée, qu'il est impossible de dire quel en est le vrai caractère. En outre, dans les statues qui doivent servir d'ornemens, et qui représentent des hommes ou des femmes, l'artiste s'attache à imiter les traits qui lui sont les plus familiers, ou qui plaisent le plus à sa nation ; mais dans une statue emblématique, il doit avoir une toute autre idée. Faut-il que d'après la figure de l'Anubis (2), on croie

(1) Fungni ou Funges.
(2) *Latrator Anubis.*

qu'il y a eu autrefois une race d'hommes à tête de chien ? Malheureusement parmi les sphinx de Thèbes, dont il reste une immense quantité de fragmens, il n'y a pas une seule tête assez entière pour donner une idée des traits que le sculpteur a voulu imiter.

L'on dit que les statues du Nil sont de marbre noir, par allusion à ce que ce fleuve sort d'Ethiopie. Si le sphinx, dont on a jusqu'à présent expliqué le caractère symbolique d'une manière si peu satisfaisante, a quelque rapport au même sujet, ne peut-on pas aussi par la même raison, lui avoir donné les traits des nègres (1) ? L'on n'auroit sans doute pas eu besoin d'expliquer pourquoi la statue du Nil étoit noire, si l'on avoit généralement reconnu que le teint des égyptiens étoit de cette couleur.

Quand bien même il y auroit autant de raisons pour faire croire que les premiers habitans de l'Egypte étoient des nègres, qu'il y en a contre cette opinion, le silence absolu

(1) Celui qui paroît avoir eu l'idée la plus juste du sphinx, est le consul Maillet ; il croit que c'est un emblème des crues du Nil, sous les signes du lion et de la vierge.

des anciens auteurs suffiroit pour la détruire. Je sais bien qu'au défaut des témoignages positifs de l'histoire, les monumens de l'antiquité peuvent fournir des preuves ; et parmi ces monumens, on doit distinguer les petites statues d'Isis qu'on trouve chaque jour au milieu des ruines dans différentes parties de l'Egypte. Or, ces statues ont des cheveux longs, très-épais et bouclés d'une manière particulière ; d'ailleurs ni leur nez, ni leurs lèvres, ni leurs autres traits ne ressemblent à ceux des nègres. Il en est de même des figures en haut et en bas-relief, qui sont sur les murs des temples de Thèbes et dans les cavernes du Gibel-el-Silsili. Quant aux deux statues colossales (1) de Thèbes, leurs traits sont trop dégradés pour qu'on puisse en avoir une idée juste.

Les deux joueurs de harpe et plusieurs autres figures peintes dans les cavernes de

(1) Ces deux statues s'appellent, l'une *Schaami*, l'autre *Taami*. Elles sont assises, ont beaucoup de cheveux bouclés, et sont couvertes d'hiéroglyphes. Placées dans la campagne des environs de Thèbes, elles servoient, dit-on, à marquer la hauteur des crues du Nil. (*Note du traducteur.*)

Thèbes (1), et dont les couleurs sont très-bien conservées, ont les traits et le teint parfaitement semblables à ceux des égyptiens de nos jours.

La conclusion qu'on croit pouvoir tirer de ce que dit Hérodote de la couleur noire et des cheveux des égyptiens, n'est pas juste. Les expressions (2) de cet historien sont relatives et se rapportent à ce que les égyptiens paroissoient avoir le teint foncé et les cheveux crêpus, en comparaison de ceux des grecs; et certes elles ne signifient point qu'ils fussent absolument noirs, ni qu'ils eussent les cheveux laineux.

Je puis citer à l'appui de l'explication que je donne de ce passage d'Hérodote, un autre passage d'Ammien-Marcellin (3). Cet auteur dit que les égyptiens sont *atrati*, épithète qui a la même signification que celle (4) d'Hérodote, mais qui est aussi évidemment employée dans un sens comparatif; car dans la phrase suivante Ammien Marcellin dit

(1) *Biban-el-molouk*, c'est-à-dire, les tombeaux des rois.

(2) μελάγχροες, καὶ οὐλότριχες.

(3) Lib. XXII.

(4) μελάγχροες.

que les égyptiens rougissent (1). Il est certain que quand les nègres éprouvent le sentiment de la honte, il s'opère un changement sur leur visage : mais il seroit trop fort de vouloir exprimer ce changement par le mot rougir (2).

Dans les idiômes européens, on dit communément qu'un homme a le teint noir, pour signifier qu'il l'a plus foncé que le nôtre. Mais est-il quelque ancien auteur qui ait peint les habitans de la Colchide ? La beauté qui inspira tant d'amour au chef des argonautes, Médée, étoit-elle une négresse ?

Volney a fait une remarque générale, c'est que les mamlouks sont faciles à distinguer des cophtes, parce qu'ils ont les cheveux blonds. Il est certain qu'il n'ont pas en général les cheveux, les yeux ni le tein aussi foncés que les égyptiens et les arabes. Mais, dans le fait, leurs cheveux sont plus communément noirs que blonds, et leurs yeux bruns que bleus.

Si le desir de généraliser ses observations

(1) *Erubescunt.*
(2) Je crois que l'auteur se trompe. On distingue aisément la rougeur qui monte au visage d'un nègre. (*Note du traducteur.*)

a fait oublier à cet écrivain les connoissances qu'un séjour de plusieurs mois ne peut manquer de lui avoir données, quel n'a pas dû être l'effet de ses premières idées sur des faits très-anciens et très-obscurs, à l'égard desquels on ne peut découvrir la vérité qu'avec beaucoup de patience et de soin, et qui ne font naître presqu'aucune conjecture qui ne soit une erreur ? (1)

Mais si tous les raisonnemens ne suffisoient pas pour détruire l'opinion que je combats, je lui opposerai un seul fait qui me paroît convaincant. Les anciens égyptiens semblent avoir prévu les erreurs dans lesquelles la postérité est tombée à leur égard, en prenant des soins extraordinaires pour que leurs corps se conservassent après leur mort. Aussi on distingue aisément leurs traits et la couleur de leur peau dans le nombre des momies qui ont été portées dans presque toutes les parties de l'Europe (2).

(1) Le traducteur est loin d'adopter ici les idées de l'auteur. Il croit au contraire avec Volney et avec Bruce que les cophtes sont d'origine nègre. (*Note du trad.*)

(2) Dans la troisième édition de son voyage, Volney, après avoir dit que les anciens égyptiens étoient de vrais nègres, ajoute la note suivante : ← « Cette observation

Cette espèce de résurrection des anciens égyptiens montre aussi que les cophtes sont leurs vrais descendans, et ont, comme eux, le teint d'un brun sale, les cheveux et les yeux noirs, les lèvres quelquefois épaisses, mais le nez aussi souvent aquilin, et d'autres marques qui distinguent absolument leur race de celle des nègres.

La couleur noire s'étend plus loin dans le nord de la partie occidentale de l'Afrique,

« qui, lors de la publication de ce voyage en 1787, sem-
« ble plutôt neuve et piquante que fondée en vérités, se
« trouve aujourd'hui portée à l'évidence par des faits
« eux-mêmes aussi piquans que décisifs. Blumenbach,
« professeur très-distingué d'anatomie à Gœtingue, a
« publié en 1794 un mémoire duquel il résulte :

« 1.º Qu'il a eu occasion de disséquer plusieurs mo-
« mies égyptiennes : 2.º Que les crânes de ces momies
« appartiennent à trois différentes races d'hommes ;
« savoir, l'une la race éthiopienne caractérisée par les
« joues élevées, les lèvres épaisses, le nez large et épaté,
« les prunelles saillantes, ainsi, ajoute-t-il, que Volney
« nous représente les cophtes d'aujourd'hui ; la seconde
« race qui porte le caractère des Hindous ; et la troi-
« sième qui est mixte et participe des deux premières.

« Le docteur Blumenbach cite aussi en preuve de la
« première race le sphinx, gravé dans Norden, duquel
« les plus savans antiquaires n'avoient pas fait men-
« tion jusques-là. » (*Note du traducteur.*)

que dans le nord de la partie orientale de ce continent. Les habitans du Fezzan, dont la capitale est par les 27 deg. 48 min. de latitude, c'est-à-dire environ 2 deg. 10 min. au sud du Caire, sont noirs, tandis que les égyptiens qui vivent sous le même parallèle ont la peau de couleur olivâtre. Cependant les habitans du Fezzan n'ont pas tout-à-fait les traits des nègres avec lesquels leur race se mêle ; car ils ont souvent des enfans de leurs esclaves négresses. Les égyptiens en font rarement avec les leurs.

L'île qui est près d'Assouan n'est peuplée que de noirs : mais les habitans de la ville d'Assouan ont la peau rouge, et les mêmes traits que les nubiens, dont ils parlent volontiers la langue.

Les habitans d'El-Wah ont le teint et les traits comme les cophtes ou les arabes. Il n'y en a pas un seul noir ; de sorte que je ne me crus véritablement sur les frontières du pays des noirs que quand je fus dans le Dar-four. Les premiers habitans que j'y vis, étoient les Zéghawas. Ils sont d'une race particulière, mais non pas nègres. Les arabes qui habitent les mêmes contrées, sont toujours faciles à distinguer par leurs traits et par leur couleur.

Les habitans d'Harrâza ont le teint rougeâtre : mais peut-être que comme leur pays est très-montueux, cela occasionne quelque différence dans leur couleur. Quant aux habitans du Dar-four, ils sont absolument noirs.

Koulla est bien plus loin dans le sud que le Dar-four. L'on en tire des esclaves; et tous ceux que j'ai vus avoient la peau rouge. Enfin, dans cette partie de l'Afrique il faut aller jusqu'au quinzième degré de latitude nord, pour trouver la ligne de démarcation entre les arabes et les noirs.

CHAPITRE XIII.

VOYAGE A FEÏOUM.

Tamieh. — Canaux. — Feïoum. — Roses. — Lac Mœris. — Petite Oasis. — Pyramides d'Hawara, de Daschour, de Sakarra, de Jizé. — Memphis. — Capitales de l'Egypte.

Le 28 décembre 1792, je partis du Caire pour me rendre à Feïoum, ville située au sud-ouest de la première, dont elle est éloignée d'environ soixante milles. Quand je fus à Moknan, le scheik de ce district me donna une lettre de recommandation pour un de ses officiers qui résidoit dans le village de Bedis, et auquel il enjoignit de m'accompagner à Feïoum. Nous traversâmes une plantation de très-beaux dattiers, arrosés par les eaux de plusieurs citernes que le Nil remplit lors de ses débordemens.

Entre Bedis et Tamieh nous passâmes dans un défilé que la nature a formé à travers les montagnes qui bornent la vallée occidentale de l'Egypte. Tamieh (1) est

(1) Pococke croit que Tamieh tire son nom du

traversé par un petit canal, où il y a de l'eau courante ; et la campagne des environs est en culture, ce qui fait un contraste frappant avec le désert où l'on passe avant d'y arriver.

Il y a à Tamieh une manufacture de nattes : mais on est si peu en sureté dans cette petite ville, que les chefs de la manufacture nous dirent que la nuit avant notre arrivée, les arabes leur avoient volé tout ce qu'ils avoient de fabriqué, et qui valoit de cinq à six mille patakes. Les arabes étoient encore dans le voisinage ; et une petite troupe de ces brigands étant venu nous attaquer le matin, nous fûmes obligés de lui tirer quelques coups de fusil pour l'éloigner.

Nous traversâmes un second canal à Senouris, séjour d'un scheik bédouin extrêmement hospitalier. Le canal de Senouris, ainsi que celui de Tamieh, va du Nil au lac Mœris.

Le premier janvier 1793, à midi et demi, nous partîmes de Senouris, et deux heures après nous arrivâmes à Feïoum.

mot grec Ταμιεια, parce qu'il y avoit autrefois dans cette ville une espèce de porte pour arrêter les eaux du canal, ou les laisser couler. Ταμιεια signifie une serrure.

A quelque distance au nord de Feïoum, on voit les ruines d'une ville appelée par les arabes *Medinet Faris*, c'est-à dire la Cité des persans. C'est probablement l'ancienne Arsinoé. On m'offrit de me vendre des bustes et des statues, les uns et les autres mutilés, et trouvés parmi ces ruines. Il y avoit des jarres semblables à celles où les anciens égyptiens mettoient les ibis qu'ils embaumoient; j'y vis aussi quelques vitrifications qui sembloient indiquer le voisinage d'une verrerie arabe.

Feïoum est bâti sur le bord du principal canal qui va du Nil au lac. Il est environné de champs cultivés, et sur-tout de jardins, où l'on recueille cette immense quantité de roses, dont on tire l'eau qui a rendu ce lieu célèbre. L'on y propage les rosiers en couchant leurs branches dans la terre, et les rejetons qui en proviennent sont ceux qui portent les roses les plus belles et les plus odorantes.

L'eau de rose de Feïoum a été long-tems d'une qualité supérieure, et l'on en envoyoit de tous côtés; mais ce commerce diminue tous les jours.

On recueille beaucoup de froment et d'autres espèces de grain dans le voisinage de Feïoum.

Cette ville n'est point entourée de murs. Quoiqu'elle soit dans son déclin, elle est encore bien peuplée. On y voit plusieurs mosquées et des okals. Il y a quelques cophtes; mais les habitans sont pour la plupart mahométans. Une partie des maisons est construite en pierre et le reste en briques cuites au soleil. La ville est gouvernée par un caschef. Les provisions y sont assez abondantes ; on y a de bonne eau. Le poisson qu'on pêche dans le lac est mauvais.

Après avoir séjourné trois jours à Feïoum, je me mis en route pour le lac, dont je me proposois de faire le tour. C'est le même auquel Strabon et Ptolémée ont donné le nom de Mœris ; et le témoignage du dernier qui vivoit en Egypte, paroît indubitable. Quoi qu'il en soit, ce lac s'appelle aujourd'hui *Birket-el-Keroun*, et cela vient probablement de ce que ses extrémités ont quelque ressemblance avec des cornes. Il ne paroît nullement l'ouvrage de l'art. Sa forme, autant que j'ai pu la distinguer, m'a paru assez bien représentée dans la carte de d'Anville, si ce n'est que la partie qui fait face au Nil devroit être davantage dans une direction nord-ouest et sud-est.

La longueur de ce lac est de trente à quarante milles ; sa plus grande largeur de cinq mille toises, qui font près de six milles (1) ; et il peut bien avoir trente lieues de circuit. Du côté du nord-est et du sud, ses bords sont garnis de rochers qui ne semblent y avoir été placés que par la nature ; mais du côté de Feïoum la plage est sablonneuse, et il y a quelques îles peu éloignées de terre. Enfin, je le répète, rien ne paroît y être fait par la main des hommes.

Plusieurs pêcheurs, qui ont de mauvais petits bateaux, se tiennent constamment sur ce lac. L'eau y est comme la plus grande partie de celle qu'on trouve stagnante dans ces contrées, saumache.

La partie occidentale du lac est sous la domination des arabes maugrebins qui vont d'*El-Wah-el-Ghourbi* et de divers autres endroits, et qui n'étant contredits par personne, ne souffrent pas qu'on y voyage, à moins qu'on ne se mette sous leur protection. Je n'appris cela qu'à Feïoum ; et par

(1) L'auteur mesura cette largeur avec un sextant.

conséquent je me vis frustré de l'espérance de visiter quelques ruines qu'on m'avoit dit être de ce côté-là.

Le scheik arabe d'Abou-Kissé me dit qu'il falloit quatre jours pour faire le tour du lac, qu'il n'y avoit point de villages à l'extrémité opposée à Feïoum, et qu'on ne pouvoit s'y procurer que ce que les maugrebins dont je viens de parler, vouloient bien vendre. On prétend qu'on déterre de tems en tems des ossemens humains dans l'une des îles qui sont à l'est.

En partant de Feïoum nous dirigeâmes notre marche au sud-est. On voit à Hawara deux petites pyramides bâties de briques cuites au soleil, ainsi qu'un second passage à travers les montagnes. La plaine qui s'étend de Feïoum jusqu'au Nil, est très-bien cultivée. J'y vis beaucoup de froment qui commençoit à pousser.

Illahon est une ville ou plutôt un grand village, dont les habitans sont presque tous occupés à cultiver la terre. Nous traversâmes le *Bahr-Bila-Ma*, qui est un canal très-large; et plus loin nous trouvâmes le *Bathen* (1),

(1) Parallèlement au Bathen, est un canal étroit

creux, long et profond, qu'on croit être ce lac artificiel, ce fameux Mœris d'Hérodote et de Diodore de Sicile.

De retour à Bedis, nous nous remîmes en route le lendemain, et nous nous rendîmes aux pyramides de *Daschour*. Il y en a cinq, indépendamment de celles de Sakarra. La troisième qui se trouve après celles d'Hawâra, dont j'ai parlé plus haut, est celle de *Medoun*. Elle est très-élégante et d'une forme singulière. La voici :

Cette pyramide est en pierres de taille ordinaires jointes par un peu de ciment, et posées carrément. Il seroit à présent très-difficile de monter au haut de la pyramide, qui est pourtant très-large, parce que probablement le sommet en a été abattu.

On a ôté beaucoup de pierres de cet édifice, appelé *Bahr-yousouf*, qui communique au *Birket-el-keroun*.

du côté qui se trouve en face du nord; de sorte qu'on peut en voir l'intérieur qui n'est nullement dégradé. On a prétendu que la base de la pyramide étoit un rocher naturel; mais c'est une erreur qui provient de ce qu'une partie de cette base est cachée par le sable. En écartant ce sable, qui s'élève principalement vers le milieu, on distingue aisément les pierres et le ciment jusques au fond, ainsi que les angles de la pyramide.

Les pyramides de Daschour sont au nombre de quatre. Il y en a deux grandes et deux petites. La quatrième qui est la plus au sud, a la forme d'un cône, et son sommet est triangulaire et très-endommagé. On n'y voit, non plus que dans les autres, aucune apparence de cellule. Le placement des pierres n'est point dirigé vers le centre, comme dans la grande pyramide de Jizé. Les quatre côtés de tous ces édifices font face aux quatre points cardinaux. Non loin de là il y a deux autres petites pyramides, l'une de briques cuites au soleil, l'autre de pierres; mais ces deux-là n'ont point été achevées. Il y a Sakarra un grand nombre de pyramides, dix desquelles sont très-grandes. Quelques-unes des petites sont difficiles à distinguer des montagnes de sable, et d'autres sont presque entièrement détruites, parce qu'on en a pris les matériaux pour bâtir au Caire, à Jizé et ailleurs.

Les deux plus grandes pyramides sont à environ deux heures de marche de Jizé. Presque tous les européens qui ont voyagé en Egypte, les connoissent. J'ai mesuré celle qui a été ouverte. En voici les dimensions :

	pieds.	pouces (1).
La grande chambre a de longueur	34	5
de largeur	17	2
Le sarcophage a de longueur	7	8
de largeur	3	2
de profondeur	2	$10\frac{1}{2}$
et d'épaisseur	0	6

Les galleries et la grande chambre sont dans une direction précisément nord et sud, en admettant la variation de l'aiguille aimantée.

(1) On sait que le pouce anglais n'a que 11 lignes.

Le premier passage en descendant,

	pieds.	pouces.
a de long	105	1
La petite chambre a de longueur	18	9
de largeur	17	1
L'antichambre a de longueur......	7	5
La principale galerie en haut	150	0
en bas	148	0
Le passage qui conduit à la chambre d'en bas	109	1

Il s'est manifesté depuis peu une singulière opinion, c'est que les pyramides ont été taillées dans le roc sur lequel elles sont placées ; mais la seule inspection de ces monumens suffit pour en donner une autre idée ; car on y voit par-tout les pierres jointes avec du ciment. Il est donc inutile de s'arrêter plus long-tems sur une si futile conjecture.

L'intérieur de la chambre de la pyramide dont je viens de donner les dimensions, est revêtu de granit, et le sarcophage qu'elle contient est de la même matière ; mais le corps entier de cette pyramide, et de la plupart des autres, est de pierres de taille bleuâtres, peu dures, et remplies de débris de coquillages. Les rochers qui servent de bases à ces édifices, sont de la même qualité.

Après avoir visité les pyramides, je retournai au Caire.

Dans une autre excursion, j'allai voir le lieu si agréablement situé, où étoit l'ancienne ville de Memphis. C'est une plaine de plus de trois milles de large, sur la rive gauche du Nil, au sud du Caire, et à deux heures de marche de cette ville. On y cultive du bled, et la partie qui avoisine les montagnes est remplie de dattiers. Il y a plusieurs monceaux de décombres, parmi lesquels on trouve quelques fragmens de scuptures. Ce lieu a été jadis entouré d'un canal (1), et la situation en étoit à tous égards préférable à celle du Caire ; on peut juger de l'étendue qu'avoit la ville, par celle du terrain, où l'on trouve encore des décombres, et où l'on voit cette espèce de chardon qui croît toujours dans les endroits où il y a des ruines. On est bien à portée de visiter celles de Memphis, quand on est au couvent cophte d'Abou-Nemrous.

(1) Il paroît encore que Memphis étoit entouré d'eau ; car du côté des montagnes et à l'extrémité des ruines, on distingue aisément les bords du canal.

On ne trouve point là de ces beaux marbres dont on voit une si grande quantité à Alexandrie. Peut-être n'y en a-t-il jamais eu, ou bien ils ont été emportés dans les villes qu'on a bâties depuis.

Parmi les diverses capitales qu'il y a eu en Egypte, Thèbes ou Diospolis semble avoir été la plus ancienne; Memphis, quoique d'une haute antiquité, ne fut bâtie qu'après Thèbes. Lorsque Cambyse eut conquis l'Egypte, on jeta les fondemens de Babylone, et cette ville devint la capitale de la partie du pays que gardèrent les Perses. Alexandrie prit ensuite le premier rang, et le conserva jusqu'au moment où les sarrazins bâtirent le Caire (1).

(1) Misr-el-Kahira.

CHAPITRE XIV.

VOYAGE AU MONT SINAÏ.

Route. — Suez. — Navires et leur construction. — Commerce. — Rareté de l'eau. — Restes de l'ancien canal. — Tur. — Montagnes de granit rouge. — Description du mont Sinaï. — Golfe oriental de la mer Rouge. — Retour au Caire.

Le premier mars 1793, je partis du Caire pour me rendre à Suez. J'avois fait marché avec le scheik arabe, chargé du soin de la caravane, pour qu'il m'accompagnât avec un domestique, sans que nous fussions obligés d'attendre les autres voyageurs qui alloient fort lentement. Mais il manqua à ses engagemens, comme cela arrive assez souvent parmi les arabes; et je fus obligé d'attendre le départ, et de suivre la marche d'une troupe de cent-cinquante personnes qui conduisoient deux cents chameaux.

Le chemin du Caire à Suez traverse une vaste plaine, dont le fond est en général rocheux, mais où l'on trouve des endroits couverts de beaucoup de sable. Nous allions très-lentement, parce qu'on laissoit les chameaux paître le peu d'herbe qu'offroit le désert ; chose qui n'a jamais lieu qu'à la suite de l'hiver. Dans toute autre saison, on n'y voit pas la moindre verdure.

Le troisième jour après notre départ, le vent de sud-ouest cessa, et la pluie tomba pendant quatre heures un quart. Quoiqu'il fît très-chaud dans le milieu du jour, les matinées et les soirées étoient froides. Il est des personnes qui se sont imaginées qu'il ne pleuvoit jamais en Egypte ; mais à Alexandrie, il pleut quelquefois huit jours de suite. J'ai vu aussi tomber de la pluie au Caire. Il est vrai qu'il y en a rarement dans la haute Egypte. Tandis que j'y étois, il n'en tomba qu'une seule fois.

Après une pesante marche de cinq jours, nous arrivâmes à Suez. La ville de Suez est petite et bâtie, presqu'entièrement, de briques cuites au soleil. Il y a douze mosquées, dont quelques-unes sont en pierre ; mais en général, ce sont de pauvres édifices. Dans les environs de la ville, la mer est remplie de basses ; cependant il y a un petit chantier pour la construction des vaisseaux.

La population de Suez est composée de mahométans, et d'un petit nombre de grecs. Il n'y a pas plus de trois cents ans que cette ville existe, car il n'en est fait mention dans aucun des voyageurs qui ont visité l'Egypte avant ces tems là.

Lorsque nous arrivâmes à Suez, il y avoit en rade quatre vaisseaux à trois mâts, dix autres dont quelques-uns à deux mâts, le reste à un, et dix grandes chaloupes sans mâts. Il y avoit de plus deux vaisseaux en construction, l'un desquels étoit percé pour douze canons, et destiné à faire le commerce de l'Inde. Tous les autres bâtimens ne vont qu'à Jidda. Un ou deux de ceux qui étoient dans le port, avoient été construits dans l'Yemen.

La manière dont les arabes construisent leurs vaisseaux, est très-différente de la nôtre. Ils n'ont point l'art de plier les courbes. Toutes celles qu'ils emploient le sont naturellement ; d'ailleurs, ces courbes sont très-minces, et dans les endroits où elles se joignent, ils ne les font pas passer les unes sur les autres, mais côte à côte.

Le principal objet du commerce de Suez est le café. Cette ville n'est point fortifiée ;

il y reste seulement huit canons, qui paroissent hors d'état de servir. Tous ceux qui étoient bons ont été envoyés à Jizé par Ismaël-Bey.

La mer des environs de Suez est fort peu poissonneuse; mais on y pêche des huîtres et quelques autres coquillages. Le bon poisson de la mer Rouge ne remonte pas au-dessus de Cosseïr. La viande est également rare à Suez; et le pain y est d'une si mauvaise qualité, qu'on a quelquefois de la peine à pouvoir le manger. Les arabes y portent un peu de lait et de beurre. L'eau qu'on y boit se tire de divers endroits. Celle de *Bir-Naba*, qui est au nord de Suez, est la meilleure; l'autre vient d'*Aïoun-Mousa* et de *Bir-es-Suez*. On la transporte dans des outres; elle est toujours fort chère, et si les habitans de Suez étoient en guerre avec les arabes, ils ne pourroient en avoir d'aucune espèce.

Je desirois beaucoup de visiter la partie orientale du canal, qui, suivant d'Anville, a été fait par l'ordre de l'empereur Adrien, et qui s'étend de *Birket es-Scheïb* à Suez; mais quoique j'eusse fait marché pour cela avec mes conducteurs arabes, ils ne voulurent pas m'y accompagner. Tous ceux à qui je parlai de ce canal, convinrent qu'il en existoit des traces ; et j'eus moi-même occasion d'en observer quelques-unes.

L'on voit encore les ruines d'Arsinoé dans une grande accumulation de décombres, qui est à peu de distance de Suez. Le lieu où sont ces décombres, s'appelle à présent *Kolsoum*. On y distingue les restes d'un conduit en pierres, qui servoit à y porter l'eau de *Bir-Naba*.

Un rocher situé sur la côte africaine du golfe de Suez, produit du pétrole (1) qu'on prétend être un excellent remède pour les meurtrissures et les coupures. La marée monte de quatre pieds vis-à-vis de Suez, et alors on ne peut traverser le golfe qu'en bateau ; mais à la basse mer, les chameaux, les chevaux, et même les hommes y passent à gué.

Je remarquai sur les hauts-fonds qui sont auprès de Suez, une espèce de plante qui, vue au soleil, paroissoit être du corail, car sa couleur tenoit du cramoisi et de l'écarlate ; mais elle n'étoit en effet que d'une qualité spongieuse. J'ignore si elle peut être

(1) C'est une espèce de bitume liquide.

d'aucune utilité ; je ne sais pas même comment l'appellent les arabes. Toutefois il me semble que si elle a été jadis abondante, elle peut avoir servi à donner à cette mer le nom qu'elle a aujourd'hui ; car les anciens l'appeloient le golfe arabique, et par la mer Rouge, ils entendoient l'Océan indien. Peut-être la plante marine dont je viens de parler est-elle le *Suph* des hébreux ; et c'est pourquoi ils ont appelé cette mer *Yam Suph.*

L'on trouve sur le rivage de Suez une grande quantité de coquillages de diverses espèces ; et la côte de Maadié, près d'Aboukir, a le même avantage.

Le 8 mars 1793, nous partîmes de Suez ; nous passâmes le golfe à gué, et le lendemain nous arrivâmes à Tur (1). On a déjà publié tant de voyages au mont Sinaï, que je ne m'arrêterai pas beaucoup sur les détails du mien. Le commencement du chemin qui conduit de Suez à Tur, suit une côte aride ; mais ensuite il traverse quelques vallées verdoyantes ; on remarque sur-tout avec plaisir celle de *Wadi-Corondel*, où il croît des dattiers, et diverses espèces

(1) Ou Tour.

d'arbrisseaux. On aperçoit à quelque distance des montagnes de granit rouge entremêlé peut-être de porphyre.

Des moines grecs, qui vivent dans un petit couvent près de Tur, montrent un endroit où, suivant eux, une église a été engloutie dans la terre, et où l'on a entendu depuis un bruit miraculeux. J'allai en cet endroit, non dans l'espoir d'être témoin d'un miracle, mais pour voir s'il n'y avoit pas quelque phénomène naturel ; je n'y en découvris point.

Le 18 mars (1) nous quittâmes Tur, et le 22, à trois heures et demie du matin, nous atteignîmes le monastère de Sinaï. Je tuai en route une perdrix rouge. Le couvent de Sinaï est grand. Il y a dans le jardin qui en dépend, un passage souterrain. Dans l'enceinte du couvent, on a bâti une petite mosquée pour les arabes. Le mont Sinaï est très-élevé et presqu'à pic. Il y avoit du côté du nord un peu de neige, que nous distinguâmes aisément. Le noyau de cette montagne est composé de granit rouge. La terre qui la couvre en quelques endroits, y a été placée par la main des hommes,

(1) 1793.

ou accumulée par les pluies. Il y croît des amandiers, qui, à mon passage, étoient en fleurs, des figuiers et de la vigne. Plusieurs petits ruisseaux dont l'eau est excellente, coulent du haut de la montagne, et serpentent à travers les jardins. Le mont Sinaï a deux sommets, qui ressemblent un peu à ceux du mont Parnasse. Le plus élevé de ces sommets, auquel les moines ont donné le nom de Sainte-Catherine, est, à ce qu'on croit, le Sinaï de Moïse.

Tandis que j'étois sur le mont Sinaï, le temps étoit très-clair, et j'observai, tout à mon aise, le golfe oriental de la mer Rouge. Il me parut très-petit, moins long, et d'une forme plus ronde qu'on ne l'a marqué dans les dernières cartes.

Du mont Sinaï, je retournai à Suez et de Suez au Caire.

CHAPITRE XV.

VOYAGE AU DAR-FOUR,

ROYAUME DE L'INTÉRIEUR DE L'AFRIQUE.

Dessein de pénétrer dans l'intérieur de l'Afrique. — Difficultés. — Caravane du Soudan, préparatifs du voyage. — Départ d'Assiout. — El-Wah. — Montagnes. — Désert. — Charjé. — Boulak. — Beiris. — Moughes. — Désert de Scheb. — Désert de Sélimé. — Leghée. — Source de natron. — Nouvelles difficultés. — Entrée dans le royaume de Four. — Sweini. — Détention de l'auteur. — Représentations au melek. — Résidence. — Perfidie d'un agent. — Lettre du sultan. — Haine du peuple du Dar-four contre les francs. — El-Fascher. — Maladie de l'auteur. — Entretien avec le melek Misselim. — Rechûte. — Vol. — Cobbé. — Mœurs. — Retour à El-Fascher. — Le melek Ibrahim. — Amusemens. — Incidens. — Audience du sultan Abd-el-rachman-el-raschid. — Caractère de ce prince. — Cérémonial de sa cour.

Le desir que j'avois de visiter le sud de l'Egypte, n'ayant pas pu être exécuté en l'année 1792, je fus réduit à l'alternative d'abandonner ce projet, ou d'attendre une occasion favorable. L'on m'assura que cette occasion ne tarderoit pas à s'offrir, et je résolus d'en profiter, quoiqu'on cherchât à m'en dissuader, comme il arrive assez généralement à tous ceux qui forment des entreprises de la nature de la mienne.

Les européens qui vivent en Egypte, sont, ainsi que les gens du pays, entièrement occupés du commerce dès leurs plus jeunes ans, et ne conçoivent pas l'avantage qu'on trouve à voyager pour faire des découvertes, et sans espoir de gagner de l'argent. Ils savent qu'on court de grands risques dans ces voyages ; et ils s'imaginent que le succès en est inutile et frivole ; ainsi ils croient qu'il y a de l'honnêteté à en détourner quiconque veut les entreprendre.

Le sentiment de plusieurs écrivains, et les informations que j'avois reçues de diverses personnes très-instruites, m'ayant convaincu que la source décrite par le chevalier Bruce n'étoit point celle du vrai Nil, je pensai qu'il étoit extrêmement important de reconnoître la source de la rivière la plus occidentale ; mais ce qui étoit pour moi un objet de choix, devenoit aussi l'effet de la nécessité. L'espoir de parvenir jusqu'aux sources du Bahr-el-Abiad (1), que les géographes ont placées à environ deux cents lieues au midi du Sennaar, étoit si incertain, qu'il ne suffisoit pas pour me déterminer à entreprendre un pareil voyage. J'aurois été plutôt tenté de pénétrer en Abyssinie, pour pouvoir ajouter mon témoignage à ce que d'autres voyageurs ont écrit de vrai sur ce pays, et tâcher, en même tems, d'y faire des observations nouvelles. Alors, la route la plus courte et la plus commode étoit de traverser la mer Rouge, et de me rendre à Masuah (2) ; mais on m'assura qu'il étoit impossible à un européen d'y passer sans être reconnu, et que, dès qu'on le reconnoîtroit, on ne le laisseroit pas aller plus loin.

J'avoue que j'aurois préféré de me rendre du Caire à Sennaar ; mais l'anarchie et la guerre civile, qui, l'année précédente, m'avoient empêché d'y passer, désoloient encore ces contrées, et m'opposoient toujours les mêmes obstacles. Il y avoit plus,

(1) Le fleuve blanc.
(2) On prononce Masouah.

la ville de Sennaar étoit occupée par les esclaves du dernier *mek* (1), qui, après avoir déposé et égorgé leur maître, s'étoient emparés du gouvernement (2).

En passant par le Dar-four, j'avois au moins l'espérance de trouver un gouvernement régulier; et avec un peu d'adresse, je pouvois m'attendre à être favorablement accueilli par le monarque. Il est vrai que ce pays avoit l'inconvénient de m'écarter beaucoup de l'Abyssinie; mais, d'un autre côté, il sembloit devoir m'offrir plus d'un chemin pour m'y rendre; ce qui, dans des contrées où les voyages sont si difficiles et si hasardeux, n'est pas d'une médiocre importance.

Au moment de mon retour d'Assouan à Assiout, la caravane des Jelabs du Dar-four, qu'on appelle la caravane du Soudan (3), arriva à El-Wah. On disoit alors que ses marchandises et ses esclaves n'étant pas en

(1) Roi.
(2) Il y a dans le voyage de Bruce des détails très-curieux sur le mek de Sennaar et sur le scheik *Adelan*, qui tenoit ce prince dans la dépendance. *Voyez* le voyage de Bruce, tome IV, édit. in-4.e; ou tome VIII, édition in-8.º
(3) *Cafflet-es-Soudan.* — En arabe, le mot *soudan* signifie le pays des noirs.

très-grande quantité, la vente en seroit achevée dans deux mois, et qu'aussitôt elle repartiroit. Cependant elle resta au Caire pendant tout l'hiver; et ce ne fut qu'au mois de mars 1793, qu'elle prit le chemin de la haute Egypte. Elle fut long-tems à rassembler tout ce qui lui étoit nécessaire pour son voyage; ce qui me mit à même de prendre beaucoup d'informations sur les moyens de suivre cette caravane.

J'ignore pourquoi plusieurs personnes attachées à la caravane et à qui je m'adressai, ne me parlèrent en aucune manière des mauvais traitemens auxquels les chrétiens étoient exposés dans leur pays. Le dernier sultan de Four (1) avoit toujours été, ainsi que je l'appris depuis, remarquable par sa douceur et sa bienveillance envers toute espèce d'étrangers. Ce n'est pas tout. Un habitant du Soudan qui se trouve au Caire, paroît être le plus soumis et le plus serviable des hommes. Il se conduit avec un chrétien à-peu-près aussi humblement qu'avec un mahométan: mais dès qu'il est dans son pays, il paye avec usure le mépris avec lequel l'ont traité les égyptiens.

Le 21 avril 1793, je m'embarquai à Boulak

(1) Le sultan Mahomet Teraub.

pour remonter le Nil. Le vent étoit contraire, et ce ne fut qu'au bout de huit jours de navigation que j'arrivai à Assiout. Mon premier soin fut de me procurer des chameaux pour me joindre à la caravane. Malheureusement ces animaux étoient alors fort rares; et j'eus beaucoup de peine à en trouver cinq, que j'achetai environ treize livres sterling pièce. Je me pourvus aussi de provisions pour le voyage. Enfin la caravane ayant achevé de se rassembler après cinquante jours d'attente, elle se mit en route.

C'étoit la saison la plus chaude de l'année, et conséquemment la moins favorable pour voyager. Les marchands africains naturellement enclins à l'indolence, et uniquement dirigés par l'intérêt du moment, ne font pas la moindre attention aux variations de la température. D'ailleurs, l'habitude les a tellement accoutumés à une chaleur insupportable aux nations européennes, qu'elle n'est jamais pour eux un motif de différer ce qu'ils ont à faire.

Le chemin que suit la caravane du Soudan, est en partie le même que celui que prit Poncet au commencement de ce siècle pour se rendre en Abyssinie. Il alla à Scheb et à Selimé, et de là traversant le Désert droit au sud-est, il passa le Nil à Moscho. Pour nous, quand nous fûmes à Selimé, nous marchâmes vers le sud, en inclinant tant soit peu notre route à l'ouest.

Partis d'Assiout le 25 mai (1), nous campâmes sur la montagne voisine jusqu'au 28. Puis nous marchâmes à petites journées vers El-Wah. Les jelabs payent ordinairement aux maugrebins un patake par chameau, pour qu'ils protègent leur caravane, ou plutôt pour qu'ils ne la pillent pas. Je refusai de contribuer à ce tribut, alléguant que j'étois, non pas un des marchands qui faisoient le commerce du Soudan, mais un étranger employé par le sultan de Dar-four. Mon refus occasionna une petite altercation; mais les arabes prirent le parti de renoncer à leur demande.

Les chameaux de la caravane étoient pesamment chargés, et les jelabs voyageoient lentement et par petits partis, chacun d'eux n'ayant égard qu'à ce qui lui convenoit personnellement. Mais on se réunit le 31 mai, à la descente du Gibel Roumlie, montagne haute et rocheuse, placée sur le côté occi-

(1) 1793.

dental de la chaîne, qui forme de ce côté-là le rempart de l'Egypte, et la limite orientale du Désert enfoncé où sont les Oases. Le Gibel Roumlie est composé d'un rocher de tuf : la descente en est roide et difficile. Il semble que dans plusieurs endroits le chemin y a été pratiqué à main d'homme. Nos chameaux avoient beaucoup de peine à soutenir leur charge, dans les passages les plus roides; et ils coururent souvent risque de tomber. Nous fûmes une heure entière à nous rendre au bas de cette montagne.

Quand on est sur le sommet du Gibel Roumlie, la vue se perd dans une immense vallée, presqu'entièrement composée de rochers et de sable, mais où l'on découvre quelques bosquets de dattiers et quelques autres traces de végétation, qui indiquent les sources où les voyageurs se reposent.

Rien n'est plus stérile que les montagnes que nous traversâmes avant d'arriver au bas du Gibel Roumlie. Quand nous fûmes dans la plaine, il fallut décharger nos chameaux et les laisser reposer. Le lendemain matin, nous fûmes quatre heures et demie à nous rendre du pied du Gibel Roumlie à *Aîné Dizé*, qui est le premier endroit où l'on trouve de l'eau, et l'extrémité septentrionale de la grande Oase. Un vent chaud souffla pendant quelques heures vers le milieu du jour; et le thermomètre de Farenheit monta, à l'ombre de la tente, jusqu'à 116 degrés.

Nous marchâmes huit heures pour aller d'Aîné Dizé à Charjé : là, à l'exception d'un petit espace autour de la source, tout est dépourvu de verdure. Le principal conducteur (1) de la caravane devant lequel marchoient deux tambours pour marquer sa dignité, et pour servir au besoin à rappeler les voyageurs qui s'écartoient, jugea à-propos d'annoncer son arrivée à Charjé, en faisant battre ces tambours, en tirant quelques coups de pistolets, et en faisant beaucoup de cris de joie.

Lorsque nous fûmes dans cette ville, j'achetai un chameau, et je me défis d'un de ceux que j'avois déja, parce qu'en descendant le Gibel Roumlie, il avoit fait une chute, et s'étoit blessé à l'épaule droite.

Il y a à Charjé, ainsi qu'à Beiris, un gindi (2), dépendant d'Ibrahim-Bey-el-Kebir, à qui ces villages appartiennent. Ce sont ces

(1) Le *chabir*.
(2) Officier.

officiers qui, au passage des caravanes, sont chargés de tout ce qui y a rapport. Nous quittâmes Charjé le vendredi 7 juin (1); et après six heures de marche à travers le Désert, nous atteignîmes un autre village appelé Boulak. C'est un endroit misérable; il n'y a, pour toutes maisons, que de petits emplacemens carrés, entourés d'un mur d'argile, ou de briques cuites au soleil, et presque tous sans toît.

Boulak fournit de bonne eau. Les habitans y vivent du produit des dattes qu'ils vendent. La caravane s'y arrêta un jour entier. Elle en partit le dimanche 9 juin, et arriva le lendemain à Beiris, après avoir marché près de quatorze heures à travers le Désert. En approchant de Beiris, le chabir répéta les mêmes cérémonies qu'à Charjé.

Le 13 (2), nous mîmes deux heures à nous rendre de Beiris à Moughès, qui est le dernier village de l'Oase du côté du midi. Nous partâmes de Moughès dans la matinée du 15, et cinq jours après nous arrivâmes à Scheb (3). Là, il faut creuser le sable à quelques pieds

(1) 1793.
(2) Juin 1793.
(3) Le 20 juin 1793.

de profondeur, pour trouver de l'eau. Ce lieu est fréquenté par la tribu errante des arabes Ababdés, qui habitent ordinairement les environs du Nil, et sont très-dangereux.

Scheb est connu parce qu'il produit une grande quantité d'alun, et c'est même à cela qu'il doit son nom. La surface de la terre où l'on fouille l'alun, est couverte de pierres rouges, et en beaucoup d'endroits elle est argileuse.

Le 21 juin, nous quittâmes Scheb, et le 23, nous fîmes halte à Selimé. Selimé est un petit coin de terre verdoyant, situé au pied d'une chaîne de rochers peu élevés, et qui ne paroissent pas s'étendre bien loin. C'est-là qu'est la meilleure eau qu'on trouve dans toute cette route. Mais quoiqu'il y ait assez de verdure pour soulager un peu l'œil fatigué de la stérilité du sable qui l'environne, il n'y croît rien qui puisse servir à la nourriture des hommes ni des animaux.

On voit à Selimé une petite maison qui probablement a été construite par quelqu'une des tribus arabes, qui s'y arrêtent lorsqu'elles traversent le Désert. Les murs de cette maison ne sont que de pierres détachées; mais les jelabs font beaucoup de contes à ce sujet.

Ils disent que c'étoit anciennement la demeure d'une princesse, qui semblable aux amazonnes, tiroit de l'arc, portoit la hache de guerre, et suivie d'un grand nombre de guerriers, répandoit la terreur dans toute la Nubie. Ils ajoutent que son nom étoit Selimé (1).

Nous nous reposâmes pendant toute la journée du 24 juin (2) à Selimé, et le lendemain nous nous remîmes en route. Nous mîmes cinq jours à nous rendre à Leghéa. Il y a peu d'eau à Leghéa, encore a-t-elle un goût saumache. Quand nous fûmes en cet endroit, tous les chameaux de la caravane étoient épuisés de fatigue; et pour comble de malheur, le chabir ne savoit quelle route il devoit prendre; car quoiqu'il y eût dans la caravane plusieurs personnes qui avoient traversé dix ou douze fois le Désert, aucune d'elles ne connoissoit bien le vrai chemin. Un des jelabs fut

(1) En traversant le Désert, le défaut d'eau et le trop de charge que portoient les chameaux de notre caravane, firent périr plusieurs de ces animaux; de sorte que les jelabs furent obligés de cacher leurs marchandises dans le sable des environs de Selimé, jusqu'à ce qu'ils pussent les envoyer chercher.

(2) 1793.

envoyé à la découverte de quelque point de remarque, et ne revint qu'au bout de trente-six heures.

Tandis que nous étions à Leghéa, nous fûmes très-incommodés d'un vent de sud qui souffloit violemment, et couvroit l'air de nuages de sable. Enfin, le 2 juillet, nous nous remîmes en route, et après quatre jours d'une marche très-fatigante, nous atteignîmes Bir-el-Malha (1).

Le voisinage de cette source est remarquable par la production du natron, qui se découvre tout autrement que celui de Terané, et est d'une qualité différente. Le natron de Bir-el-Malha est très-blanc et solide; quand on le met dans l'eau, il devient chaud, et se dégage d'une partie de l'air qu'il contient.

Les jelabs portent une petite quantité de ce natron en Egypte, où on le vend fort cher, et où l'on en emploie la plus grande partie dans la préparation du tabac en poudre. L'eau de Bir-el-Malha est si saumache qu'on ne peut pas en boire.

Une troupe d'habitans de Zeghawa nous joignit à Bir-el-Malha. Il y en a toujours

(1) La source salée.

quelques-uns occupés à attendre les caravanes, pour leur vendre des provisions et d'autres choses dont elles peuvent avoir besoin : mais le haut prix qu'ils mettent à leurs marchandises, les dédommage des dix jours qu'il leur faut pour se rendre à cette source. Plusieurs de nos compagnons de voyage avoient grand besoin du secours de ces marchands, car ils manquoient absolument de vivres, et comme je l'ai déja dit, une partie de leurs chameaux étoient morts en route.

Les environs de Bir-el-Malha sont souvent infestés par les Cubba-Beeschs, arabes errans qui montent des dromadaires très-vîtes, traversent le Désert avec une étonnante rapidité, et ne vivent que de pillage. Cependant, comme ils n'ont point d'armes à feu, notre caravane étoit trop nombreuse pour les craindre.

Nous demeurâmes à Bir-el-Malha jusqu'au 12 juillet (1). Ce jour-là nous nous remîmes en route, et nous marchâmes presque sans interruption jusqu'au 20, que nous campâmes à Medwa, lieu où l'on ne trouve point d'eau. Un de mes chameaux étant

(1) 1793.

tombé, je fus obligé d'acheter de l'eau des arabes Mahréa (1), que nous rencontrâmes en route, et de ramasser celle qui s'étoit conservée dans les creux des endroits où il avoit plu; car la saison des pluies avoit déja commencé.

Le 23 juillet, nous arrivâmes à la première source qui se trouve sur le territoire du Dar-four. Le lieu où elle est située, se nomme Wadi Masrouk. Il y a là des fourmis blanches très-incommodes. Elles percent la terre dans les endroits où l'on place les tentes, et détruisent tout ce qu'elles peuvent atteindre. Et ces animaux et la pluie qui tomboit en abondance, nous obligèrent d'abattre nos tentes, et de nous réfugier dans le village de Sweini, où je logeai chez Ali-el-Chatib, l'un des principaux marchands du pays. Nous passâmes là huit à dix jours; après quoi nous continuâmes notre route.

(1) Les arabes mahréa font des paniers d'osier si bien travaillés qu'ils y mettent du lait, de l'eau ou du bouza, sans qu'il en coule la moindre goutte *. La plus grande partie de la poterie faite dans le Dar-four est vernie; mais j'ignore avec quoi on la vernit. (*Note de l'auteur.*)

* Les habitans de la Tartarie chinoise fabriquent des paniers de la même espèce. (*Note du traducteur.*)

et le 7 août, nous arrivâmes à Cobbé, l'une des villes que les jelabs fréquentent le plus.

A Sweini réside ordinairement un melek (1) qui gouverne le canton pour le sultan de Dar-four. Tous les étrangers, et même les marchands du pays qui arrivent avec les caravanes, sont obligés de s'arrêter dans ce village, jusqu'à ce qu'il plaise au sultan de leur faire connoître ses volontés.

Je n'avois rien de commun avec les gens qui font le commerce, et mes compagnons de voyage, et les gens du pays me regardoient comme l'étranger du roi (2) : ainsi j'espérois que j'obtiendrois bientôt la permission de continuer ma route jusqu'à la résidence royale. J'eus plusieurs entretiens avec le melek et les autres officiers de Sweini, et je leur observai que desirant de me rendre auprès du sultan, je ne croyois pas devoir être retenu sous des prétextes aussi frivoles que le non-paiement de droits qui ne m'étoient pas formellement demandés, et de tributs qu'ils appeloient des présens, et qui n'avoient jamais été exigés d'un étranger. S'il faut, leur dis-je, payer d'autres

(1) Gouverneur.
(2) En arabe *Daïf-es-Sultan*.

droits que ceux que j'ai déja payés, vous n'avez qu'à retenir tout ce qui m'appartient, ou du moins la valeur de ce que vous croyez vous être dû : mais vous ne devez pas m'empêcher de me transporter auprès du sultan avec lequel j'ai des affaires. Si au contraire ce sont d'autres raisons qui vous engagent à me retenir; si ma venue en ces lieux vous inspire quelques craintes, je vous prie de me fournir les moyens de retourner en Egypte, avant que j'éprouve les effets du climat, qui sont souvent funestes aux étrangers, et pendant que je suis en train de voyager et que mes fonds ne sont pas encore épuisés.

Les faux bruits qu'on avoit répandus sur mon compte, et qui étoient déja parvenus jusqu'aux oreilles du sultan, empêchèrent le melek d'avoir égard à mes sollicitations. Mais la candeur et la loyauté n'appartiennent point à un esclave; et on a eu bien raison de dire « qu'en perdant sa liberté, « l'homme perdoit la moitié de sa vertu ». — Le melek dissimula; et je restai dans une profonde ignorance sur les motifs de ma détention. Il est vrai que peut-être le melek n'auroit pas pu, sans se compromettre, me faire connoître ces motifs; peut-être aussi ne les connoissoit-il pas très-bien lui-même. Le complot tramé contre moi auroit pu tromper des gens plus rusés que ceux dont dépendoit alors ma destinée.

Voyant qu'il ne m'étoit pas possible de continuer ma route jusqu'à ce que le reste de la caravane en eût obtenu la permission, je pris le parti de suivre l'exemple des jelabs, c'est-à-dire d'attendre patiemment. La maison où je logeois étoit bâtie d'argile, couverte de chaume, et distribuée en un très-grand nombre d'appartemens qui ne fermoient point; et l'hospitalité du propriétaire lui faisoit recevoir sans distinction tous ceux qui venoient lui demander asyle.

Enfin, au bout de dix jours, il arriva un ordre du sultan, portant que tous les jelabs pouvoient se rendre à leur destination, en payant les droits qui leur étoient imposés.

Je me trouvois dans un cas différent des autres; et il ne m'avoit pas été possible de prévoir une grande partie des difficultés qu'on me fit. Il est nécessaire que j'entre dans des détails à ce sujet, parce que cela pourra être de quelque utilité à ceux qui tenteront de faire le même voyage que moi.

Avant de partir du Caire, j'avois été informé que dans le royaume de Four tout le commerce se faisoit par échange. Il sembloit impossible que je ne fusse pas dupe dans les marchés que j'aurois besoin d'y faire, puisque mon attention étoit préoccupée d'autres objets, et que j'ignorois absolument quels étoient les articles qu'il convenoit le mieux d'y porter. Je cherchai donc quelqu'un que je pusse charger de cette besogne, et qui s'en acquittât avec quelque probité. Mes amis me proposèrent un homme (1) qu'ils me dirent être honnête, et que je crus tel sur leur parole, car je n'avois aucun autre moyen d'en juger. On m'ajouta qu'il étoit très au fait de la manière de trafiquer dans le Dar-four; mais on ne m'avertit pas qu'il avoit été courtier d'esclaves au Caire, car si je l'avois su, je ne l'aurois sans doute pas pris.

Jusqu'au moment de mon départ j'avois remarqué en lui de la finesse, mais non de la friponnerie. Il m'avoit d'ailleurs montré ce zèle et cette déférence servile que, dans ces contrées, tous les gens d'une classe inférieure paroissent avoir pour leur supérieur.

(1) Il se nommoit *Ali Hamad.*

Ce ne fut qu'en nous mettant en route qu'il commença à me désobéir et à se conduire avec insolence. Il me mécontenta de plus en plus, et nous n'étions pas encore loin des frontières de l'Egypte, qu'il s'oublia tellement à mon égard, que pour lui en imposer, je me crus obligé de prendre mon fusil et de le menacer de l'étendre roide mort. Les marchands qui se trouvoient auprès de moi s'empressèrent de m'appaiser, et, pour cette fois, les choses en demeurèrent là. Mais mon homme chercha une occasion de se venger, et elle ne lui fut que trop tôt fournie par les préjugés des habitans du Soudan, préjugés bien différens de ce qu'on m'avoit dit.

J'avois des lettres de recommandation pour divers marchands du Dar-four, sous le toit desquels j'aurois été en sureté. Mais je ne pouvois faire aucun usage de ces lettres, que je n'eusse vu le sultan; parce que personne ne savoit sous quel titre il devoit me recevoir. Le but de mon perfide agent étoit donc d'empêcher que je ne fusse introduit auprès du sultan, et que je ne pusse faire connoître à ce prince la situation où je me trouvois.

Dès que nous fûmes arrivés à Sweini

mon agent trouva le moyen d'engager un de ses camarades qui y résidoit depuis quelques années, de se rendre auprès du monarque pour l'avertir que j'étois un franc, un infidèle, rempli de desseins dangereux, et qu'il feroit bien de se tenir en garde contre moi. Il fit en même tems insinuer à ce prince qu'il ne convenoit pas que je fusse soudain admis en sa présence, ni même que je restasse en liberté ; mais qu'il falloit charger quelqu'un de veiller sur moi et de rendre compte de ma conduite, afin de prévenir mes mauvaises intentions. Il ajouta à cela, ainsi que je l'ai su depuis, une foule de fausses anecdotes et de rapports exagérés sur les recherches que j'avois faites, et sur mon état, ainsi que sur ma manière d'agir en route.

Pendant que son camarade exécutoit ses ordres auprès du sultan, mon lâche ennemi ne restoit pas oisif. J'ai déja observé que les appartemens de la maison où je logeois à Cobbé n'étoient point fermés. Il ne manqua pas d'en profiter ; et un jour que j'étois sorti, il prit furtivement dans une de mes boîtes qui avoit été cassée en chemin, une assez grande quantité de corail, la chose la plus précieuse que j'eusse, et il l'emporta. Comme la boîte demeura fermée, ce ne fut qu'au bout de quelque tems que je m'aperçus de ce vol. Le traître comptoit qu'avec le secours de ce qu'il m'avoit pris, il réussiroit mieux auprès des grands du pays.

Cependant son émissaire ne tarda pas à revenir. Il étoit muni d'une lettre empreinte du sceau du sultan, qui disoit qu'aucun officier ne devoit ni me retenir, ni me rien prendre, et qu'il falloit au contraire me laisser rendre moi-même à Cobbé dans la maison d'*Ibrahim-el-Wohaischi*, où je demeurerois jusqu'à ce que je reçusse l'ordre de me présenter au monarque. *Ibrahim-el-Wohaischi* étoit précisément l'émissaire porteur de la lettre. Je n'étois pas encore instruit du complot des deux traîtres; mais quand je l'aurois connu, il m'eût été bien difficile d'en arrêter soudain l'effet. Toutefois je soupçonnai quelque perfide manœuvre.

Il me paroissoit vraiment étonnant qu'un ordre du despote qui me mettoit à l'abri des exactions de ses officiers, me confinât en même tems dans la maison d'un particulier. Mais une prompte obéissance étoit nécessaire; et je n'avois pas même le moyen de faire la moindre remontrance. Mes ennemis vouloient plus que mon emprisonnement; ils desiroient sans doute de m'ôter la vie; et je le répète, je ne pouvois rien faire pour me soustraire à leur scélératesse. Qu'on juge de mon inquiétude et de l'affreuse anxiété dans laquelle je me trouvois. Tous ceux qui m'avoient connu en Egypte, et qui avoient fait la route avec moi, étoient déja dispersés; et les gens du pays n'étoient nullement disposés à communiquer avec un homme qu'ils regardoient comme un infidèle, un impie, dont la couleur même étoit à leurs yeux le signe de quelque maladie, de la réprobation divine, ou du moins de l'infériorité de son espèce. Ils oublioient leur hospitalité accoutumée; et ma présence, loin d'exciter leur compassion, irritoit leur orgueil et leur fanatisme.

Dans cette triste situation, d'où je ne voyois aucun moyen de sortir, mon impatience et le défaut d'exercice influèrent sur ma santé d'une manière funeste. Le quatorzième jour après mon arrivée dans le Dar-four, je fus attaqué d'une fièvre violente, accompagnée d'un très-grand mal de tête. Je ne peux pas dire combien elle dura ; car dès le second jour je perdis absolument connoissance. Je ne revins à moi que par l'effet d'une dyssenterie qui me tourmenta deux jours, et qui m'affoiblit au point que je ne pouvois pas me soutenir. Je pensai que presque tous les alimens que je pourrois prendre me seroient nuisibles ; et je me mis aussitôt à l'usage du quinquina et de l'eau, dont je bus une très-grande quantité.

Après environ un mois de maladie, je commençai à me rétablir ; et je sollicitai de nouveau la permission de me rendre auprès du sultan. Mais mon impatience me fut fatale. On accéda à ma demande ; je partis pour El-Fascher, et je n'y fus pas plutôt arrivé que je retombai malade. La saison des pluies étoit presqu'à son terme ; mais l'air étoit encore insalubre ; et la longue abstinence que j'avois soufferte, la fatigue, l'inquiétude, tout contribua à renouveler ma fièvre. Pour comble de malheur, le peu de remèdes que j'avois portés d'Egypte étoient épuisés. De violens maux de tête, une extrême lassitude, une soif dévorante, une constipation périodique à laquelle succédoit une grande irritation des viscères, me mirent pendant plusieurs mois dans l'impossibilité d'agir. Mais enfin, les chaleurs de l'été épurèrent l'air, dissipèrent les causes de ma maladie, m'occasionnèrent une transpiration régulière, et je repris un peu de force.

A El-Fascher, je fus d'abord présenté au melek Misellim, l'un des principaux ministres d'Abd-el-Rachman. Ce melek avoit été dans sa jeunesse, esclave et domestique du palais. Surpris avec une des femmes du monarque, il s'étoit aussitôt vu priver des marques de sa virilité. Il étoit ignorant et sans éducation : mais il avoit une certaine vivacité d'esprit et une extrême gaîté, qui le rendoient agréable à la cour, où il remplissoit plutôt le rôle de bouffon que celui de ministre. Il m'accueillit avec un air d'étonnement et de rudesse, qui annonçoit qu'un homme blanc étoit pour lui un objet extraordinaire, et bientôt son sourire me prouva que je ne lui inspirois que du dédain et de l'aversion.

Le melek étoit alors avec quelques autres officiers de la cour, assis sur une natte étendue sur le sable, et à l'ombre d'un tendelet de coton. Après les salutations ordinaires, ce ministre et ceux qui étoient avec lui, s'informèrent des motifs qui m'avoient engagé à venir dans leur pays. Chacun d'eux fit ses remarques sur ma personne, et dit hautement l'idée qu'il avoit de mon caractère et de mes intentions.

Ils causoient moitié dans leur idiôme particulier, moitié en arabe. On leur servit une gamelle de polenta (1), et une autre de viande sèchée. Ma maladie m'ôtoit toute espèce d'appétit. D'ailleurs, je voyois qu'ils ne se soucioient pas de m'inviter à me joindre à eux, mais qu'ils ne savoient guère comment s'en dispenser; et pour les tirer d'embarras, je leur dis que je n'avois point envie de manger, et que je les priois de commencer. Ils ne perdirent pas de tems. Quand ils furent rassasiés, ils me firent beaucoup de questions extravagantes sur l'Europe. J'évitai de répondre à quelques-unes, et je les satisfis sur les autres le mieux que je pus.

L'une de ces questions étoit si les anglais payoient le gizié à l'empereur ottoman. On sait que le gizié est la capitation que payent les grecs et quelques autres nations qui sont

(1) Boisson du pays.

sous la domination des turcs, pour en obtenir le libre exercice de leur religion. Je répondis que l'Angleterre étoit si loin de l'Empire ottoman, que pour que les deux pays se fissent la guerre, il faudroit que tout le reste de l'Europe fût déja conquis par les armes mahométanes, ce qui n'étoit pas encore arrivé ; mais que les anglais et les turcs avoient des rapports commerciaux, et que par un accord mutuel, ils étoient parfaitement en sureté les uns chez les autres ; que le roi d'Angleterre faisoit de tems en tems des présens à l'empereur de Constantinople, à titre d'amitié, mais non comme une marque de sujétion ; et que l'empereur qui savoit que le Tout-Puissant n'avoit pas fixé le moment actuel pour celui d'une conversion générale à la vraie foi, daignoit, en vertu de son autorité dispensatrice, et d'après les lois générales de l'hospitalité sanctionnées par le prophète, ainsi que d'après la saine politique, tolérer dans ses états les européens qui se conduisoient avec prudence, sans exiger d'eux le gizié.

Je jugeai à-propos d'entrer dans ces détails sur une chose qui avoit beaucoup de rapport à la situation où je me trouvois vis-à-vis des gens du Dar-four ; car j'avois déja appris qu'ils étoient disposés à suivre rigoureusement la loi du prophète, qui dit que tous les infidèles qui ne payent pas la capitation aux vrais croyants, doivent être regardés comme ennemis.

Quand je m'aperçus que le melek et ses compagnons se lassoient de m'interroger, je m'empressai de leur expliquer pourquoi j'étois venu dans leur pays, et quel favorable accueil j'avois compté y recevoir.

« Melek, dis-je, étant venu d'un pays
« très-éloigné à Misr (1), les habitans de
« cette ville m'ont parlé du vaste Empire,
« de la magnificence, et sur-tout de la justice
« et de l'hospitalité du sultan Abd-el-Rach-
« man, dont le règne puisse être éternel !
« Accoutumé à voyager dans diverses con-
« trées, comme un *derviche,* pour recevoir
« des leçons de sagesse des vieillards, et
« chercher dans les plantes qui croissent en
« différens climats des remèdes contre les
« maladies qui assiègent l'humanité, j'ai
« desiré de voir le royaume de Four.
« L'on m'assura que ma personne et tout ce

(1) Le Caire.

« que j'aurois, y seroient en sureté, et qu'on
« m'y permettroit d'aller par-tout où je vou-
« drois. Cependant depuis que je suis entré
« sur le territoire de ce royaume, j'ai trouvé
« que ces assurances étoient fausses ; mon
« desir de voyager a été combattu, ma per-
« sonne traitée avec indignité, et ce qui
« m'appartenoit volé ; on a même refusé
« d'accéder à mes demandes les plus rai-
« sonnables. Je demande justice. Ce que j'ai
« déja souffert de la part des officiers du
« sultan, est passé, et l'on ne peut y remé-
« dier : mais je desire qu'à l'avenir on me pro-
« tège, je desire la punition d'un homme qui
« m'a volé, et la restitution de ce qu'il a à moi.

« Ce n'est pas tout : je demande la per-
« misssion d'aller à Sennaar, pour me rendre
« de là dans l'Habbesch (1). L'année dernière
« il ne me fut pas possible d'y aller directe-
« ment. L'Habbesch est un pays chrétien,
« abondant en esclaves et en or. Il produit
« aussi plusieurs plantes médicinales. Quand
« je serai là, je pourrai aisément rejoindre
« les marchands de mon pays, qui viennent
« faire le commerce à Mocka (2).

(1) L'Abyssinie.
(2) Dans le *Bahr Yemeni*, c'est à-dire, la mer d'Yemen.

« Je desire, non-seulement que le sultan
« me permette d'aller dans l'Habbesch, mais
« qu'il m'accorde sa protection et me donne
« trois ou quatre personnes de confiance
« pour m'accompagner jusqu'aux frontières
« du Kordofan. J'ai à lui offrir un présent
« peu considérable, mais c'est ce que ma
« fortune m'a permis d'apporter de meilleur :
« j'espère qu'il daignera l'accepter, et qu'il
« m'accordera ce que j'attends de lui ».

Le melek répondit : — « Marchand, vous
« êtes le bien venu dans le *Dar*. Le roi est fa-
« vorable aux étrangers ; et il vous accordera
« tout ce que vous desirez. Vous n'avez qu'à
« demander. Il a déja commandé qu'on vous
« donnât de sa part un sac de froment et
« quatre moutons. — Maintenant il n'est pas
« possible de passer dans le Korfodan. Le
« roi y a envoyé une grande armée : attendez
« que ce pays lui soit soumis, et vous pourrez
« le traverser sans danger. — Quand vous
« serez admis en présence du roi, vous lui
« direz le nom de celui qui vous a volé,
« et ce qu'on vous a pris ; il vous le fera
« rendre ».

C'étoit alors l'heure de la prière. Dès que

le melek et sa société commencèrent leurs ablutions, je me retirai.

Les trois ou quatre jours qui suivirent celui de mon entrevue avec le melek, je fus si malade que je restai sans mouvement, et je crus que ma vie étoit à son terme. Dès que je commençai à sortir de cet état, je fis dire au melek que je desirois d'être introduit auprès du sultan, et de quitter le royaume de Four le plutôt possible. Mon message resta sans réponse : mais le lendemain le melek vint dans ma tente, avec quelques personnes de sa suite ; et il me pria de lui montrer les effets que j'avois apportés.

Alors je me hâtai d'étaler devant lui ce que j'avois d'habillemens propres à servir aux principaux personnages du pays. Mais cela ne suffit point au melek. Il desira que je lui ouvrisse un petit coffre qui contenoit des choses pour mon usage et non destinées à être vendues. Il y avoit aussi des pistolets anglais que je réservois pour faire des présens dans le Sennaar, ou dans d'autres pays où je pourrois pénétrer. Je refusai donc d'ouvrir le coffre. Sur quoi le melek me menaça de le faire briser. Cela ne me fit pas la moindre impression.—Quelques momens après les gens du melek se mirent en devoir d'exécuter la volonté de leur maître; et aussitôt *Ali-Hamad*, mon perfide agent, qui savoit où la clef étoit cachée, alla la prendre et ouvrit le coffre. Tout ce qu'il y avoit dedans fut examiné avec le plus grand soin, et plusieurs petits articles disparurent. On me prit même par force mes pistolets, en me disant que c'étoit pour le sultan et qu'ils me seroient payés au prix d'estimation. Ensuite on me rendit gracieusement mes télescopes, mes livres, mes hardes, et toutes les choses dont on ne savoit que faire.

L'évaluation des pistolets et des autres objets pris, devoit se faire le jour suivant; et, en effet, elle eut lieu contre mon consentement et malgré toutes mes remontrances. Quelques articles furent estimés tout leur prix; d'autres beaucoup au-dessous. Enfin, le tout fut jugé valoir trente-huit têtes d'esclave : mais au prix du marché il en valoit quatre-vingts; et je fis en outre un présent considérable au sultan.

Une paire de pistolets à deux coups, et

garnis en argent, coûtant à Londres vingt guinées, ne fut estimée qu'un esclave, qui ne se vend communément que quinze piastres en marchandises d'Egypte. Quand je vis cela, je m'écriai que si dans le Dar-four les marchés ne se faisoient pas d'un commun accord, et qu'on voulût me voler, il valoit mieux qu'on prît *gratis* tout ce que j'avois. Mais on ne me répondit rien, et le lendemain on m'envoya en présent deux chameaux.

La violence avec laquelle on s'étoit emparé de mes effets, et tous les mauvais traitemens que j'éprouvois, augmentèrent beaucoup ma maladie. Il y avoit déja quinze jours que j'étois sous une tente, exposé à toutes les variations de la température, variations qui étoient considérables, parce que nous étions à la fin de la saison pluvieuse; et l'on faisoit si peu d'attention à moi, que quoique tourmenté par la soif, il étoit rare que je pusse obtenir un peu d'eau.

Je jugeai que le seul moyen qui me restoit pour me rétablir, étoit de retourner à Cobbé; parce qu'au moins j'y serois logé dans une maison, et j'y jouirois de la solitude et du repos, dont la privation m'étoit extrêmement pénible. Le melek s'étant approprié la plus grande partie de mes effets, et ne m'ayant laissé que de quoi suffire à mes besoins pendant quelques mois, ne devoit guère se soucier que je restasse à El-Fascher. Je pris donc deux arabes pour me conduire; et avec le reste de mes effets, et les deux chameaux qu'on m'avoit donnés, je me rendis à Cobbé.

Dans les intervalles de ma maladie, je rendis visite aux principaux habitans de Cobbé. A mesure qu'on s'accoutumoit à me voir, je m'apercevois qu'on avoit un peu plus d'égards pour moi. Je n'avançois pas, il est vrai, vers le principal but de mon voyage, et à cet égard l'hiver fut perdu pour moi : mais, d'un autre côté, j'appris à connoître les mœurs et le dialecte du Dar-four; car l'arabe qu'on y parle, diffère considérablement de l'idiome qui est en usage en Egypte.

J'allois rarement dans les sociétés où l'on faisoit usage du *mérisi* (1), parce qu'il étoit important pour moi de ne pas me trouver

(1) C'est une liqueur fermentée, qu'on appelle aussi *bouza*.

mêlé dans les querelles, qui parmi les fourains sont les suites fréquentes de l'ivresse. Mais je m'amusois souvent à examiner la manière dont ces africains font leurs marchés, ce qui dure quelquefois plusieurs heures. J'écoutois, pour m'instruire, les raisonnemens qu'ils faisoient d'après leur jurisprudence et la froide discussion de leurs droits; car ils soumettent fréquemment leurs différens à la décision d'un arbitre. Je ne pouvois m'empêcher de sourire de leurs distinctions pointilleuses relativement à leur conduite extérieure; mais j'avois tout lieu d'applaudir à la théorie de leur morale.

Les hommes graves du Dar-four sont dans l'usage de se rassembler pendant la chaleur du jour, sous un appentis où ils s'asseyent et causent tranquillement. Pendant ma convalescence, je manquai rarement d'assister à ces entretiens. Ils ne brillent pas par des saillies, encore moins par des observations profondes; mais ils montrent de l'indulgence. Leur conversation est toujours exempte d'aigreur, et en général assez raisonnable. Peut-être aussi leur société me paroissoit-elle moins ennuyeuse, parce qu'elle servoit à me distraire des réflexions désagréables que je faisois souvent sur ma situation.

Lorsque dans l'été de 1794, j'eus en partie repris mes forces, je résolus de me rendre auprès du sultan, dans le dessein de saisir l'occasion de lui demander justice des vexations que j'avois éprouvées, et de solliciter la permission de poursuivre mon voyage.

En quittant la maison que j'habitois à Cobbé, j'eus une difficulté avec le propriétaire, parce qu'il prétendoit que je lui signasse une déclaration qui attestât que rien ne m'avoit été dérobé pendant mon séjour chez lui. Je le refusai positivement, parce que c'étoit contraire à la vérité. Alors il fit convoquer l'assemblée des *foukkaras*, c'est-à-dire, des juges sacrés. Après beaucoup de contestations, le résultat du procès fut de l'affranchir de la responsabilité à laquelle il étoit légalement obligé; ce qui me détermina à ne plus remettre le pied chez lui.

A mon retour à El-Fascher, je trouvai que le melek Misellim avoit été envoyé par le sultan dans le midi du royaume. Je me mis alors sous la protection du melek Ibrahim, l'un des plus âgés de ceux qui avoient de l'autorité dans le pays. Tous les étrangers qui vont dans ces contrées, étant obligés de demeurer dans la maison de quelqu'un des habitans, ou de planter sa tente dans son enclos, je logeai chez un nommé *Mousa* qui, quoique l'un des fils du sultan Bokar (1), n'occupoit qu'un emploi de peu de conséquence. Ce Mousa étoit l'homme le plus équitable et le plus désintéressé que j'aie connu dans le Dar-four, et même parmi les musulmans de tous les autres pays. Quoique pauvre et sans pouvoir, il se montroit toujours calme et plein de dignité ; et quoique sa religion lui apprît à haïr ceux qui en professoient une autre, il étoit incapable de leur faire la moindre insulte. Nul motif n'auroit pu le déterminer à manger avec un caffr (2) : mais il se montroit constant et rigide observateur des droits de l'hospitalité, et chaque jour il me faisoit donner une partie des alimens préparés pour lui. Il disoit souvent que comme ma religion me portoit à avoir de l'aversion pour le prophète, la sienne l'obligeoit de haïr ma religion, mais ne l'autorisoit pas à se conduire mal à mon égard.

---

(1) Prédécesseur d'Abd-el-Rachman.
(2) Nom que les africains donnent aux payens.

Le melek Ibrahim étoit un homme d'environ soixante ans, d'une haute taille, mais non pas robuste, et dont la physionomie avoit plus de rudesse que d'expression. Il n'avoit point de barbe, et sa tête n'étoit couverte que de quelques cheveux gris. Ses manières et ses gestes étoient sans grâce ; il n'avoit point cette aisance que donne la supériorité du rang, ou celle de l'esprit. Cependant, il ne manquoit point d'intelligence ; au contraire, il paroissoit que sa sagacité le rendoit digne de la place qu'il occupoit, et qui étoit l'une des premières de l'Empire. Il étoit bigot et superstitieux : mais dans tout ce qui n'avoit point rapport à sa religion il montroit un jugement froid et peu susceptible d'erreur. Ce melek avoit joui long-tems de la réputation d'être le plus intègre de sa classe ; mais les richesses qu'il avoit acquises, sembloient prouver qu'il méritoit peu cette réputation. Quoi qu'il en soit, la générosité n'étoit pas au nombre de ses vertus ; toutes ses actions étoient dirigées par une basse avarice ; et quoiqu'il fût le particulier le plus opulent de l'Empire, il pratiquoit si peu l'hospitalité arabe, qu'on regardoit comme un malheur d'aller, sans avoir soupé, à ses conseils du soir.

J'étois le premier européen qu'eût vu le melek Ibrahim. Il me regarda à-peu-près comme les gens d'une classe inférieure regarderoient parmi nous, un petit goitreux des Alpes. Je compris par sa conversation, qu'il croyoit que les européens étoient une petite tribu séparée du reste du genre humain, par la singularité de ses traits et de sa couleur, et plus encore par son impiété.

Quand j'allai chez lui, je le trouvai assis dans son avant-cour. Il me salua honnêtement, et reçut avec complaisance le présent que je lui offris, ainsi qu'il est d'usage dans ces sortes d'occasions. Il m'en fit même des remerciemens ; mais il témoigna beaucoup de surprise de ce que j'étois venu dans le Dar-four.

Je me plaignis au melek des torts et des outrages qu'on m'avoit fait subir. Il me promit qu'on me rendroit justice, et qu'à l'avenir je serois protégé. Cependant, il étoit aisé d'entrevoir qu'il regardoit le présent que je venois de lui faire, comme un tribut légitime, et qu'il croyoit que ma sureté personnelle étoit plus que je n'avois raisonnablement droit d'attendre. La conduite qu'il tint par la suite à mon égard, étoit une preuve de ce sentiment; car, durant les trois mois que je restai à El-Fascher, je ne le vis que lorsque je lui demandois expressément audience, je n'en reçus aucune marque de civilité particulière, et il ne me rendit pas justice, comme il me l'avoit promis.

Je me rendois toujours assiduement pour assister au lever du sultan, qui duroit depuis six heures du matin jusqu'à dix; mais il étoit rare que j'y fusse admis, et lorsque je l'étois, je ne trouvois jamais occasion de parler. Il m'est impossible de décider si l'éloignement qu'on me montroit, étoit l'effet d'un préjugé général, ou des machinations de mes ennemis : mais je sais, d'après des rapports certains, que presqu'aucun étranger n'avoit éprouvé rien de pareil; et je crois que l'une et l'autre causes, dont je viens de parler, y contribuoient également.

Lorsque l'heure de midi approchoit, je m'en retournois toujours sous mon appentis; et là, fatigué de la chaleur, altéré, et sentant le besoin de manger, je faisois ordinairement mon repas d'un morceau de pain, un peu acide, mais agréable, que je trempois dans de l'eau.

Je fis connoissance de quelques personnes attachées à la cour, et de quelques étrangers qui y sollicitoient des grâces. Quelquefois leur conversation m'amusoit ; mais souvent j'étois fatigué de leurs questions frivoles et continuelles, et de leurs observations absurdes ou insultantes. Cependant, quoique je fusse privé des moyens de rendre ma solitude agréable, elle ne me causoit aucun ennui. J'allois de tems en tems au marché, qui se tenoit ordinairement depuis quatre heures après midi, jusqu'au coucher du soleil. Là, ma personne paroissoit toujours étrange, et la foule se rassembloit autour de moi ; ce qui m'engageoit à me retirer promptement.

Les habitans du Dar-four m'ont paru ne pas connoître les plaisirs de la chasse. Lorsque la saison des pluies eut commencé, et que la terre se couvrit de verdure, j'allai quelquefois me promener dans la campagne, avec mon fusil ; mais je ne rencontrai jamais de gibier. Je ne découvris pas même une seule plante digne d'être remarquée. Durant le tems des chaleurs, la terre étoit brûlée par le soleil, et l'on n'y voyoit pas la moindre trace de végétation.

Tandis que j'étois dans l'attente d'une audience, et que le tems de mon départ approchoit, un incident assez peu agréable contribua à faire faire attention à moi, et me procura enfin un entretien avec le sultan.

Les esclaves domestiques se rassembloient souvent autour de moi, pour considérer l'étrangeté qu'ils trouvoient dans ma personne. Alors, je badinois de tems en tems avec eux, pour tâcher de me dissiper un peu. Un jour que je lisois tranquillement, une fille d'environ quinze ans vint à la porte de ma cabane. Voulant lui faire peur, je saisis tout-à-coup la toile qui lui ceignoit le corps, et elle resta toute nue. Le hasard fit que le maître de la jeune esclave passa à l'instant même, et la vit.

L'endroit étoit trop public pour qu'on pût croire qu'il y avoit eu quelque familiarité entre cette fille et moi; mais le tumulte qui suivit, sembloit m'accuser du plus odieux des crimes, et annonçoit la vengeance la plus exemplaire.

Le maître de la jeune fille jeta son turban à terre, en s'écriant : — « Disciples du « Prophète, écoutez-moi ! Fidèles musul- « mans, vous devez me venger ? Un caffr « a violé la propriété d'un descendant de « Mahomet » ! Il osoit se qualifier du titre de descendant de Mahomet, quoiqu'il n'y eût aucun droit.

Cependant, lorsqu'il eut rassemblé un certain nombre de personnes, il leur raconta, dans les termes les plus forts, le prétendu outrage qu'il avoit reçu, et il les exhorta à prendre les armes, et à sacrifier le caffr. Il avoit chargé une carabine, et paroissoit vouloir exécuter ses menaces, quand quelques-uns de ses compagnons, qui étoient plus avancés et me voyoient, crièrent aux autres que j'étois armé et préparé à me défendre.

Alors toute la troupe convint qu'il falloit me faire punir d'une toute autre manière; parce que cela seroit plus sûr, plus avantageux pour mon adversaire, et plus terrible pour moi. *Ali-Hamad*, le perfide agent que j'avois mené du Caire, vouloit prendre la jeune esclave, comme si elle eût réellement été violée, et offroit de la payer le prix qu'exigeroit le propriétaire (1). Celui-ci demanda modestement dix têtes d'esclaves. Ali-Hamad se prépara aussitôt à réclamer de moi la valeur de dix têtes d'esclaves ; et en cas que j'eusse cherché à me défendre pardevant le cadi, ce qu'il ne croyoit guère que j'osasse, il avoit déja suborné des témoins pour déclarer que j'avois reçu de lui cette somme.

En quittant Cobbé, pour me rendre à El-Fascher, j'avois fait porter ce qui me restoit de mes marchandises et de mes effets, parmi lesquels il y avoit peu d'articles précieux, mais beaucoup de choses à mon usage, dans la maison d'*Hossein* et de son associé. Hossein étoit précisément le propriétaire de la jeune esclave dont je viens de parler. A mon retour à Cobbé, c'est-à-dire peu de jours après l'évènement qui

(1) Par les lois du prophète, un homme qui a des rapports illicites avec une femme esclave qui ne lui appartient pas, est obligé de la payer le prix qu'elle vaut au propriétaire. Lorsque le *zinna* * est publiquement commis, la punition est proportionnée à l'état et à la fortune du coupable ; mais il faut le témoignage de quatre personnes pour prouver ce crime.

* La fornication.

avoit rapport à cette esclave, je réclamai mes effets ; mais on me les refusa, d'après l'opposition d'*Ali-Hamad*, et on me dit qu'on ne me les rendroit qu'après que je lui aurois payé la valeur de dix esclaves.

Je trouvai la conduite de ces gens-là si injuste, que je ne doutai pas que si le Gouvernement en étoit informé, ils ne renonçassent aussitôt à leurs prétentions ; et certes, mes adversaires fondoient leurs espérances sur ce qu'ils me supposoient la même timidité qu'ont les chrétiens de ces contrées, à l'égard desquels l'accusation et la condamnation vont toujours ensemble. Je ne négligeai pas de donner à cette affaire toute la publicité possible, sans pourtant avoir recours à l'autorité ; et ceux à qui j'en parlai m'assurèrent tous que j'avois raison.

J'allai de nouveau chez mes adversaires Hossein et son associé ; et, en leur présence, j'offris à Ali-Hamad un billet par lequel je m'engageois à lui payer, à mon retour au Caire, la valeur de dix esclaves, au prix qu'ils vaudroient alors. Ali-Hamad ne voulut point de cette obligation, et ses amis retinrent ma malle, dans laquelle étoient quelques écus d'Allemagne, et d'autres articles. Le reste de mes effets me fut rendu.

Cette affaire fit grand bruit. Les gens du pays et les étrangers qui s'y trouvoient, furent indignés de l'énorme injustice que j'allois subir, en me voyant condamné à payer une somme considérable à des gens qui n'avoient d'autre droit à me la demander qu'une insigne effronterie. Les marchands qui faisoient le commerce d'Egypte furent ceux qu'elle irrita le plus, d'autant qu'ils étoient en trop grand nombre pour qu'on les récompensât de l'adhésion qu'ils auroient pu y donner. En conséquence, quelques-uns d'entr'eux se hâtèrent d'en informer le sultan.

Il ne faut pas croire que ce prince eût voulu se mêler de cette affaire, par amour de la justice, ou par commisération pour un malheureux opprimé, à qui il n'avoit jusqu'alors témoigné que du dédain, ou plutôt de l'aversion : mais il avoit entendu dire que les francs jouissoient d'une grande faveur auprès des Sengiaks, et que si quelqu'un d'entr'eux éprouvoit des vexations dans le Dar-four, on s'en vengeroit aisément sur les jelabs qui iroient au Caire, en faisant juridiquement saisir leurs marchandises, soit pour payer ce qui auroit été volé, soit pour servir de garantie contre tout ce qui pourroit arriver. En outre, le sultan pensoit que sa dignité seroit compromise si l'on voyoit dans ses états qu'un étranger osât employer la force pour se venger.

J'étois encore à El-Fascher, lorsque je fus informé que le sultan étoit instruit de mon affaire, et qu'il avoit résolu de me rendre justice; mais ayant attendu quinze jours sans en entendre parler davantage, et étant las de souffrir, je pris le parti de partir pour Cobbé. Peu de tems après que j'y fus, un messager de la cour (1) vint m'apporter l'ordre de retourner immédiatement à El-Fascher. Le motif de cet ordre étoit secret, et il me fut impossible de découvrir s'il m'étoit avantageux ou défavorable. Je me mis en route le jour même que je le reçus, et le lendemain à midi j'arrivai à El-Fascher.

Je me présentai au melek Ibrahim qui, le jour suivant, me conduisit à l'audience publique du sultan. Après l'audience, Abd-el-Rachman, prêt à entrer dans son palais, ordonna à mes adversaires, ainsi qu'à moi,

(1) Dans la langue du pays un *foulganawy*.

de le suivre. Lorsqu'il fut dans l'arrière-cour, il arrêta la mule blanche qu'il montoit ; et s'adressant à *Hossein* et à *Ali-Hamad*, il leur fit une réprimande pleine de vivacité et d'énergie, sur leur conduite envers moi. — « Il est un homme, dit-il en
« regardant Ali-Hamad, qui se dit wakil(1)
« du franc ; mais si cet homme étoit un schérif
« et un muslim, comme il le prétend, il
« devroit savoir que la loi du prophète défend
« qu'un muslin soit le wakil d'un caffr. Un
« autre se dit son ami ; mais tous les deux
« se sont concertés pour voler ce franc,
« et pour usurper l'autorité des loix. C'est
« donc moi qui désormais serai son wakil, et
« qui le protégerai. »

Le sultan nous ordonna alors de nous rendre chez Mousa Woullad Jelfoun, melek des jelabs, sous la juridiction duquel étoient tous les marchands étrangers. Peut-être est-il nécessaire que j'explique ici en peu de mots, comment j'avois été auparavant reçu par le sultan.

La première fois que j'allai à l'audience de ce prince, j'étois trop malade pour pouvoir faire beaucoup d'observations. J'étois assis fort loin de lui, et je n'eus pas le moyen

---

(1) Courtier ou agent.

de lui parler. Il étoit placé sur un trône (1) à l'entrée de sa tente. Quelques personnes lui parlèrent de ma montre, et lui dirent que j'avois un exemplaire de la grammaire d'Erpenius(2). Il demanda à voir et la montre et le livre, y jeta un coup d'œil et les rendit. On lui offrit le présent que je lui avois apporté; il me remercia, et se leva aussitôt pour se retirer.

L'été suivant, je fus encore admis en présence du sultan. C'étoit un jour qu'il tenoit son divan dans l'avant-cour du palais. Il montoit une mule blanche, et étoit vêtu d'un benisch d'écarlate, et coîffé d'un turban blanc : mais ce turban, ainsi qu'une partie du visage du prince, étoient couverts d'une épaisse mousseline. Le sultan avoit des bottes jaunes, et la selle de sa mule étoit de velours cramoisi, sans aucun ornement d'or ni d'argent. Il tenoit horizontalement dans sa main droite un sabre dont la lame étoit large et droite, et la poignée d'or massif. On avoit élevé au-dessus de sa tête un petit dais de mousseline.

(1) *Coursi.*
(2) Erpenius, professeur de l'université de Leyde vers le milieu du seizième siècle, a composé une grammaire arabe très-estimée, et a traduit en latin l'histoire des sarrazins d'El-Macin. (*Note du traducteur.*)

Il y avoit alors autour du sultan plus de mille personnes, qui faisoient trop de bruit pour que je pusse me faire entendre. Cependant la situation où je me trouvois, me fit essayer de parler, quoique ce fût contre l'étiquette, qui veut qu'un divan ne soit consacré qu'aux militaires, aux arabes et aux autres personnes qui ont des rapports avec le Gouvernement.

Une autre fois je gagnai par des présens un officier du palais, afin qu'il m'introduisît dans l'arrière-cour. Le sultan jugeoit une cause particulière, et la plaidoirie se faisoit en langue fouraine. Il étoit assis sur un siège couvert d'un tapis de Turquie. Sa tête étoit coîffée d'un turban rouge, et son visage découvert. Il tenoit sur ses genoux l'épée royale, et dans ses mains un chapelet de corail. Me trouvant très-près de lui, je le regardai attentivement pour avoir une idée juste de sa physionomie ; car comme j'ai la vue courte, et que par respect je n'osois pas me servir de lunette, je n'avois pas encore bien pu le voir. Ce prince parut embarrassé de ma manière de l'examiner, et dès que la cause qu'on plaidoit fut jugée, il se leva précipitamment et s'en alla.

Quelques personnes à qui je racontai cela, me dirent que probablement les gens du sultan lui avoient conseillé de se défier de la magie des francs. Beaucoup d'orientaux croient que c'est par l'effet de cette magie que les francs savent attraper la ressemblance des objets qu'ils peignent ou qu'ils dessinent.

Le sultan Abd-el-Rachman étoit un homme d'une petite taille, et d'une complexion sèche. Il avoit les yeux très-vifs et tous les traits pleins d'expression. Sa barbe étoit courte et touffue, son teint parfaitement noir, mais pourtant différent de celui des nègres. Quoiqu'âgé de cinquante à cinquante-cinq ans, ce prince paroissoit encore très-agile.

Quelques jours après la séance dont je viens de parler, je pénétrai encore dans l'arrière-cour. J'y vis le sultan debout, tenant dans sa main gauche son épée, et dans sa droite un grand bâton dont le bout étoit d'argent et sur lequel il s'appuyoit. Il étoit alors coîffé d'une pièce longue de soie rouge qui faisoit plusieurs fois le tour de sa tête, et ressembloit à celles que les arabes occidentaux portent pour ceinture.

Le melek Ibrahim lui présenta de ma part

une pièce d'étoffe en soie et coton, fabriquée à Damas ; et en l'acceptant, ce prince dit : — « Que Dieu daigne le bénir ! (1) » phrase qu'on a coutume de prononcer lorsqu'on reçoit quelque honnêteté. Puis il se retira si promptement que je n'eus pas le tems de lui adresser la demande dont j'avois voulu que mon présent fût le précurseur.

Il est d'usage que tous ceux qui vont à El-Fascher, y apportent un présent d'une valeur proportionnée à l'importance des affaires qui les y attirent. Il est également d'usage qu'avant de quitter cette résidence, on en demande la permission au sultan. Cette dernière coutume me sembloit désagréable ; et je ne m'y soumis pas toujours. Cependant lorsque j'y demeurai plusieurs jours de suite, je voulus profiter de l'étiquette, pour pouvoir enfin parler au sultan. La veille du jour que j'avois fixé pour retourner à Cobbé, il y avoit audience publique. Je trouvai le monarque sur son trône (2), et sous un dais de bois très-élevé, garni de diverses étoffes de Syrie et des Indes flottantes et indistinctement mêlées. La place

(1) Barak ulla fi !
(2) Coursi.

du trône étoit couverte de petits tapis de Turquie. Les meleks étoient assis à droite et à gauche, mais à quelque distance du trône. Derrière eux, il y avoit un rang de gardes, dont les bonnets étoient ornés sur le devant d'une petite plaque de cuivre et d'une plume d'autruche noire. L'armure de ces gardes consistoit en une lance qu'ils tenoient dans leur main droite, et un bouclier de peau d'hippopotame qui couvroit leur bras gauche. Ils n'avoient pour tout habillement qu'une chemise de toile de coton fabriquée dans le pays. Derrière le trône on voyoit quatorze ou quinze eunuques vêtus de riches étoffes de différente espèce (1), mais maussadement arrangées, et dont les couleurs n'étoient nullement assorties. Le nombre des solliciteurs et des spectateurs qui occupoient la place en avant du trône, s'élevoit à plus de quinze cents.

Un louangeur à gage se tenoit debout à la gauche du prince, et crioit continuellement de toute sa force : — « Voyez le Buffle ! « le fils d'un buffle ! le taureau des tau- « reaux ! l'éléphant d'une force extraordi- « naire ! le puissant sultan Abd-el-Rachman-

(1) Il y avoit des étoffes de soie et du drap.

« el-Raschid ! Que Dieu prolonge ta vie, ô
« maître ! Que Dieu t'assiste et te rende vic-
« torieux ! »

Je quittai cette audience, comme j'avois quitté les autres, sans pouvoir exécuter le dessein de me faire entendre du sultan. L'on me dit qu'il y avoit des occasions où ce prince mettoit sur sa tête une couronne, ainsi qu'il est d'usage parmi les autres monarques africains : mais je n'eus pas occasion de le voir. Quand il se montroit en public, il étoit ordinairement accompagné d'un certain nombre de soldats armés de légères lances, et plusieurs esclaves tenoient au-dessus de sa tête une espèce de parasol, qui empêchoit de voir son visage.

Tous ceux devant qui il passoit étoient obligés de se mettre pieds nus, et souvent ils s'agenouilloient. Ses sujets se prosternoient devant lui ; mais on n'exigeoit point des étrangers cette marque de soumission. Les meleks même n'approchoient du trône qu'en rempant sur leurs mains et sur leurs genoux (1).

(1) Un égyptien voyant que les femmes faisoient publiquement l'office de domestique dans le palais d'El-Fascher, et sachant la manière servile avec laquelle se

Peu de tems après être monté sur le trône, le sultan Abd-el-Rachman, sous prétexte de témoigner son zèle pour la religion du prophète, mais avec le véritable dessein de se rendre plus respectable aux yeux de ses sujets, jugea à propos de donner une marque de considération au premier des princes mahométans, et en conséquence il envoya un présent à Constantinople. Ce présent consistoit en trois eunuques de choix, et en trois jeunes filles esclaves, les plus belles qu'on put trouver dans le Dar-four.

Quand on offrit ce présent à l'empereur ottoman, ce prince n'avoit, dit-on, jamais entendu parler du sultan de Dar-four. Cependant il lui envoya, en retour, un sabre très-richement orné, une superbe pelisse, et un solitaire d'un prix considérable.

présentoient les ministres devant le sultan, disoit que dans le Dar-four un melek étoit une *jarea* * et la jarea un melek.

* Une jarea est une femme esclave.

CHAPITRE XVI.

DAR-FOUR.

Séjour chez le melek Mousa. — Dissimulation des arabes. — Incidens — Retour à Cobbé. — Tentatives pour pénétrer plus avant en Afrique. — L'auteur est obligé d'exercer la médecine. — Fête. — Punition des ennemis de l'auteur. — Art du sultan. — Conduite atroce de l'agent que l'auteur avoit amené du Caire. — Après un séjour de près de trois ans l'auteur trouve enfin une occasion de partir du Darfour.

Je fus accueilli par le melek Mousa Woullad Jelfoun, bien autrement que je ne l'avois été par Misselim et par Ibrahim. Toutes les principales personnes de sa maison me saluèrent et recherchèrent ma conversation. Ceux qui connoissoient ce melek, le regardoient comme un homme très-dissimulé et d'une ambition sans bornes, mais intelligent, prompt à prendre son parti, et plein d'énergie.

Je lui trouvai un air de dignité, des manières aisées, et plus de politesse et d'instruction qu'au reste de sa classe; ce qu'il devoit, sans doute, à la fréquentation des étrangers. Il eut beaucoup d'attentions pour moi, et chercha les occasions de connoître mon opinion sur différents objets qui se présentèrent.

Pendant trois jours je restai presque continuellement auprès de lui, et je mangeai à sa table, qui étoit remarquable, sinon par la délicatesse des mets, au moins par leur abondance. J'étois alors accablé de questions, dont la simplicité m'ennuyoit beaucoup. Quelquefois aussi on m'injurioit indirectement, à cause de l'attachement qu'on me supposoit pour une religion, dont les mahométans regardent les préceptes comme absurdes et même impies. Cependant quand les convives songeoient que la faveur du sultan commençoit à ranimer mes espérances, leur zèle religieux devenoit plus facile et plus tolérant.

J'admirois, je l'avoue, l'adresse, la clarté, la sagacité avec lesquelles le melek discutoit les droits de ceux qui plaidoient devant lui, et l'inébranlable équité qu'il déployoit en les jugeant. Dans le peu de tems que je demeurai chez lui, je vis, plus d'une fois, rendre vains les plans les mieux concertés pour lui déguiser la vérité, et pour échapper à la sévérité de la justice; car on ne sauroit imaginer avec quel art et quelle constance les arabes, si ignorans à tout autre égard, savent défendre leurs intérêts, soit qu'ils aient tort ou raison. Ils ont, dans ces occasions, tant de discernement, tant de mémoire, tant de fermeté, qu'il ne leur échappe jamais un mot, un regard, ni même un mouvement qui puisse les trahir. Ni un profond examen, ni des questions faites longtems les unes après les autres, ne peuvent leur arracher un aveu qui leur soit défavorable.

Revenons à mon affaire. Conformément aux ordres du sultan, je fournis au melek Mousa l'état exact de ce qu'on m'avoit volé; et je l'appuyai des preuves les plus détaillées et les plus convaincantes. Quant à ce qui avoit rapport à la jeune esclave d'Hossein, le melek me rendit la justice la plus complète. Il reconnut que l'inculpation qu'on m'avoit faite, étoit absolument futile. La jeune fille retourna chez son maître; et celui-ci fût obligé de me rendre ma malle.

Les effets volés par Ali-Hamad et par son complice, ne me furent pas si aisément restitués. Le melek, las de rendre gratuitement justice, crut qu'il valoit mieux faire un accord qui lui deviendroit lucratif. Les coupables voyant que malgré leur opiniâtreté, l'affaire relative à la jeune esclave avoit été jugée à leur détriment, prirent le parti d'offrir au melek quelque présent pour captiver sa bienveillance. D'ailleurs il savoit bien que le sultan étoit loin d'imaginer que les torts qu'éprouvoit un caffr, pussent lui être imputés dans l'autre monde ; et dans le fait, les plaintes qu'il entendoit continuellement, jointes à la jalousie et au ressentiment que lui inspiroient les marchands égyptiens, qui dans cette occasion et dans quelques autres sembloient avoir empiété sur ses droits, influèrent plus sur la première partie de son jugement que l'amour de la justice.

Enfin ce melek, arbitre suprême de notre différend, lui qui m'avoit déclaré qu'il me feroit payer par les voleurs de mes effets, la valeur de ving-quatre à vingt-cinq têtes d'esclaves, ne les condamna qu'au sixième (1) de cette indemnité ; et c'est ainsi que se termina mon procès.

Après cette décision, je m'en retournai à

(1) La valeur de quatre têtes d'esclaves.

Cobbé, avec très-peu d'espoir de pouvoir jamais sortir du pays.

Je n'avois encore rien reçu sur le prix des objets que les agens du roi m'avoient forcé de leur vendre à mon arrivée. On s'étoit joué de moi en feignant de me rendre justice ; et cependant j'avois été obligé de remercier mes oppresseurs, alors que leur corruption et leur méchanceté avoient rendu presque vaine la compensation qu'ils me devoient.

Certes, je ne quittai pas le melek Mousa, sans lui renouveler la prière que j'avois faite à Misselim et à Ibrahim. Je lui expliquai, de la manière la plus claire, les motifs qui m'avoient conduit dans le Dar-four ; et je détruisis dans son esprit tous les soupçons que l'adresse de mes ennemis n'avoit que trop bien réussi à faire naître. Je conclus en lui demandant la permission de me rendre dans le Sennaar, ou d'accompagner la première *selatée* (1) qui marcheroit vers le sud ou le sud-ouest, ou enfin d'avoir un sauf-conduit, et un des esclaves du sultan pour m'accompagner dans le *Bergou* (2).

(1) C'est une expédition armée pour aller chercher des esclaves.

(1) C'est le premier royaume mahométan qu'on trouve à l'ouest du Dar-four.

En prenant la première route, j'espérois pouvoir pénétrer en Abyssinie, et si cela étoit impraticable, traverser la Nubie pour retourner en Egypte, ou bien passer à Suakem, et de là gagner Mocka ou Jidda. Par la seconde route, j'étois presque certain de faire quelques découvertes importantes, relatives à la rivière Blanche(1), peut-être même de remonter jusqu'à sa source ; et par la troisième, d'aller droit à l'ouest, et de reconnoître le cours du Niger, ou de me rendre par le Bornou et le Fezzan à Tripoli.

Le melek répondit à ma première demande, d'une manière qui ne me permit pas de douter de sa sincérité. Il me dit qu'en ce moment il ne m'étoit pas possible de passer par le Sennaar, parce que les troupes du sultan son maître, avoient déja conquis la moitié du Kordofan ; que les habitans de l'autre moitié étoient des ennemis implacables, qui massacreroient infailliblement quiconque passeroit du Dar-four chez eux ; que toutefois il pensoit que si j'attendois à l'année suivante, cette route pourroit être plus sure, et qu'en ce cas il feroit ces efforts pour que le sultan me permît de partir.

(1) Le Bahr-el-Abiad.

Quant à l'envie que j'avois d'accompagner une selatée, le melek m'observa que ce seroit m'exposer à une mort certaine ; parce que si j'échappois aux armes des gens qu'on alloit attaquer, je périrois par la jalousie de ceux qui m'accompagneroient. Je lui fis entendre que le sultan pourroit me donner quelques personnes pour m'accompagner et que je récompenserois bien, qu'alors je pourrois passer sans danger en qualité de médecin de ce prince, et cherchant des plantes médicinales. Il me répondit qu'il le proposeroit, mais qu'il ne croyoit pas que le sultan y donnât son approbation. Il me représenta en même-tems ce prince, comme n'aimant point les étrangers, et se défiant particulièrement de moi, d'après les bruits qu'on avoit répandus sur mon compte à mon arrivée.

Pour la troisième proposition, le melek dit qu'il n'y avoit pas apparence que je pusse réussir ; et que si je tentois de pénétrer à l'ouest, il ne voudroit nullement répondre de ce qui m'arriveroit, parce que les souverains du Dar'-four et du Bergou se redoutoient mutuellement, et que dans le dernier de ces royaumes les chrétiens étoient l'objet d'une animosité implacable.

Le melek finit par me recommander fortement de saisir la première occasion de retourner en Egypte; et cependant il m'assura que s'il pouvoit réussir à m'obtenir l'une des choses que je desirois, il ne manqueroit pas de m'en informer et de m'aider de tout son pouvoir.

Ce fut après cette conversation, que, comme je l'ai dit plus haut, je me retirai à Cobbé, triste et ne comptant plus guère réaliser mes vœux les plus chers. Au bout de six semaines on vint, à toute hâte, me chercher de la part du melek, qui étoit en ce moment très-affecté d'une ancienne maladie de poitrine. Je lui trouvai encore quelque connoissance; mais il avoit les yeux fixes et les extrémités sans aucun mouvement. Cinq heures après il expira.

Ainsi s'évanouit ma dernière espérance. Il ne restoit plus personne qui s'intéressât pour moi auprès du sultan; et il n'étoit pas à la cour un homme qui eût autant de bon sens et de loyauté que celui qui venoit de mourir, et à qui je pusse communiquer mes projets avec sécurité.

Les différends que j'avois eus et mes fréquentes apparitions en public, m'avoient plus fait connoître que je ne le desirois. Malgré les soins que je prenois pour cacher le peu de remèdes qui me restoient, on ne tarda pas à savoir que j'en avois : aussitôt toute la ville fut malade et me demanda des médecines. J'évitai, autant que je pus, d'en distribuer : mais je fus pourtant obligé d'en donner quelqu'une, et deux ou trois malades qui en eurent et qui se rétablirent, répandirent aussitôt le bruit de leur guérison, en y ajoutant beaucoup de circonstances merveilleuses. Cela fut cause que dans le courant de l'année suivante, on m'appela plusieurs fois à El-Fascher, pour y pratiquer la médecine.

Peu de tems après la mort du melek Mousa, un messager vint me chercher à Cobbé; mais, suivant la coutume de ces gens là, il ne s'expliqua point sur la raison pour laquelle on exigeoit ma présence. Je pensai qu'on avoit peut-être à m'apprendre quelque nouvelle favorable à mes projets, et je fis toute la diligence possible. A mon arrivée, on me dit qu'il falloit me rendre auprès du *Faqui Seradge* (1), qui avoit une fistule qui le faisoit beaucoup souffrir. Les palliatifs étoient inutiles, et je ne voulus point me charger d'employer des moyens plus violens.

Cependant les soins que je donnai à l'iman me fournirent l'occasion de me rendre à l'audience du sultan, qui m'adressa la parole pour me dire qu'il donneroit ordre de me payer ce qu'on me devoit, et qu'il seroit bien-aise de faire tout ce qui me seroit agréable. Je lui demandai aussitôt la permission de partir; mais il feignit de ne pas m'entendre, et il se hâta de rentrer dans son palais.

Au bout de quelque tems on m'envoya chercher pour un melek, très-avancé en âge, et borgne depuis neuf ans. Il fut fort fâché quand je lui dis que son œil ne guériroit jamais; et ce ne fut pas la seule fois qu'on me demanda des choses impossibles.

Pendant l'hiver (2) Misellim me fit venir chez lui pour me compter une partie de ce qui m'étoit dû. Il étoit alors à Gidid, ville

(1) Le principal iman.
(2) 1794.

éloignée d'environ quarante milles de Cobbé. Je n'y restai pas long-tems, car on me permit de m'en retourner quelques heures après mon arrivée. L'acompte que je reçus étoit en bœufs, qui ne pouvoient être pour moi d'une grande valeur, mais qui pourtant me fournirent le moyen de subsister pendant quelques mois, sans quoi j'aurois été très-embarrassé.

La première semaine du mois de *Rabia-el-Achir*, on célébra une fête que je crois particulière à ce pays : on la nomme le *Geled-el-Nahas* (1). Elle dure huit ou dix jours, et pendant ce tems-là les meleks et tous les autres principaux personnages font au monarque des présens considérables. Je vis les différentes choses qu'offrit en cette occasion le melek des jelabs : il y en avoit pour la valeur de soixante têtes d'esclaves. Il n'est presque pas d'habitant qui ne porte au pied du trône un présent proportionné à son rang et à ses moyens. Pour récompenser ses sujets de cette générosité involontaire, le sultan par une bienveillance presqu'aussi involontaire, mais moins coûteuse, traite tous ceux qui se présentent.

(1) La garniture de la tymbale.

Mais, comme dès le premier jour de la fête on tue un trop grand nombre d'animaux, il arrive souvent que la viande qu'on mange les jours suivans est gâtée ; ce qui a fait dire à quelques personnes que les festins de la cour de Dar-four ressembloient à ceux du léopard (1).

Durant la fête du Geled-el-Nahas, on fait la revue des troupes. Leurs exercices à cheval ne sont qu'une grossière imitation de ceux des mamlouks ; ainsi je ne m'amuserai point à les décrire. Ils servent cependant à montrer quel est l'esprit militaire d'un pays, où la victoire est toujours le prix de la force du corps et de la valeur. Le sultan et ses principaux officiers montent de très-beaux chevaux de Dongola ; mais ils ne sont pas habiles écuyers, et ils tiennent toujours dans une main cinq ou six javelines qu'ils lancent assez mal-adroitement.

Dans l'été de 1794, cinq hommes qui avoient occupé des emplois importans dans

---

(1) J'ignore si cela est vrai, mais on dit dans le Soudan que quand le léopard a étranglé sa proie, il la laisse pourrir avant de la dévorer. — Il est très-rare de voir des mahométans manger de la viande corrompue.

quelques provinces, furent amenés prisonniers à El-Fascher. Le bruit se répandit qu'ils avoient entretenu une correspondance criminelle avec Haschem, chef de la partie du Kordofan qui résistoit aux armes du sultan. On ne leur fit aucune espèce de procès : mais le sultan ajoutant foi au témoignage de leurs accusateurs, commanda qu'on les mît à mort. Trois d'entr'eux étoient fort jeunes; il y en avoit même un qui ne paroissoit pas âgé de plus de dix-sept ans. Deux de ces malheureux étoient eunuques.

Un peu après-midi, ils furent conduits chargés de chaînes, sur la place du marché qui est vis-à-vis de l'une des entrées du palais. Quelques esclaves armés de lances les escortoient. Plusieurs meleks se rendirent au même endroit, par ordre du sultan, parce que le despote vouloit qu'ils jugeassent par cet exemple, du sort qui les attendoit, s'ils manquoient de fidélité.

Le bourreau ne laissa aux cinq condamnés que le tems de réciter une courte prière; après quoi il plongea son couteau dans la poitrine du plus âgé, de la même manière qu'on tue un mouton. Le malheureux tomba, et remua quelque tems. Les autres furent ensuite égorgés. Avant de recevoir le coup mortel, les trois derniers paroissoient très-affectés de leur sort, et le plus jeune pleuroit; mais les deux premiers montrèrent beaucoup de fermeté.

La foule assemblée sur la place, contemploit avidement les mouvemens convulsifs de ces infortunés expirant sur la poussière, quand les esclaves du bourreau apportèrent froidement un billot, et avec une hâche se mirent à couper par morceaux les pieds des cadavres. Je fus étonné de cela ; car les mahométans traitent ordinairement les morts avec une décence digne d'éloge : mais ma surprise augmenta bien davantage, lorsqu'ayant achevé de hâcher les pieds, les esclaves emportèrent les fers qu'ils leur avoient ôtés, et laissèrent les cadavres sur la place. Ces cadavres furent ensuite ensevelis par quelques particuliers qui en eurent pitié, non par ordre du Gouvernement.

Cette même année (1), quelques personnes ivres ayant commis divers excès, le sultan qui en fut informé, résolut d'employer la force pour arrêter les progrès de l'ivrognerie. Il fit faire dans toutes les maisons la recherche

(1) 1794.

des ustensiles propres à faire le *merisé* (2) : il ordonna que les femmes qui fabriqueroient cette liqueur, auroient la tête rasée, paieroient une forte amende, et seroient traitées de la manière la plus ignominieuse, et que toutes les personnes qui s'enivreroient seroient soumises à une peine capitale.

Certes, les fourains avoient été habitués au merisé, avant qu'Abd-el-Rachman régnât sur eux, même avant de connoître l'islamisme. D'ailleurs pour que les ordres du sultan pussent être entièrement exécutés, ils étoient trop sévères, et il y avoit trop de gens disposés à les enfreindre. On y obéit pourtant jusqu'à un certain point. Quelques pauvres femmes eurent plusieurs fois la tête rasée ; et d'innombrables jarres furent brisées sous les pas des fidèles. Mais les opulens coupables échappèrent, suivant l'usage, à la punition qui atteignoit les autres. Quelques-uns eurent même la hardiesse de dire que tandis que les prêtres et les magistrats proclamoient d'un bout du royaume à l'autre le fulminant édit contre le merisé, les yeux des femmes du sultan étoient animés par les effets de cette boisson délicieuse.

(1) Liqueur fermentée.

Depuis cette nouvelle loi, les troupes parurent beaucoup moins attachées au monarque, et l'on assuroit que ce changement n'avoit pas d'autre cause. Dans ces contrées un prince qui ne tolère point de licence, n'a jamais pour lui les cœurs des soldats. Il en est de même de quiconque se montre censeur impartial des mœurs publiques.

L'on avoit souvent répandu le bruit qu'on accorderoit bientôt aux jelabs la permission de partir : mais ce bruit n'étoit point authentique ; il parut même par la suite qu'il n'avoit jamais été fondé. Cependant il y a tout lieu de croire qu'on le semoit artificieusement par ordre du sultan, qui employoit ce moyen pour flatter un peu les marchands étrangers. Ces marchands ayant achevé leurs achats d'esclaves, étoient obligés de faire beaucoup de dépenses pour les nourrir, et s'impatientoient de ne pouvoir pas se mettre en route. Mais pendant ces tems-là les marchandises du sultan se vendoient très-avantageusement en Egypte : car durant le séjour que je fis dans le Dar-four, ce prince envoya au Caire deux petites caravanes qui n'étoient chargées que pour son compte particulier, et pour celui de deux ou trois de ses sujets qu'il favorisoit. Il avoit une si grande quantité de marchandises, qu'il voulut laisser à ses agens le tems de les vendre sans qu'ils eussent à craindre la concurrence des autres marchands.

Les jelabs furent donc forcés de voir le sultan exercer ses funestes monopoles. Cependant ce prince eut l'impudence de dire tout haut qu'il avoit envoyé négocier avec les beys, pour que les marchandises du Soudan fussent reçues en Egypte à des conditions plus avantageuses qu'elles ne l'étoient auparavant.

L'agent que j'avois amené du Caire, le traître Ali-Hamad, se servit des effets qu'il m'avoit volés pour acheter plusieurs esclaves. Il n'avoit pas cessé d'occuper un appartement renfermé dans la même enceinte que le mien, et je chargeois quelquefois une de ses esclaves de me préparer à manger.

Ce perfide me connoissoit trop bien pour croire que je laisserois échapper la moindre occasion de le punir, et en conséquence il cherchoit à se mettre dans le cas de n'avoir plus à me craindre. J'avois été averti de ses desseins. Je me défiois de lui, je dormois peu la nuit, et j'allois toujours armé. Mais je n'imaginois pourtant pas qu'il osât rien entreprendre à force ouverte. Je me trompois; il avoit fait marché avec deux hommes pour m'étrangler. Voyant bientôt que ce projet ne pouvoit réussir, il se procura du sublimé corrosif, et en mit dans un plat que son esclave dressoit pour moi. L'esclave fut assez honnête, assez généreuse pour m'en avertir, sans quoi j'aurois été victime d'une atrocité que je ne soupçonnois nullement.

Au bout de quelques heures le traître rentra chez lui, et voyant que son plan n'avoit pas réussi, il voulut s'en venger sur la pauvre esclave, et il étoit près de l'étrangler avec une corde, mais je l'arrachai de ses mains.

Il employa encore un autre moyen pour me nuire. Il m'accusa de débaucher ses esclaves. L'affaire fut portée devant le juge civil, et ensuite devant le melek des jelabs. Mais après une ennuyeuse plaidoirie, il fut démontré que mon ennemi étoit un calomniateur.

De nouveaux complots contre ma vie furent artificieusement tramés; cependant j'eus le bonheur de n'en pas être victime.

Dans l'été de 1795, je reçus le reste de ce que me devoit le sultan. L'on me paya en femelles de chameau (1); injustice pareille à celle qu'on avoit commise l'année précédente en me donnant des bœufs, et qui produisit le même effet. Après que tous les autres débiteurs du monarque furent satisfaits, on me dit de choisir parmi les chameaux femelles qui restoient. Deux de ces animaux furent comptés, suivant l'usage, pour l'équivalent d'un esclave : mais ils étoient en si mauvais état, qu'il en auroit fallu plus de trois pour ce prix.

Lorsque j'eus reçu ce paiement, je me préparai à retourner à Cobbé. Cependant je ne pus partir tout de suite. On vint me chercher pour aller voir un frère du melek des jelabs, qui étoit malade. Il avoit une inflammation du poumon (2); et je vis bientôt qu'il étoit sans espoir de guérison. Malgré cela je fus obligé de lui faire prendre quelques calmans, et de rester auprès de lui jusqu'à ce qu'il expirât.

On me donna deux guides pour me ramener à Cobbé : mais quand nous fûmes

(1) Naka.
(2) Une péripneumonie.

sur le bord d'un torrent qui traversoit le chemin et qui étoit débordé, parce que nous étions dans le milieu de la saison des pluies, ils retournèrent sur leurs pas, en me conseillant d'en faire autant. Je ne suivis point leur avis; et je fus obligé d'abandonner le chameau que m'avoit prêté le melek, et d'achever la route à pied.

Le tems que je passai auprès du frère du melek des jelabs, me donna occasion de voir comment les vrais croyants du Darfour pratiquoient la médecine. De toutes les momeries qu'inventa l'imbécillité humaine pour écarter les craintes de la mort, il n'en est point qu'ils ne missent en usage. Quelquefois ils exorcisoient la maladie comme un esprit malin; ensuite ils lui adressoient des prières, comme si elle eût été une émanation de la divinité. Ils récitèrent sur leurs chapelets deux ou trois mille fathas (1). Ils écrivirent plusieurs versets du koran sur une planche, puis ils en enlevèrent l'encre, et voulurent la faire boire au malade, qui n'étoit déja plus en état d'ouvrir la bouche. Ces puérilités durèrent aussi long-tems que le malade respira;

(1) Prières mahométanes.

mais dès qu'il eut cessé de vivre, les hommes qui s'étoient tant agités autour de lui, restèrent fort calmes. La tranquillité ne fut troublée que par quelques femmes qui croyoient devoir étourdir les vivans sous prétexte de regretter le mort.

En 1795, la petite vérole fit, dit-on, périr la moitié de l'armée que le sultan de Dar-four avoit envoyée dans le Kordofan. On leva un nouveau corps de troupes, dont je vis faire la revue, et qui étoit destiné à remplacer les soldats morts. On montra fastueusement, en cette occasion, le butin qui avoit été pris sur le *Haschem*. On vit d'abord quatre-vingts esclaves dont la plupart étoient des femmes. Il y en avoit plusieurs extrêmement belles; mais ce qui les rendoit encore plus intéressantes, c'est que quoique leur condition ne dût être à l'avenir que ce qu'elle avoit déjà été, elles paroissoient accablées de douleur. A la suite des esclaves, on conduisoit cinq cents bœufs, deux cents grands chameaux, et quatre-vingts chevaux. Les esclaves portoient différens objets de peu de valeur, pris également dans le Kordofan. Pendant que ce butin passoit, les spectateurs exprimoient leur joie, et crioient

de toutes parts : — « Vive le sultan Abd-el-
« Rachan-el-Raschid ! Que Dieu le rende
« toujours victorieux ! »

Peu de tems après cette cérémonie, je fis
dresser une pétition qu'Ali-el-chatib présenta au sultan. Je rappelois dans cet écrit
tout ce que j'avois souffert, et je demandois
le paiement de ce qui m'étoit encore dû,
et la permission de me rendre dans le Kordofan. Quoiqu'Ali-el-chatib fût un des
premiers personnages de l'Empire, le sultan
ne répondit point à ma requête. Je pris alors
le parti de faire une nouvelle visite à ce
prince, bien résolu pourtant que ce seroit
la dernière.

Mon arrivée ne fut pas plutôt connue à
El-Fascher, qu'on me pria, comme à l'ordinaire, d'aller voir quelques malades. Je
le refusai : mais je n'en fus pas moins plusieurs jours sans pouvoir me présenter à la
cour, parce que Fowaz, le melek des jelabs,
s'étoit dégoûté de son emploi.

Le 11 décembre 1795, j'accompagnai le
chatib à l'audience du sultan. Je lui répétai
succinctement ce que j'avois demandé ; et le
chatib seconda mes sollicitations, mais non
pas avec tout le zèle que j'aurois desiré.

Le sultan ne fit pas la moindre réponse à la demande que je lui faisois de me laisser poursuivre mon voyage ; et ce despote inique qui avoit reçu de moi pour sept cent cinquante piastres de marchandises, ne consensit à me donner que vingt bœufs maigres, qu'il estimoit cent vingt piastres ! Le triste état de mes finances ne me permit pas de refuser cet injuste paiement. Je le pris, et je dis adieu à El-Fascher, dans l'espoir de n'y plus retourner.

Un accident m'obligea de redoubler de vigilance pour ma sureté personnelle. Une nuit que j'étois à peu de distance de mon appartement, on jeta par-dessus la palissade, une lance qui m'effleura l'épaule et alla s'enfoncer dans la terre. Je courus vers l'endroit d'où elle partoit ; mais je ne vis personne ; et le lendemain, ce fut en vain que je fis des recherches pour savoir à qui elle appartenoit.

L'on parloit chaque jour davantage du départ de la caravane ; ce qui m'engagea à employer la valeur de mes bœufs en préparatifs pour le voyage d'Egypte.

Le 3 mars 1796, j'allai joindre le chabir (1) qui campoit à *le Haimer*, petit village situé à trois journées de marche au nord de Cobbé. Il y avoit là assez d'eau, mais rien à manger.

L'avant-dernière nuit que j'avois passée à Cobbé, j'avois reçu une lettre cachetée avec le sceau de Fowaz, melek des jelabs, au nom de qui elle étoit écrite. Elle portoit que Fowaz venoit enfin d'obtenir pour moi la permission que j'avois si souvent demandée au sultan, que je pourrois traverser le Kordofan pour aller dans le Sennaar, et que pour cela je n'avois qu'à me rendre préalablement à El-Fascher.

Je fus extrêmement étonné de voir qu'on m'accordoit spontanément ce qu'on m'avoit si long-tems et si dédaigneusement refusé. Je m'adressai aussitôt à quelques-uns des marchands en qui j'avois confiance, pour leur demander leur avis. Tous me conseillèrent de ne faire aucune attention à la lettre du melek, et me donnèrent à entendre qu'ils voyoient bien quel en étoit le motif. Quel que fût mon desir de diriger ma route vers l'est, je suivis les conseils des marchands;

(1) Le conducteur de la caravane.

et je fis bien, car je découvris par la suite, que le melek et mon perfide agent *Ali-Hamad*, avoient formé le projet de m'envoyer dans le Kordofan, afin de me faire périr par les mains de ceux qui m'y accompagneroient.

Pendant mon séjour à El-Fascher et à Cobbé, les personnes qui paroissoient le mieux informées, m'avoient souvent assuré que le sultan ne m'accorderoit jamais la permission de partir; et la foible compensation qu'il m'avoit allouée pour tout ce qu'il avoit reçu de moi, sembloit confirmer cette opinion. Mais comme je savois que les bruits sourdement répandus ont beaucoup de pouvoir sur tous ces gens là, je pris soin d'en faire parvenir plusieurs à l'oreille du prince. D'un autre côté, je promis au chabir une forte récompense, et je lui fis en même tems entrevoir le danger auquel il s'exposeroit s'il arrivoit au Caire sans moi. Je lui offris, en outre, de lui prouver que j'avois trouvé le moyen d'écrire en Egypte à l'insçu du Gouvernement de Dar-four.

Le chabir ne manqua pas d'employer tout son crédit auprès du sultan, pour l'engager à consentir qu'il m'emmenât; et soit que ce dernier fût intimidé par ce que je lui avois fait dire indirectement, soit que la manière dont je m'étois conduit pendant le long séjour que j'avois fait dans ses états lui eût donné de moi une idée plus favorable, il résolut enfin de me laisser partir.

Nous arrivâmes à le Haimer environ un mois avant le ramadan (1), et ce ne fut que le sixième jour d'el-hedge, le second mois après celui du carême, que nous commençames réellement à nous mettre en route pour l'Egypte. Pendant notre séjour à le Haimer, je plantai ma tente à l'ombre d'un grand arbre. Je jouissois là d'une assez grande sécurité, et je vivois de polenta (2) et d'eau avec les conducteurs de chameaux.

Je m'étois procuré huit chameaux pour le voyage; mais pendant que je les avois mis paître, on me vola le meilleur. Un autre mourut; et je fus obligé de le remplacer par un que j'achetai à crédit, car tout ce que je possedois alors propre à être échangé, ne valoit qu'environ huit piastres.

Tandis que la caravane se rassembloit, il arriva un accident qui mérite qu'on en

(1) De l'an 1796.
(2) *As-eidé.*

fasse mention. Les arabes maugrebins d'Elwah ayant passé par Selimé, traversèrent le Désert (1) et se transportèrent à Dongola, où ils enlevèrent beaucoup de marchandises et de captifs. Parmi ces derniers il y avoit une Dongolane, âgée tout au plus de quatorze ans, qui fut vendue dans la haute Egypte, et de là conduite au Caire, où un arabe l'acheta. L'arabe mena ensuite son esclave dans le Dar-four. Là, cette jeune fille fut reconnue par des dongolans de sa tribu, qui la réclamèrent. L'affaire fut plaidée devant le melek du district, qui la renvoya au jugement du sultan. L'arabe prétendit en vain qu'il avoit légitimement acquis la jeune fille. Il fut décidé qu'étant née libre, elle ne pouvoit pas être vendue, et on la rendit à ses amis.

On se sert souvent de pareils prétextes dans ces contrées, pour extorquer de l'argent aux marchands qui sont riches. J'en ai vu un obligé non-seulement de restituer deux femmes qu'on prétendoit être libres, mais de payer une amende de cinq esclaves pour chacune. C'est le seul égard que le Gouvernement a pour la liberté des sujets.

(1) Il faut trois ou quatre jours pour ce trajet.

Nous fîmes le voyage d'Egypte sans qu'il nous arrivât rien d'extraordinaire. La chaleur fut excessive. Nous prîmes la route de Bir-el-Malah, de Leghéa, de Selimé, de Scheb et d'Elwah. Nos provisions étoient assez mauvaises et en petite quantité. Lorsque quelqu'un des chameaux n'étoit pas en état de marcher, les conducteurs le tuoient et le mangeoient.

A Beiris nous trouvâmes un cashef qui, pour faire honneur aux jelabs, fit tirer un feu d'artifice. Dans ces sortes d'occasions cet officier régale avec du café les principaux marchands, et leur fait présent à chacun d'un *benisch* de gros drap de la valeur d'une guinée, pour que chaque *benisch* lui soit payé un esclave qui en vaut dix.

A mon arrivée à Assiout j'avois été quatre mois sans manger de la viande. La mauvaise nourriture, la chaleur et la fatigue m'avoient occasionné une diarrhée qui m'affoiblissoit beaucoup : mais avant de quitter cette ville, où je demeurai vingt jours, j'étois presque guéri.

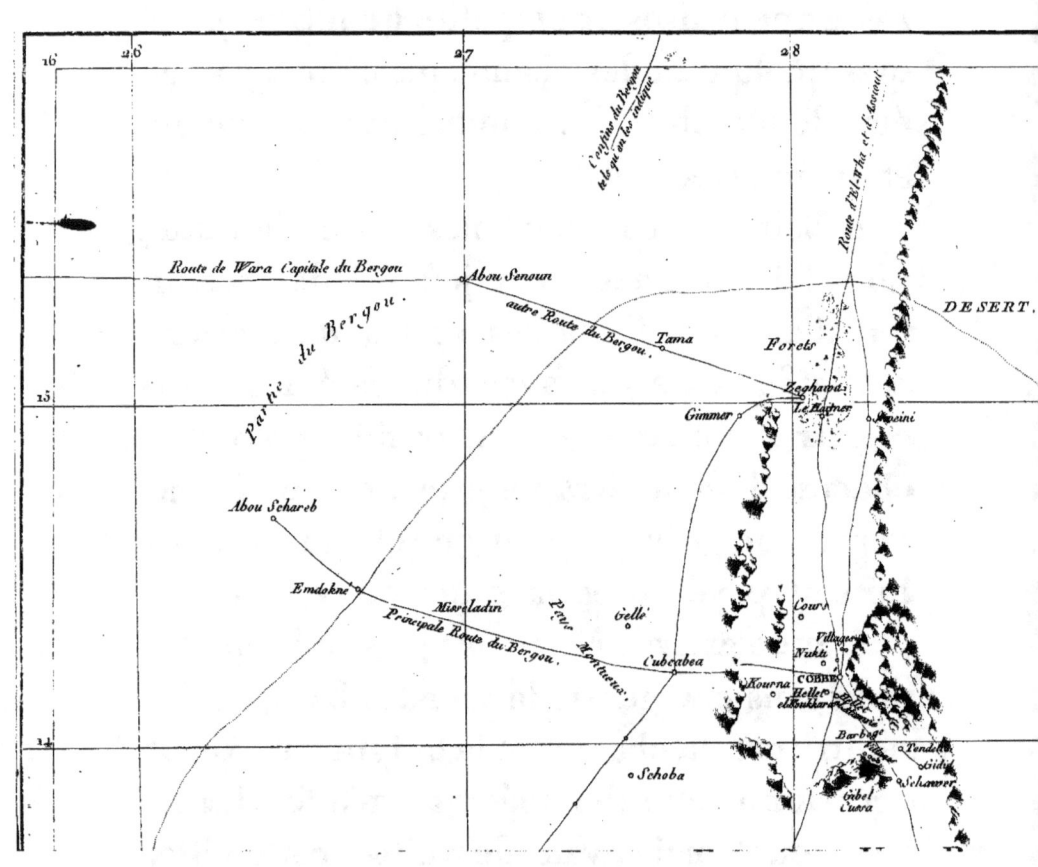

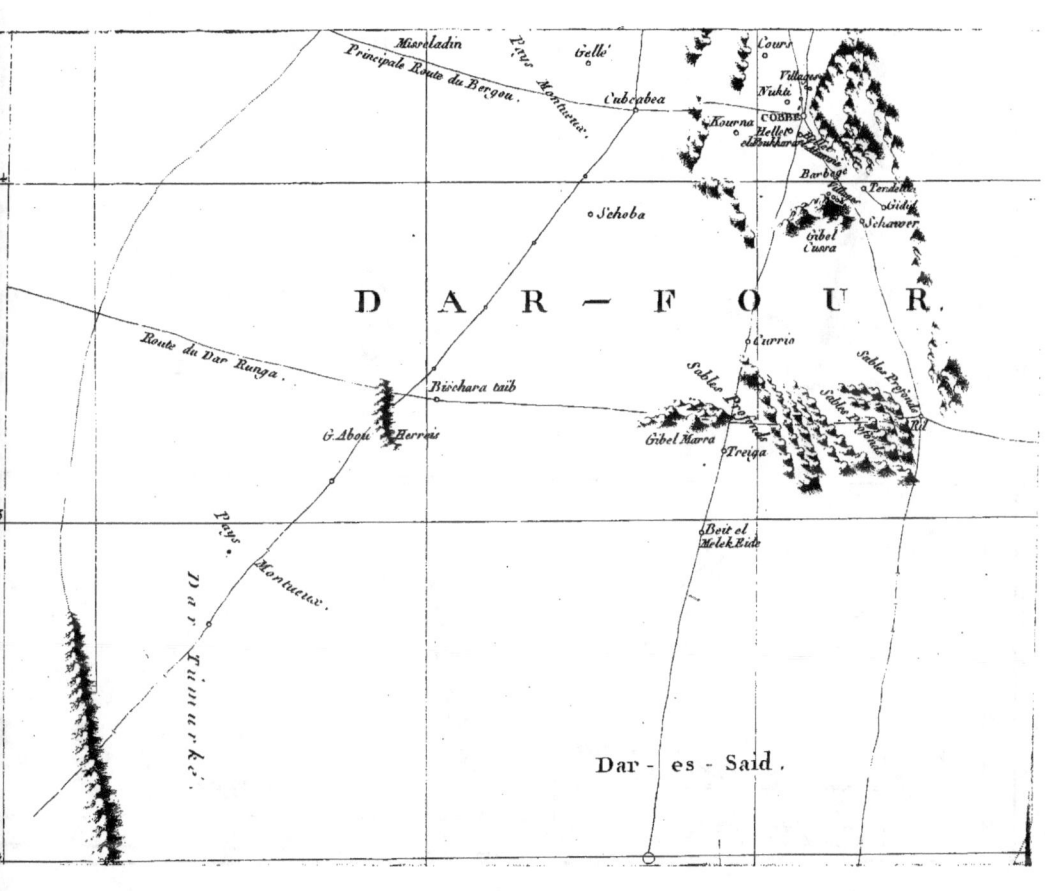

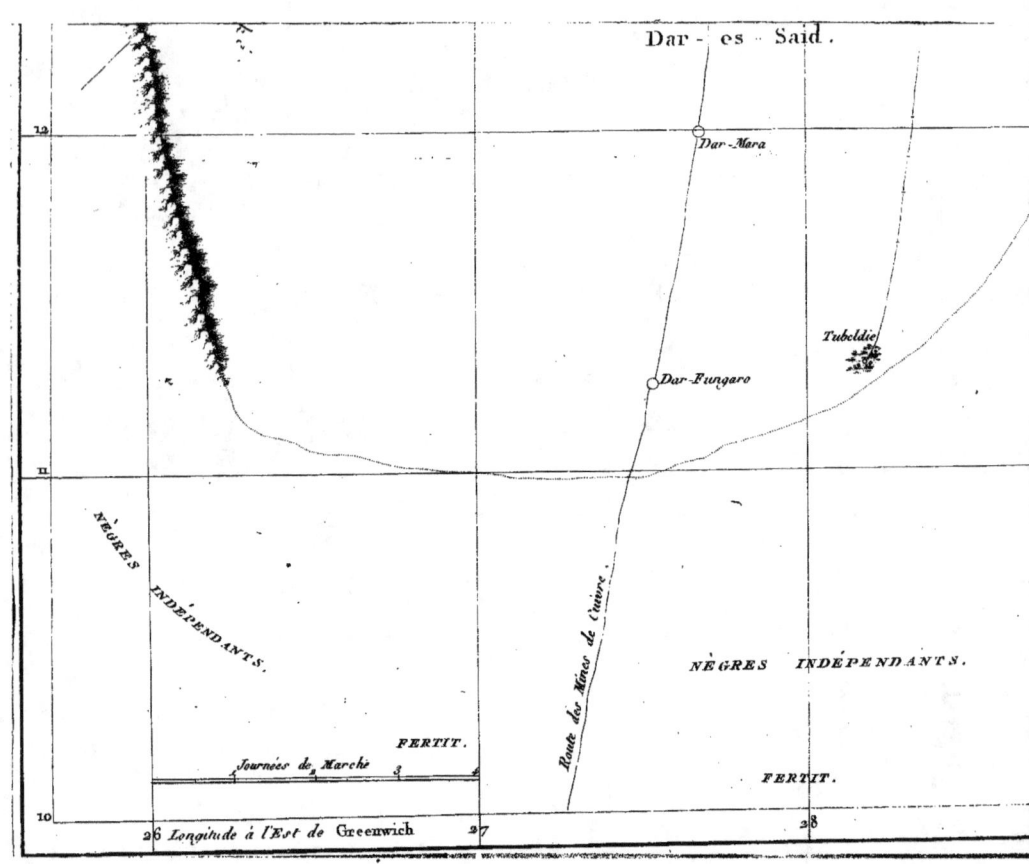

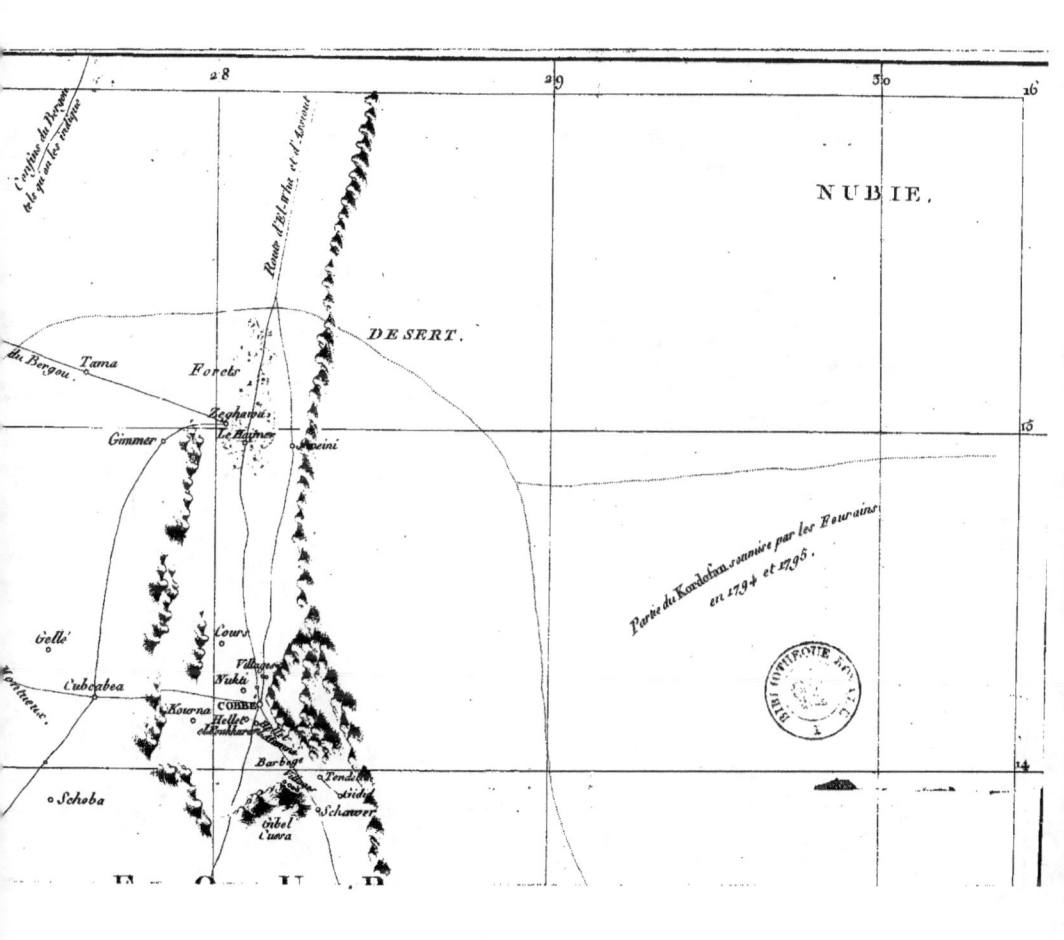

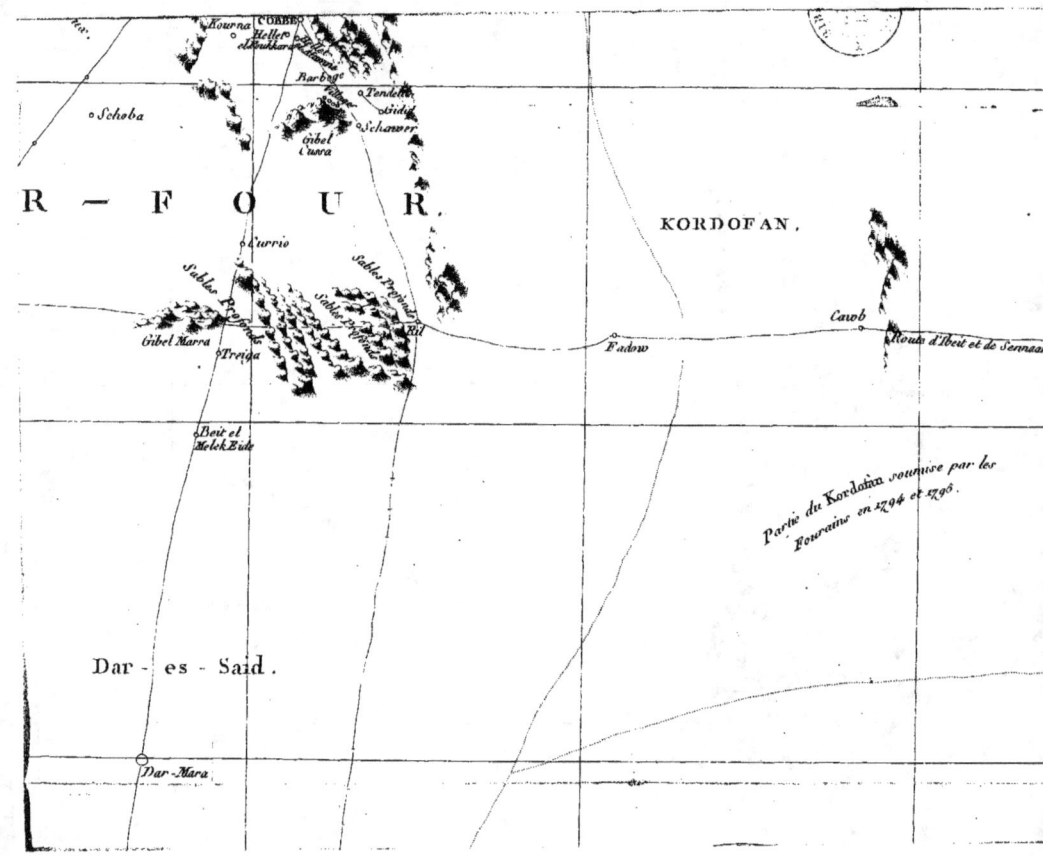

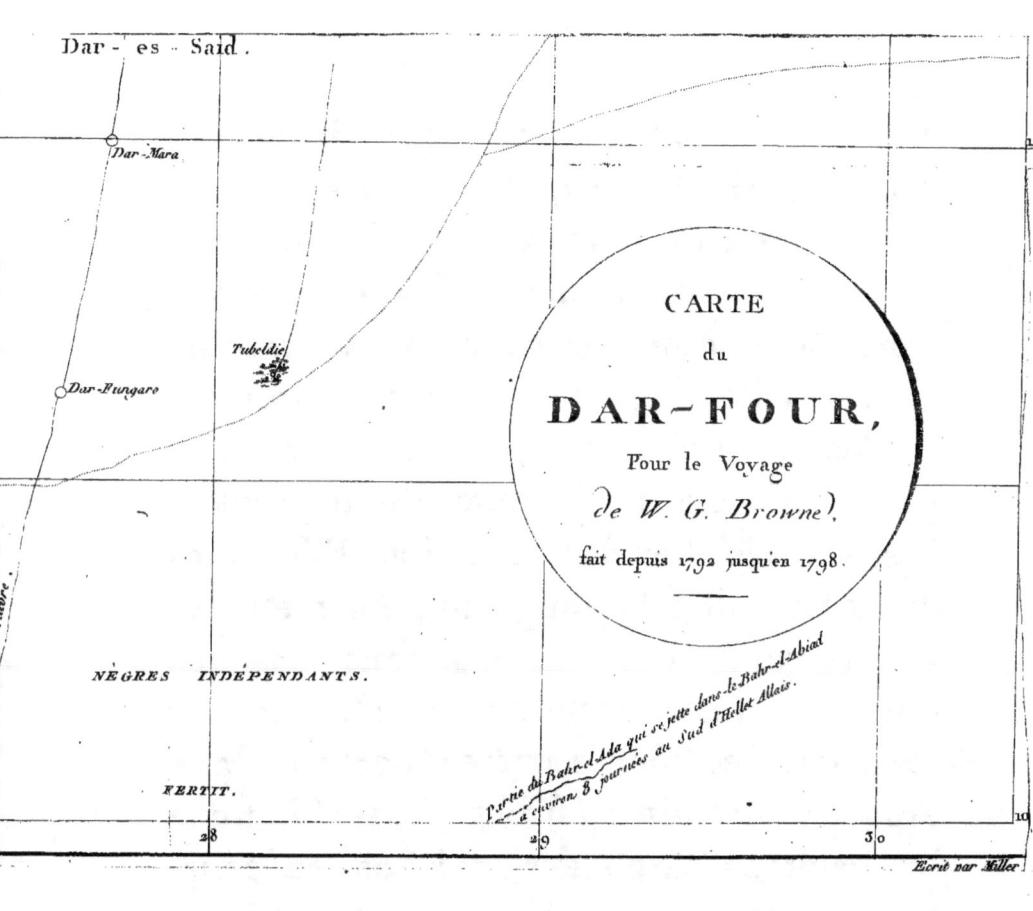

CHAPITRE XVII.

DAR-FOUR.

Topographie du Dar-four. — Observations sur ses divers habitans.

La ville de Cobbé étant la principale résidence des marchands, et se trouvant placée à l'extrémité du royaume, sur la route qui va directement du nord au sud, doit être considérée comme la capitale du Dar-four.

Cette ville est, d'après mes observations, par les 14 degrés 11 minutes de latitude, et par les 28 degrés 8 minutes de longitude à l'est du méridien de Greenwich. Elle a plus de deux milles de longueur, mais elle est très-étroite. Les maisons sont chacune dans une vaste enceinte de palissades; et les enceintes sont séparées par un grand espace de terrain en friche. Le seul but que les habitans paroissent avoir eu en construisant leurs demeures de cette manière, c'est de s'établir près du champ qui leur a été concédé, ou dont ils ont hérité. La ville est remplie d'arbres de plusieurs espèces. Il y a beaucoup de palmiers (1), et sur-tout des *hégligs* et des *nebkas*, qui a peu de distance lui donnent un coup-d'œil très-agréable ; je dis à peu de distance, car comme elle est dans une plaine, il est impossible de la distinguer à plus de trois ou quatre milles.

Durant la saison des pluies, Cobbé est environné d'un torrent (2). La ville s'étend du nord au sud. Du côté de l'est il y a une montagne qui porte le même nom, est peu élevée, et n'a rien de remarquable, si ce n'est qu'elle est habitée par une immense quantité d'hyènes et de jackals. Cette montagne fait partie d'une chaîne de monts, ou plutôt de rochers, qui va du nord au sud, et a plusieurs lieues d'étendue.

Les habitans de Cobbé prennent l'eau qu'ils boivent dans des puits peu profonds qu'ils ont dans la plupart de leurs enclos : mais les meilleurs de ces puits sont ceux qui se trouvent dans le voisinage du torrent. L'eau de Cobbé est ordinairement trouble ; et quoiqu'elle ne paroisse avoir aucune qualité malfaisante, elle est d'un

(1) Deleib.
(2) Wadi.

goût désagréable. Elle est aussi quelquefois rare ; ce qui met les habitans dans l'embarras, et leur fait vivement desirer le retour périodique des pluies. Ils creusent fort maladroitement leurs puits ; de sorte que souvent la terre s'éboule, et qu'il est rare qu'ils durent plus de trois ou quatre mois.

Il y a autour de Cobbé et à peu de distance de cette ville, plusieurs petits villages qui en dépendent, et qui augmentent sa population. Au nord-est quart de nord, on trouve celui d'*Hellet-Hassan*, qui est entièrement peuplé de dongolans. Ce village fut long-tems gouverné (1) par le chabir *Hassan-Wullad-Nasr*, vieillard qui conduisit plus d'une fois les jelabs au Caire, et dont j'ai souvent entendu vanter les talens et les vertus.

Au nord-nord-ouest, on voit *Noukti* et *Hellet-Hummar* ; au sud *Hellet-el-Atamné* et *Hellet-Jemin-Ullah* ; au sud-ouest et à l'ouest *Hellet-el-Foukkara* et *Bweri*. Quant aux autres villages, je n'en ai jamais su les noms, ou je les ai oubliés.

(1) C'est un des nombreux exemples de l'autorité dont jouissent les chefs de tribu, quoiqu'ils ne soient revêtus d'aucun emploi public.

La plaine où est situé Cobbé, s'étend à l'ouest et au sud-ouest jusqu'à vingt milles de distance. Là s'élèvent *Kerda* et *Malha*, qui sont deux montagnes rocheuses et escarpées. Au sud, elle a douze milles d'étendue, et est bornée par le *Gibel Cousa* (1), près duquel il y a quelques villages. Au sud-est, elle va jusqu'à Barbogé, et au nord-est jusqu'au *Gibel Wanna*. A l'est-sud-est elle est bornée par un torrent, au-delà duquel il y a beaucoup de sables (2); mais à l'est il n'y a presque pas de plaine. Tout le chemin, depuis *Weini* qui est au nord, jusqu'à *Gidid* qui est au sud, suit le pied d'une montagne qui prend d'abord le nom de *Tega* et ensuite celui de *Wanna*. Le *Gibel Cobbé* est presque isolé et s'élève à l'ouest de la dernière.

Il n'y a à Cobbé que très-peu de maisons occupées par les indigènes; peut-être même n'y en a-t-il pas une seule. Presque tous les habitans sont marchands et étrangers.

Les autres principales villes du Dar-four sont *Sweini*, *Kourma*, *Coubcabia*, *Ril*, *Cours*, *Choba*, *Gidid*, *Gellé*. Sweini est situé presqu'au nord de Cobbé, et il faut

(1) On sait que *gibel* veut dire un mont.
(1) Goze.

plus de deux jours de marche pour se rendre de l'un à l'autre. Kourma est une petite ville située à l'ouest quart de sud, et à douze ou treize milles (1) de Cobbé.

Je n'ai pas pu voir Coubcabia, ville plus considérable que Kourma ; mais suivant ce qu'on m'a dit, elle est à l'ouest de Cobbé, et il faut deux jours et demi pour s'y rendre. Le chemin, ajoute-t-on, est pierreux, et traverse des montagnes, il y a même apparence qu'il n'est pas droit.

Cours est un lieu de peu de conséquence. Il est situé au nord-ouest quart d'ouest, et à cinq heures et demie de marche de Cobbé. Ril se trouve à un peu plus de trois journées et demie de cette dernière ville, et au sud-sud-est. Comme le chemin qui y conduit est plane et assez bon, la distance dont je viens de parler ne peut guère être de moins de soixante milles. Choba est à deux jours et demi de Cobbé.

Gidid est presqu'au sud-est, et on s'y rend en un jour et demi. Gellé est peu éloigné de Coubcabia, et à quelques heures, un peu plus au sud. Sweini est le rendez-vous de tous les marchands qui font le

---

(1) Quatre à cinq heures de marche.

commerce d'Égypte. Ils y passent en allant et en revenant ; et c'est ce qui lui donne de l'importance.

L'on y trouve en abondance plusieurs sortes de provisions que produit le pays, et tandis que les jelabs y sont, on y tient tous les jours marché. Le chatib (1) et quelques autres des principaux marchands ont des maisons, pour pouvoir y déposer leurs marchandises à l'arrivée et au départ des jelabs. Un melek accompagné de quelques soldats, s'y tient toujours pour recevoir les caravanes. La ville peut être considérée, à certains égards, comme la clef de la route d'Egypte, quoiqu'il y ait pourtant deux autres chemins qui vont du centre du Darfour vers l'Egypte, sans passer à Sweini.

Les habitans les plus pauvres de cette ville, sont des gens nés dans la province de Zeghawa, ou des arabes.

Kourma est presqu'entièrement peuplé de marchands connus sous le nom général de *Jeïaras*, et pour la plupart nés dans la haute Egypte. Le reste des habitans est très-peu

(1) Le melek des étrangers. — Les principaux personnages de ces contrées et le sultan lui-même, font le commerce. (*Note du traducteur.*)

considérable. A Kourma ainsi qu'à Cobbé, on tient marché deux fois par semaine, pour la viande et les autres provisions.

Coubcabia est une grande ville, dont la nombreuse population est composée de diverses espèces d'habitans. C'est la clef des routes de l'occident, et l'entrepôt de toutes les marchandises qui viennent de ce côté-là. Il s'y tient, deux fois par semaine, un marché dans lequel le sel sert de principal moyen d'échange, pour les articles de peu de valeur. Pour se procurer ce sel, les habitans ramassent la terre des endroits où des chevaux, des ânes, ou d'autres quadrupèdes, ont été long-tems, et ensuite ils la font bouillir.

Le marché de Coubcabia est fameux, parce qu'on y vend une très-grande quantité de *tokeas*, et de grands sacs de cuir, qui se fabriquent dans le pays, et qui bien tannés, servent à mettre du bled (1), de l'eau (2), et tout ce qu'on veut.

Les tokeas sont des pièces de toile de coton de cinq, six ou sept aunes de long, et de dix-huit à vingt pouces de large.

(1) Geraubs.
(2) Ray.

C'est une grosse et forte toile qui sert à vêtir tous les fourains d'une classe inférieure.

Les habitans de Coubcabia sont en partie indigènes, en partie arabes, et en partie originaires du Bergou et des autres contrées occidentales. Il y a aussi des gens d'une race qu'on appelle les *felatias*, et même de quelques autres nations.

On trouve à Cours quelques marchands des bords du fleuve. Les autres habitans sont des *Foukkaras*, qui affectent une extrême sainteté, et sont remarquables par leur intolérance et leur animosité pour les étrangers.

La population du Ril, est, en grande partie, composée de fourains. On y trouve aussi quelques marchands étrangers; mais il paroît que pendant le règne du sultan Teraub, il y en avoit davantage; car ce prince y avoit bâti une maison et il y residoit en tems de paix. L'usurpateur Abd-el-Rachman a abandonné cette demeure, parce que probablement il ne s'y est pas cru assez en sureté.

Ril est la clef des chemins du sud et de l'est. Aussi y a-t-il toujours un melek avec un corps de troupes, pour garder la frontière, et contenir les arabes qui sont en très-grand nombre dans le pays limitrophe. Cette ville est très-propre à servir de résidence impériale (1). Il y a, dans le voisinage, un grand étang qui fournit de bonne eau, et qui ne tarit jamais. On y a du pain du *Saïd* (2), et de la viande, du lait, du beurre que fournissent les arabes pasteurs. On n'y manque pas non plus de végétaux ; parce que le sol y est très-propre pour les jardins. On y trouve enfin une espèce d'argile très-ténace qui, avec une légère préparation, sert à construire des maisons qui durent long-tems.

Choba est une ville assez considérable. Le sultan Teraub y avoit une maison ainsi qu'à Ril. On dit qu'il n'y manque pas d'eau. Il y a dans le voisinage, quelques carrières de craie, qu'on exploitoit tandis que j'étois

(1) L'on a déja vu que le sultan Teraub résidoit à Ril ; mais Abd-el-Rachman craignant les ennemis que lui a faits son usurpation, habite tantôt une ville, tantôt une autre. Je le vis d'abord à *Heglig*, puis à *Tini*, et ensuite à *Tendelti*, où il demeura environ un an.

(2) Ce n'est point le *Saïd* d'Egypte. Les fourains, pour désigner les différentes parties de leur empire, se servent des mêmes termes que les égyptiens.

dans le pays, mais qui étoient presqu'épuisées, parce qu'on en avoit considérablement tiré de la craie pour blanchir la demeure du sultan, ainsi que d'autres maisons. Quelques jelabs demeurent à Choba. Les autres habitans sont des fourains, qui ne font point le commerce.

Gidid a aussi assez d'eau. Cette ville est située sur le chemin de Cobbé à Ril, et comme je l'ai déja remarqué, au sud-est de Cobbé. Elle est habitée par les *Foukkaras*, gens si peu hospitaliers, qu'un voyageur ne peut guère espèrer de trouver chez eux un peu d'eau pour étancher sa soif. Il y a aussi à Gidid, quelques marchands originaires des contrées à l'est du Dar-four.

Lorsque j'étois dans le Dar-four, la ville de Gellé étoit regardée comme la moins florissante de l'empire, parce qu'elle étoit soumise à la tyrannie d'un prêtre. Le *Faqui Seradge*, le principal iman, homme très-intrigant, et d'une hypocrisie consommée, avoit acquis tant d'ascendant sur son maître, que ce prince lui avoit donné la ville de Gellé, où cet iman étoit né. L'iman dont l'avarice étoit insatiable, dépouilla bientôt ses compatriotes de tout ce qu'ils possédoient ; il ne leur laissa pas même une natte, et ensuite il les tourmenta parcequ'il ne leur restoit plus rien à piller. La plus grande partie des habitans de Gellé étoit de la tribu des *Corobatis* et de celle de *Felatias*. L'iman étoit de cette dernière.

Presque tous les habitans de Cobbé sont, ainsi que je l'ai observé, des marchands qui, pour la plupart, font le commerce d'Egypte, d'où quelques-uns d'entr'eux sont originaires ; mais le plus grand nombre est né sur les bords du fleuve (1). Ce sont ces derniers qui, s'il faut en croire les apparences, ont commencé à ouvrir une communication directe entre l'Egypte et le Dar-four. Il y a déja plusieurs années que leur pays natal, le Dongola, le Mahas, et tous les bords du Nil en remontant jusqu'à Sennaar, sont le théâtre de la dévastation et du carnage. La nature a bien plus favorisé ces contrées que le Dar-four ; mais elles n'ont point un gouvernement assuré, et elles sont continuellement désolées par des guerres intestines, et par les irruptions des *Schaikiés*, et des autres tribus arabes qui errent entre le Nil et la mer Rouge.

Les habitans de ces malheureuses contrées se

(1) Dans la partie qui est au-dessus de l'Egypte.

sont empressés d'émigrer, lorsqu'ils ont été en état de gagner leur vie par le commerce ou par le travail de leurs mains; de sorte que plusieurs d'entr'eux se sont retirés vers l'ouest. Accoutumés dans le pays où ils sont nés, à une communication prompte et facile avec l'Egypte, et animés de l'espoir d'un grand profit, ils ont, dans leur nouvelle patrie, ouvert la carrière que suivent aujourd'hui les jelabs.

Mais revenons à Cobbé. Quelques égyptiens qui, pour la plupart, sont du Saïd, quelques tunisains, et d'autres habitans des côtes de Barbarie, se rendent dans cette ville avec les caravanes, et n'y restent que le tems qu'il leur faut pour vendre leurs marchandises. D'autres se sont mariés dans le Dar-four, et on les y reconnoît pour naturalisés et sujets du sultan. Quand ils meurent, leurs enfans les remplacent ordinairement, et suivent le même genre d'occupation.

Ceux des habitans de Cobbé qui sortent du Dongola, du Mahas, du Sennaar, du Kordofan, sont en général très-laborieux et très-actifs dans le commerce; mais ils sont aussi téméraires, inquiets, séditieux; ce qui a engagé le sultan Abd-el-Rachman à essayer de les bannir de ses états. — Il y a aussi à Cobbé, des habitans dont les pères étoient venus des contrées que je viens de citer, et qui sont eux-mêmes nés dans le Dar-four. Ils sont ordinairement fort débauchés, et n'héritent pas de toute l'activité de leurs pères ; cependant, ils en ont un peu. La contrainte et le joug du despotisme, auxquels on les façonne peu à peu, afin de comprimer et d'éteindre en eux toute sorte d'énergie, font que cette énergie se porte vers d'autres objets, mais ne peuvent entièrement la détruire. Une ame ardente qu'on n'habitue pas à des exercices généreux, se livre bientôt à une sensualité brutale

Les émigrés dont j'ai fait mention un peu plus haut, parlent entr'eux la langue du *Barabra* (1), et font aussi usage de l'arabe. Mais leurs enfans nés dans le Dar-four, ne connoissent que cette dernière langue. Ils ne s'allient presque jamais qu'à des familles qui ont la même origine qu'eux, ou à des arabes. La plupart ne se marient même pas ; ils font des concubines de leurs esclaves, et il est extrêmement rare qu'ils

(1) Le Barabra est le pays, en partie désert, situé au sud-ouest de l'Egypte. (*Note du traducteur.*)

prennent une femme de race fouraine.

Les deux classes d'hommes dont il est ici question, sont très-aisés à distinguer des indigènes (1), leur teint est olivâtre, et leurs traits ont quelque ressemblance avec ceux des européens ; mais leurs cheveux sont noirs, courts et crêpus. Ils sont robustes et bien faits ; leur physionomie est souvent agréable, et remplie d'expression ; mais, s'il est vrai qu'on puisse s'en rapporter aux apparences, elle indique, en même tems, qu'ils ont les passions violentes et un caractère inconstant.

Tels sont les habitans de Cobbé. Au sud-est de la ville, il y a une grande place où l'on tient marché deux fois par semaine, c'est-à-dire le lundi et le vendredi. On y vend non seulement toutes sortes de provisions (2), mais les différentes espèces de

(1) A l'est du Dar-four il y a une tribu d'arabes qui frise ses cheveux, de manière qu'ils ressemblent à une grosse perruque, ou à la coîffure des figures qu'on voit dans les ruines de Persépolis. Il est probable qu'il existe des restes des anciennes nations dans l'intérieur de l'Afrique. Des carthaginois y fuirent quand Scipion détruisit leur ville, et des vandales s'y dérobèrent aux fers dont les menaçoit Bélisaire.

(2) L'on tue pour chaque marché de Cobbé, de dix

marchandises du pays, et celles qu'on tire d'Egypte et de plusieurs autres contrées. On y trouve aussi quelquefois à acheter des esclaves ; mais ordinairement on les vend en particulier, chose dont on se plaint souvent, parce qu'elle facilite la vente de ceux qui ont été volés en différens endroits.

Les gens nés dans la Barabra et le Kordofan ne peuvent renoncer à leur liqueur favorite ; et comme l'usage de tous les buveurs est de boire jusqu'à ce qu'ils soient complètement ivres, leur violence naturelle en est accrue, et leur occasionne des disputes et des combats où il y a souvent du sang répandu.

La ville de Cobbé a trois ou quatre écoles (1), où les enfans apprennent à lire, et même à écrire, si leurs parens le desirent.

à quinze bœufs, et de quarante à cinquante moutons; mais les habitans de tous les villages à cinq ou six milles à la ronde viennent s'y pourvoir de viande.

Vers le mois de décembre, où le grain est ordinairement à bon marché, les habitans de Cobbé en font leur provision pour toute l'année. Alors trois picotins de millet n'y coûtent guère qu'une vingtaine de grains de verroterie, qu'on a au Caire pour un sol sterling.

(1) Mectebs.

Les *Foukkaras* qui sont à la tête de ces écoles, intruisent *gratis* les enfans des pauvres; mais ils reçoivent une petite rétribution de ceux qui ont les moyens de la leur donner. Deux ou trois d'entr'eux font lire le koran, et les autres ce qu'ils appellent *Elm*, c'est-à-dire des livres de théologie.

A mon arrivée à Cobbé, il n'y avoit qu'une petite mosquée carrée dont les murs étoient d'argile, et où les foukkaras s'assembloient trois fois par semaine. Le cadi étoit un certain *Faqui Abd-el-Rachman* (1), homme très-avancé en âge, et originaire du Sennaar. Il avoit étudié dans le *Jama-el-Azher* du Caire, et étoit très-renommé pour ses lumières, son équité, et la pureté de ses mœurs. Il n'y avoit guère plus d'un an que j'étois dans le pays, lorsque ce vieillard mourut. Le sultan le remplaça par un nommé Hassan, incapable de remplir cette charge, parce qu'il étoit très-vieux, et accablé d'infirmités. Aussi laissoit-il juger presque toutes les affaires par son fils, homme aussi corrompu que le Faqui Abd-el-Rachman avoit été intègre.

(1) C'est le même nom que celui du sultan.

Soit que la mauvaise conduite de cet homme indignât réellement les foukkaras, soit que son pouvoir excitât leur jalousie, il fut cause qu'ils se divisèrent.

Une partie d'entr'eux prit pour chef *Hassan*, et l'autre *Bellilou*, qui passoit pour bien connoître les lois, mais dont les manières étoient désagréables, même repoussantes. Hassan, protégé par le sultan, commença à bâtir une mosquée plus grande que celle dont j'ai parlé plus haut ; mais cet ouvrage alloit fort lentement, quoiqu'on n'y employât que de l'argile. L'aire qu'il renfermoit étoit d'environ soixante pieds carrés ; et à mon départ, les murs n'avoient encore que trois pieds de haut.

Fin du premier Volume.

TABLE
DES CHAPITRES
contenus dans ce Volume.

Chapitre premier. Anciennes murailles et ruines d'Alexandrie. — Ses deux ports. — Ses réservoirs. — Végétation. — Antiquités. — Population. — Gouvernement. — Commerce. — Manufactures. — Anecdotes, page 1

Chap. II. Voyage à Siwa. — Tentative pour pénétrer jusqu'au temple de Jupiter-Ammon. — Route et provisions. — Animaux du Désert. — Événemens arrivés en route. — Description de Siwa. — Ancien édifice. — Relations commerciales. — Productions et mœurs. — L'auteur veut pénétrer plus avant dans le Désert. — Il est obligé de retourner sur ses pas, 20

Chap. III. Route d'Alexandrie à Rosette. — Aboukir. — Fertilité du pays. — Description de Rosette. — Voyage à Terané. — Foué. — Deirout et Demenhour, 44

Chap. IV. Gouvernement de Terané. — Carlo Rosetti. — Commerce du natron. — Mœurs. — Voyage aux lacs. — Observations sur ces lacs. — Du natron. — Couvents et manuscrits cophtes. — Départ pour le Caire, 53

Chap. V. Topographie du Caire. — Gouvernement de l'Egypte en 1792. — Pacha et beys. — Mamlouks. — Leur naissance, leur éducation, leur habillement, leurs armes, leur paye. — Appréciation de leurs talens militaires. — Puissance et revenus des beys. — Khalige. — Nil. — Mosquées du Caire. — Bains et okals. — Maisons. — Mœurs et usages. — Différentes classes du peuple. — Cophtes, 66

Chap. VI. Suite de la description du Caire. — Commerce. — Manufactures — Monnoie. — Forteresse. — Citernes. — Misr Attiké. — Ancienne mosquée. — Ancienne Babylone. — Fostat. — Boulak. — Gizé. — Tombeau de Schafei. — Bateaux pour se promener. — Gens qui charment les serpens. — Magie. — Danseuses. — Cafés. — Prix des comestibles. — Tableau historique de ce qui s'est passé depuis quelque tems en Egypte. — Des beys actuels. 110

Chap. VII. Extrait de l'histoire générale d'Afrique, et principalement de celle d'Egypte, sous la domination des arabes, 139

Chap. VIII. Projet de pénétrer en Abyssinie. — Voyage sur le Nil. — Description d'Assiout. Cours du Nil. — Isles et villages. — Cavernes. — Kaw. — Achmin. — Cavernes peintes. — Girgé. — Dendera. — Ancien Temple. — Kous. — Topographie de la haute Egypte. — Elwah-el-Ghourbi. — Gissement de l'Oasis parva, 179

Chap. IX. Thèbes. — Antiquités. — Cavernes peintes. — Découverte et description de ces cavernes. — Mœurs des habitans de Thèbes. — Isna. — Beys fugitifs. — Ruines. — Pluie. — Assouan ou Syené. — Ce qui

empêche l'auteur de pénétrer en Nubie. — Retour à
Ghenné, 199

Chap. X. Motif de l'auteur pour se rendre à Cosseïr.
— Danger qu'il court. — Route. — Description de
Cosseïr. — Commerce. — Retour par un autre chemin.
Rochers de granit et ancien chemin. — Carrières de
marbre. — Canal. — Poterie de Ghenné. — Meurtre
de deux Grecs. — On répand le bruit de la mort de
l'auteur, 213

Chap. XI. Arrivée du pacha. — Mort d'Assan-Bey.
Décadence de la factorerie française du Caire. — Les
chrétiens maronites sont exclus de l'administration de
la douane du Caire. — Emeute des galiougis. — Mourad-Bey fait boucher le canal de Menouf. — Empoi-
sonnement des étangs du Caire. — Expédition d'Achmet-Aga, 225

Chap. XII. Les traits des anciens égyptiens, leur
couleur, leur caractère, leurs mœurs, 236

Chap. XIII. Tamieh. — Canaux. — Feïoum. — Roses.
Lac Mœris. — Petite Oasis. — Pyramides d'Hawara,
de Daschour, de Sakara, de Gizé. — Memphis. —
Capitales de l'Egypte, 248

Chap. XIV. Route. — Suez. — Navires et leur construction. — Commerce. Rareté de l'eau. — Restes de
l'ancien canal. — Tur. — Montagnes de granit rouge.
— Description du mont Sinaï. Golfe oriental de la
mer Rouge. — Retour au Caire, 260

Chap. XV. Dessein de pénétrer dans l'intérieur de
l'Afrique. — Difficultés. — Caravane du Soudan, préparatifs du voyage. — Départ d'Assiout. — El-Wah.

— Montagnes. — Désert. — Charjé. — Boulak. — Beiris. — Moughes. Désert de Scheb. — Désert de Sélimé. — Leghée. — Source de natron. — Nouvelles difficultés. — Entrée dans le royaume de Four. — Sweini. — Détention de l'auteur. — Représentations au melek. — Résidence. — Perfidie d'un agent. — Lettre du sultan. — Haine du peuple du Dar-four contre les francs. — El-Fascher. — Maladie de l'auteur. — Entretien avec le melek — Misselim. — Rechûte. — Vol. — Cobbé. — Mœurs. — Retour à El-Fascher. — Le melek Ibrahim. — Amusemens. — Incidens. — Audience du sultan Abd-el-rachman-el-raschid. — Caractère de ce prince. — Cérémonial de sa cour, 268

Chap. XVI. Séjour chez le melek Mousa. — Dissimulation des arabes. — Incidens — Retour à Cobbé. — Tentatives pour pénétrer plus avant en Afrique. — L'auteur est obligé d'exercer la médecine. — Fête. — Punition des ennemis de l'auteur. — Art du sultan. — Conduite atroce de l'agent que l'auteur avoit amené du Caire. Après un séjour de près de trois ans, l'auteur trouve enfin une occasion de partir du Dar-four, 323

Chap. XVII. Topographie du Dar-four. — Observations sur ses divers habitans, 351

Fin de la Table du premier Volume.

BIBLIOTHEQUE NATIONALE
Désinfection 19 84
N° 3649

www.ingramcontent.com/pod-product-compliance
Lightning Source LLC
Chambersburg PA
CBHW052126230426
43671CB00009B/1143